博雅对外汉语知识丛书
陆俭明 主编

现代汉语词汇答问

李英 著

北京大学出版社
PEKING UNIVERSITY PRESS

图书在版编目(CIP)数据

现代汉语词汇答问/李英著. —北京：北京大学出版社，2014.10
（博雅对外汉语知识丛书）
ISBN 978-7-301-24976-5

Ⅰ.①现… Ⅱ.①李… Ⅲ.①现代汉语—词汇—对外汉语教学—自学参考资料 Ⅳ.①H136

中国版本图书馆 CIP 数据核字(2014)第 233976 号

书　　　名：	现代汉语词汇答问
著作责任者：	李　英　著
责 任 编 辑：	欧慧英
标 准 书 号：	ISBN 978-7-301-24976-5/H·3609
出 版 发 行：	北京大学出版社
地　　　址：	北京市海淀区成府路 205 号　100871
网　　　址：	http://www.pup.cn　新浪官方微博：@北京大学出版社
电 子 信 箱：	zpup@pup.cn
电　　　话：	邮购部 62752015　发行部 62750672　编辑部 62752028
	出版部 62754962
印　刷　者：	北京虎彩文化传播有限公司
经　销　者：	新华书店
	650 毫米×980 毫米　16 开本　17 印张　261 千字
	2014 年 10 月第 1 版　2022 年 3 月第 2 次印刷
定　　　价：	38.00 元

未经许可，不得以任何方式复制或抄袭本书之部分或全部内容。
版权所有，侵权必究
举报电话：010-62752024　电子信箱：fd@pup.pku.edu.cn

总 序

　　无论是在国内进行的汉语作为第二语言教学,抑或是在国外进行的汉语作为外语教学,还是华文教学(以下统称为"汉语教学"),从学科的角度说,它是关涉到汉语言文字学、应用语言学、教育学、心理学、文学以及文化和艺术等多学科的交叉性学科。但是,作为汉语教学,它最基础、最核心的教学内容则是汉语言文字教学;汉语教学最直接的目的是要确保外国汉语学习者学习、掌握好汉语。因此,对每一个汉语教员来说,汉语言文字学知识应成为自身知识结构中最重要的组成部分,这样才能胜任汉语教学这一任务,才能使自己在汉语教学中做到游刃有余。

　　可是,汉语教学领域的教师队伍有其特殊性,不像一般院系的教师队伍那样基本都是科班出身。出于汉语教学的需要,汉语教师队伍的成员来自各个学科领域。这一情况,对汉语教学来说有它有利的一面,可以适应汉语教学各方面的需求;但也有不利的一面,那就是不少汉语教员由于汉语言文字学方面的知识欠缺,在教学过程中难以面对外国汉语学习者在学习过程中出现、提出的汉语言文字学方面的种种问题。即使是中文系出身的汉语教员,虽然系统学过《现代汉语》《古代汉语》《语言学概论》以及一些相关课程,但由于以往的汉语本体研究基本上都是为适应母语为汉语的中国人读书、写作之需而展开的,所以在课堂上所学的一些汉语言文字学方面的知识往往也难以满足汉语教学的需要。这样,汉语教员,不管原先是哪个学科出身的,都迫切需要补充有关汉语言文字学方面的知识。本套丛书就是为适应汉语教学的这种需要而编写的。

　　本套丛书定名为"博雅对外汉语知识丛书",目前暂时下分"现代汉语语音答问""现代汉语语法答问""现代汉语词汇答问""现代汉语修辞答问""现代汉语文字答问"和"现代汉语规范化答问"等分册。每册18万字左右。这套丛书主要有以下几个特点:

　　(一)这套丛书主要面向从事汉语教学的教员,特别是已经从事汉语教学但缺少实际教学经验的教师,以及希望日后从事汉语教学的学生和其他读者。

(二)这套丛书定位为翻检性丛书,即供汉语教员随时翻检,目的是为大家提供汉语教学最必需的汉语言文字学方面的基本知识,以及汉语教学过程中可能会面临、可能会碰到、可能会出现的种种问题,并使读者掌握解决这些问题所应具备的相关知识与能力。

(三)这套丛书在内容上,力求具有针对性、涵盖性,同时具有实用性和一定的理论性;其中也不乏作者个人的经验之谈。

(四)这套丛书在编写体例上,一改传统的编写方式,采用答问方式编写。具体做法是,选择章节中必需包含的内容和教学中最有代表性的问题作为切入点,将所要讲的内容化解为一个个问题,采用"一问一答"的答问方式,分析、讲解教学实践中可能会碰到、可能会出现的问题。问题的设置都从"一个刚走上汉语教学岗位的汉语教师可能会提出或存在这样的问题"这种角度来考虑。问题的抽取和解说,力求能说到读者的需要之处,能全面涵盖重要的知识点,让读者看了感到解渴。

(五)这套丛书在具体安排上,每一节开头,有一个对该节内容的简单提示;每一节的正文,是涵盖该节内容的各个问题的答问;正文之后,附有一定的练习,练习大多是复习性的,也有一些是思考性的。

(六)这套丛书在在表述上,力求深入浅出,通俗易懂,尽量避免使用过多的专业术语。

本丛书有大致统一的编写体例,但因各分册内容不一,所以不强求完全一致。读者在翻检阅读过程中,将会感到各分册在提示语撰写的详略、问题设置的大小、练习内容的多少、问题解说的深浅以及参考文献的体例等方面,会有些差异。

敬请广大读者,特别是广大汉语教师多提意见,以便在日后修订时使这套丛书日臻完善,更符合大家的需要。

陆俭明
2010 年 5 月 5 日
于北大蓝旗营寓所

前　言

本书共分为八节:第一节至第三节是针对汉语教学所必需的汉语词汇本体知识,第四节至第八节是针对汉语词汇教学中可能遇到的问题及相应的解决方法与技巧。

对外汉语词汇教学的一大目标是使学习者掌握一定数量的词汇,教会他们"识词"直至"用词"。作为一名对外汉语教师,首先要明确:什么是词?如何确定词?现代汉语词汇的构成和特点是什么?现代汉语词义系统的基本结构是什么?如何解释和分析词义等词汇基本理论知识?在笔者所接触的汉语国际教育专业硕士研究生和年轻汉语教师中,能清晰认识、领会、运用以上知识的人并不多。因此,本书在第一节区分了语素、词、词语和词汇等基本概念,举例说明了词的确定问题,并从对外汉语教学角度分析了汉语构词法对汉语词汇教学的意义等。

本书第二节讨论现代汉语词汇的特点与系统性。从宏观上掌握这些知识点,可以更好地认识和把握各种词汇教学的原则及具体的方法技巧,在教学中真正做到"知其然"而且"知其所以然"。因此,专门分析汉语词汇的系统性对词汇教学有何启发、现代汉语词汇的特点对词汇教学有何影响,似乎不显多余。

本书第三节讲现代汉语的词义。词义是词汇教学的核心内容,因此,必须搞清楚词的概念意义与色彩意义,以及词的本义、基本义、引申义和比喻义等。此外,本节还特别针对汉语教学分析了汉语词义的理据性以及词义的解释等问题。

本书第四节探讨词汇教学的任务与基本原则。笔者认为,要搞好词汇教学,除了具备词汇方面的基本知识外,还要了解和研究与词汇学习有关的问题,使词汇教学符合学习者的特点和需求。因此,本节加入了词汇学习的途径、课堂教学对词汇学习的作用以及影响词汇学习难度的各种因素等内容。书中一些观点,如注重教学词汇的选择和控制,根据词汇教学的难易及轻重主次、语言教学的阶段层级、语言教学的不同课型、教学对象的差异,强调在教学中采取有针对性、各不相同的教学方法——是笔者近二十年汉语教学的体会,希望能对读者有所启发和帮助。

本书第五节研讨课堂上的词汇教学。从本节开始,本书力图将现代汉语词汇的基本知识以及词汇教学的一些理论应用到具体的词汇教学中,这是目前我们的词汇教学研究所缺乏的。本节介绍课堂上词汇教学环节以及词汇教学方法与技巧,特别探讨了如何在一课书的教学中安排词汇教学、如何在课堂教学中科学合理地选择和控制教学词汇。

本书第六节谈难点词汇的教学,包括近义词、虚词,还有一些意义抽象的实词的教学。近义词是第二语言词汇学习的难点之一,学习者词汇量增多了,如何帮助他们对比近义词、正确使用近义词,是汉语教师经常面临的问题。有的教师在教学中将大量时间花在近义词的辨析上,讲得越多,学生越不明白。本节借助具体的例子,分析、讲解不同类型近义词的教学,强调根据近义词辨析的难易程度、教学对象的特点等采取不同的方法。虚词以及其他意义比较抽象的词语,难以通过形象化的手段在课堂上讲解,给学习者带来极大的困惑。本节特意通过一些教学中出现的典型例子,探讨介词、连词等虚词以及一些意义抽象的名、动词和形容词的教学,希望读者能举一反三,针对不同的词汇采取不同的教学方法。

本书第七节和第八节主要讲不同课型的词汇教学,也涉及不同教学阶段的词汇教学。目前国内的汉语教学机构大都是分课型开展语言技能训练,不同的课型具有各自的特点和优势,表现在词汇教学上,不同课型的词汇教学在教学内容和教学方法等方面都存在一定的差异。在实际教学中,不少汉语教师在阅读课、口语课和听力课上都习惯使用读写课或综合课的方法讲练生词,课型特点不突出,教学效果也不理想。因此,本书第七节专门分析口语课和综合课的词汇教学(鉴于综合课承担的词汇教学任务最重,初级阶段和中高级阶段综合课词汇教学的侧重点和方法有所不同,本节特意分别通过一课书的教学来展示如何在初级综合课和中级综合课上有效开展词汇教学),第八节专门分析听力课和阅读课的词汇教学。教学有法,法无定式。笔者希望这两节的内容能够启发读者认识不同课型的词汇教学特点,从而在实践中找到最适合所教课型的词汇教学方法。

本书的主要内容,笔者已在中山大学国际汉语学院向汉语国际教育专业多届硕士研究生讲授过,他们在课堂上的参与及课后与笔者的交流,使笔者能收集到书中所涉及的问题并促使笔者思考解决之道。衷心感谢这些可爱的同学们!

丛书主编陆俭明教授在指导、鼓励之外,还于百忙中拨冗修改书稿并提出了很中肯的意见,让笔者受益匪浅,在此笔者须奉上诚挚谢意!本人学识觉悟有限,或许不能真正完全领会并实现陆俭明教授之意思和目标,书中必有不当甚至舛误之处,问责在笔者。恳请陆俭明教授和同行诸君明鉴、批评并指正。

李 英

2014 年 9 月 5 日

于广州怡乐路寓所

目 录

第一节 词汇单位与现代汉语词汇的构成 …………… 1
  一、词汇与词汇单位 ………………………………………… 1
    （一）什么是词、词语、词汇？ …………………………… 1
    （二）词汇单位指的是什么？ ……………………………… 3
    （三）语素的类型有哪些？如何确认语素？ ……………… 4
    （四）词与语素的区别是什么？如何确定词？ …………… 5
    （五）固定短语由什么组成？ ……………………………… 9
  二、汉语词汇的构词法 ……………………………………… 15
    （一）什么是构词法？它和造词法有什么不同？ ………… 15
    （二）什么是单纯词？ ……………………………………… 18
    （三）什么是合成词？ ……………………………………… 19
    （四）构词法对于汉语词汇教学有什么意义？ …………… 24
  三、现代汉语词汇的构成 …………………………………… 27
    （一）如何确定基本词汇和一般词汇？ …………………… 27
    （二）古语词和新词语指的是哪些词？ …………………… 31
    （三）什么叫字母词？如何看待字母词？ ………………… 32
    （四）书面语词汇和口语词汇有何不同？ ………………… 35
    （五）普通话词汇和方言词汇有什么关系？ ……………… 37
    （六）什么是本族语词汇和外来语词汇？ ………………… 38
  思考与练习 ……………………………………………………… 39
  深度阅读/参考文献 …………………………………………… 40

第二节 现代汉语词汇的特点和系统性 ………………… 42
  一、词汇的性质和特点 ……………………………………… 42
    （一）怎样理解词汇是多种词汇成分聚合而成的分层体系，

　　　　具有系统性？ ·· 43
　　（二）为什么说词汇的产生既有任意性，又有理据性？ ········ 43
　　（三）词汇在表达上既有普遍性，又有民族性，这又该
　　　　怎么理解？ ·· 44
　　（四）怎样正确理解词汇在发展中的"变化性"和"稳定性"？ ··· 46
二、现代汉语词汇的系统性 ·· 47
　　（一）现代汉语词汇的系统性表现在哪些方面？ ················ 47
　　（二）现代汉语词汇的系统性对词汇教学有何启发？ ········ 51
三、现代汉语词汇的特点及其对教学的影响 ························ 57
　　（一）现代汉语词汇有什么特点？ ···································· 57
　　（二）现代汉语词汇的特点对词汇教学有何影响？ ············ 64
思考与练习 ·· 67
深度阅读/参考文献 ··· 68

第三节　现代汉语的词义构成与词义分析 ···················· 70

一、词义的构成 ·· 70
　　（一）什么是词的概念意义？ ·· 71
　　（二）什么是词的色彩意义？ ·· 72
二、词的本义、基本义、引申义、比喻义 ·································· 76
　　（一）词的义项是如何确定的？ ·· 76
　　（二）"一音一义""一音多义"和"一词多义"指的是什么？ ··· 78
　　（三）词的本义、基本义、引申义和比喻义有什么不同？ ··· 79
三、汉语词义的理据性 ·· 82
　　（一）什么是词义的理据？ ·· 82
　　（二）汉语词义的理据性表现在哪些方面？ ······················ 83
四、词义的解释与对比分析 ·· 86
　　（一）词义的解释包含哪些内容？ ···································· 86
　　（二）解释词义的方法主要有哪些？ ································ 88
　　（三）为什么要对词义进行对比分析？ ····························· 93
　　（四）如何对词义进行对比分析？ ···································· 96
思考与练习 ·· 100

深度阅读/参考文献 …………………………………………………… 101

第四节　词汇教学的任务和基本原则 ……………………………… 102
 一、与词汇学习有关的问题 ……………………………………… 103
  （一）词汇学习的途径有哪些？ ………………………………… 103
  （二）课堂教学对词汇学习有什么作用？ ……………………… 104
  （三）哪些因素影响词汇学习的难度？ ………………………… 105
 二、词汇教学的任务 ……………………………………………… 110
 三、词汇教学的基本原则 ………………………………………… 113
  （一）注重教学词汇的选择和控制 ……………………………… 113
  （二）注重发挥语素和构词法在词汇教学中的积极作用 ……… 117
  （三）注重结合具体语境进行词汇教学 ………………………… 120
  （四）注重在词汇教学中有针对性地采用不同的教学方法 …… 124
思考与练习 …………………………………………………………… 131
深度阅读/参考文献 …………………………………………………… 132

第五节　课堂上的词汇教学 ………………………………………… 133
 一、课堂上的词汇教学环节 ……………………………………… 133
  （一）课堂上的词汇教学包括哪些环节？ ……………………… 133
  （二）在一课书的教学中如何安排词汇教学？ ………………… 134
 二、课堂上对教学词汇的选择和控制 …………………………… 138
  （一）一堂课教多少词语比较合适？ …………………………… 138
  （二）课堂上的词汇教学怎样做到重点突出？ ………………… 139
  （三）如何在课堂教学中提高生词的重现率？ ………………… 141
  （四）在课堂上需要补充教材之外的词汇吗？ ………………… 142
 三、课堂上的词汇教学方法和技巧 ……………………………… 143
  （一）如何展示词汇？ …………………………………………… 143
  （二）如何讲解生词？ …………………………………………… 147
  （三）如何帮助学生巩固词汇？ ………………………………… 152
思考与练习 …………………………………………………………… 158
深度阅读/参考文献 …………………………………………………… 159

第六节　难点词汇的教学 ················· 160
　一、如何进行近义词的教学？ ················· 160
　　（一）教学中遇到的近义词是否都要进行辨析？ ········· 161
　　（二）为什么学生会说"我参观了一个农民""我家有一只
　　　　　很美丽的小猫"？怎样解决这些偏误？ ·········· 164
　　（三）如何帮助学生区分"我了解他"与"我理解他"？ ····· 166
　　（四）如何帮助学生掌握"表达""表示"与"表现"？ ····· 168
　二、怎样进行抽象词语的教学？ ················ 172
　　（一）学生说出的"他平时不努力，从而考试
　　　　　成绩不好"之类的句子如何纠正？ ············ 173
　　（二）介词"就"怎么教？ ················· 175
　　（三）"至于"怎么教？ ·················· 178
　　（四）怎样解释"充满、刺激、纯洁、欲望"等词语的意思？ ··· 184
　思考与练习 ·························· 191
　深度阅读/参考文献 ······················ 192

第七节　综合课和口语课的词汇教学 ············· 193
　一、口语课的词汇教学与综合课有什么不同？ ·········· 193
　二、初级阶段综合课的生词，怎么教？ ············· 196
　　（一）如何处理生词表？ ·················· 197
　　（二）怎样结合语法点的教学进行词汇教学？ ········· 202
　　（三）如何通过课文的学习讲练生词？ ············ 205
　三、中高级阶段综合课的生词，怎么教？ ············ 210
　　（一）生词表的生词太多，两节课都讲不完，怎么办？ ····· 210
　　（二）教材中的"重点词语学习"部分如何进行教学？ ····· 214
　　（三）如何在课堂上复习所学词汇，并指导学生运用？ ····· 220
　思考与练习 ·························· 224
　深度阅读/参考文献 ······················ 225

第八节　阅读课和听力课的词汇教学 ············· 227
　一、阅读课上的词汇教学 ···················· 228

（一）阅读课的词汇教学有什么特点？具体的教学
　　　　 内容是什么？ ………………………………………… 228
　　（二）如何在阅读技能训练中进行词汇教学？ ………… 229
　　（三）如何在阅读实践中进行词汇教学？ ……………… 237
二、听力课上的词汇教学 …………………………………… 244
　　（一）听力课上要不要讲解生词？ ……………………… 244
　　（二）听力课上的词汇教学内容是什么？如何进行教学？ …… 246
思考与练习 …………………………………………………… 256
深度阅读/参考文献 ………………………………………… 256

第一节　词汇单位与现代汉语词汇的构成

【内容简介】　词汇是语言的建筑材料,是词和固定短语的集合体。词是句中最小的能够独立运用的语言单位,由语素构成。但在现代汉语中,词与语素、词与短语有时难以界定。固定短语是词与词的固定组合,其性质和作用相当于一个词,主要由专门用语、熟语和缩略语组成,但固定短语的范围特别是熟语的内部分类目前还存在一些分歧。在对外汉语词汇教学中,构词法具有重要的意义,它研究的是语素构成合成词的方法。合成词可以分为词根与词根组合成的复合词和词根与词缀组合成的派生词两大类。汉语词汇非常丰富,从不同的角度对汉语词汇进行划分,可以得出不同的类别。其中基本词汇和一般词汇的划分最为重要和流行。

一、词汇与词汇单位

(一) 什么是词、词语、词汇?

"词汇"和"词""词语"的含义不同,不能混淆。

"词"是语言中最小的、能够独立运用的、有意义的语言单位。它具有

以下几方面的特点:

第一,词的语音形式一般都是固定的。这表现在一个词一般都有固定的音节,各音节有固定的声韵调,不能改变,改变了就不是原来的词,或者毫无意义;词的前后能停顿,但词的内部结合紧密,不允许有停顿出现。根据音节的多少,词可以分为单音节词、双音节词和多音节词。

第二,词代表一定的意义。根据意义,词可分为实词和虚词。实词的意义比较实在,指某些概念内容;虚词的意义比较抽象,它们在句中表示一定的语法意义。

第三,词具有一定的语法功能,即能独立运用。"独立运用"是指能够单说(单独成句)或单用(单独作句子成分或单独起语法作用)。如:

他又去学校了。

在这个句子里,"他、去、学校"都能够单说,可以单独作句子成分,剩下的"又"能单独作句子成分,"了"表示语气,能单独起语法作用,即可以单用,也是词。

第四,词是最小的造句单位,不能拆分为更小的单位去使用,这就可以将词与短语区分开来。如"玻璃门"能单说,但它还可以拆成"玻璃"和"门"。所以"玻璃门"是短语,不是词。

"词语"是词和短语的合称,因此"词语"的范围比"词"大,不仅包括"词",还包括比词大的单位——"短语",包括固定短语。固定短语又叫固定语,是"语言中可以把词作为构成成分的、同词一样作为一个整体来运用的语言单位;它在结构、意义、作用上有自己的特点"。[①] 现代汉语的固定短语主要包括专门用语、熟语和缩略语。

"词汇"是一种语言里所有的或特定范围的词和固定短语的总和,如汉语词汇、法语词汇或一般词汇、基本词汇、口语词汇、方言词汇、文言词汇等。词汇还可指某一个人或某一作品所用的词和固定短语的总和,如"老舍的词汇""《红楼梦》的词汇"等。

---

① 参见符淮青(2004:9)。

"词语"和"词汇"所指的对象大致相同,但词语是具体的语言单位,是词和短语的合称;词汇是词和固定短语的合称,是个集合体,不能表示具体的词和词语。我们不能说"这个词汇用错了""我学了一个新词汇",而应该说"这个词/词语用错了""我学了一个新词/词语"。

(二) 词汇单位指的是什么?

词汇作为语言的重要组成成分,是以造句材料的身份而存在的。如果把言语作品比作建筑物,那么词汇成分就是它的建筑材料。词汇好比语言的材料库,人们从中提取合适的词语组成各种句子来传递信息,交流思想,达到交际的目的。因此,词汇是语言的建筑材料,其内部的组成成分即词汇单位包括词和固定短语。

"词"是基本的词汇单位,是构成词汇的主要成员,但不是唯一的成员。"固定短语"也是句子的组成单位,造句功能相当于词,其构成成分和结构关系都是固定的,不能随意替换其结构成分或改变其结构关系,也不能随意加入别的语言成分。它不同于自由组合的短语(也称"词组"),如"穿皮鞋、过马路、开汽车、炒青菜"是临时组合,内部各成分保持着各自意义的独立性,结构可以被拆分或者替换,不会影响意义的表达,这些都是自由短语,而不是固定短语。固定短语是结构上大于词的整体性造句材料,因此也是现成的词汇单位。

同时,词作为词汇的主要成员,也有自己的构成材料,这就是语素。语素是语言中最小的语音语义结合体,是构成词的要素。如"书、学、人民"都是词,从声音的角度看,这些词可以分解为 4 个成分,书写出来是 4 个汉字,即"书、学、人、民";从意义的角度看,这 4 个汉字各自有自己的意义,所以"书、学、人、民"也是最小的音义结合体,是语素。又如"忐忑、玻璃、迪斯科、奥林匹克"也都是词,从声音的角度看,这些词可以分解为 11 个成分,书写出来是 11 个汉字,即"忐、忑、玻、璃、迪、斯、科、奥、林、匹、克";从意义角度看,"忐、忑、玻、璃"没有意义,只有将它们组合成"忐忑、玻璃"之后才有意义;"迪、斯、科、奥、林、匹、克"虽然有意义,而且有的还有多个意思(如"科"可以表示学术或业务的类别、办事部门、生物学上的科属等),但是其意义跟"迪斯科、奥林匹克"所表示的意思毫无关系,它们在"迪斯科、奥林匹克"里只是作为音节的代表字。所以,"玻璃、忐忑、迪斯科、奥林匹克"都是最小的音义结合体,都不能分解为更小的音义结合体,都是语素。

(三)语素的类型有哪些?如何确认语素?

语素可以从不同的角度进行分类:

根据音节的多少,汉语语素可以分为单音节语素和多音节语素。如前面所列的"书、学、民"是单音节语素,"玻璃、忐忑、迪斯科、奥林匹克"由两个和两个以上音节构成,是多音节语素。

根据语素的构词能力,汉语语素可以分为成词语素和不成词语素。成词语素是能独立成为一个词的语素,即可以单用的语素,如"书、天、说、水、也、刚";不成词语素是不能独立成为词的语素,必须跟其他语素组合才能构成词,如"民、习、型、语、卫、奋"。

根据能否单说,语素可以分为自由语素和黏着语素。自由语素是指能单独成词,又可以在一定条件下加上语调单独成句的语素,如"白、我、人、书";黏着语素是指不能单独成词的语素以及虽能单独成词但不能单说的语素,前者如"语、灿、伟、固"等,后者如"很、最、极、了"等。

根据在所构词中的位置,语素可以分为定位语素和不定位语素。定位语素是指与别的语素组合成词的时候位置总是固定的语素,或在前,或在后,或居中,如"阿婆、阿姨"中的"阿","杯子、包子"中的"子","糊里糊涂、傻里傻气"中的"里";不定位语素是指与别的语素组合成词的时候位置不固定的语素,如"动、习",既可以组合成"动作、习惯",又可以组成"活动、学习"。

由于汉语中的语素、音节以及记录语素、音节的汉字有一致和不一致的时候,所以一个汉字或一个音节是语素还是语素的构成部分,是需要作一下鉴别的,这就是语素的确认问题。确定语素的方法主要是替代法。所谓替代法,就是用已知语素替代有待确定语素与否的语言单位,也就是对某个语言单位(一般是双音节)的各个成分进行同类替换。如"蜡烛",用别的语素替代"蜡",可以说"花烛、香烛、火烛";用别的语素替代"烛",可以说"蜡人、蜡纸、蜡染",所以"蜡"和"烛"各是一个语素。

运用替代法确认语素时要注意被替换的单位意义不能改变。如"沙发"中的"沙、发"都可以被替换,"沙"可以组成"沙漠、沙坑、沙粒","发"可以组成"开发、打发、引发",但"沙发"中的"沙"根本不是指沙子,"发"跟"开发、打发、引发"中的"发"意义也没有任何关系,所以"沙发"是一个语素。另外,运用替代法时还要注意各个成分都要被替换,如果只有其中一个可以替换,另一个不能,那么整个语言单位还是一个语素。如"蝴蝶","蝴"可以被其他语素替换,组成"彩蝶、凤蝶、飞蝶",但是"蝶"不能被替换,所以"蝴"不是语素,"蝴蝶"是一个语素。

(四)词与语素的区别是什么?如何确定词?

词和语素都是有意义的语言单位,但它们是不同层次的语言单位。词是语言中的造句单位,语素是语言中的构词单位。二者最大的区别是能否独立运用,词能独立运用,语素不能独立运用。如"人"和"民"是两个语素,合在一起为"人民",是一个词;拆开来,"人"既是语素也是词,我们可以说"人来了",但"民"不能独立运用,只是语素而不是词。

作为语素,它永远属于构词平面,一旦可以独立运用,就进入到词汇平面。由于语言现象复杂,有些语言单位在某些场合很难确定。如"民"是语素,不是词,但是在"民以食为天、民不聊生、民心所向、爱民模范"中,"民"又像个词了。这是因为古代汉语以单音节词为主,现代汉语的非成词语素都是从古代汉语的成词语素发展演变而来的,而发展演变需要一个过程。有的成词语素经过发展已经演变为非成词语素,有的则还处在发展变化的过程之中,后者就可能在性质上具有双重性,既有非成词语素的发展倾向,又能在特定语境中独立成词。这就给现代汉语词的确定带来了困难和麻烦。下面举例说明词的确定问题。

1."楼、春、旗、云、虎、房"是词还是语素？

这个问题的提出主要是因为汉语的词、语素与汉字之间存在着复杂的对应和不对应的关系。事实上，汉字和语素、词不是同一概念，字是书面记录语言的符号，词是语言中的造句单位，而语素则是语言中的构词单位。字作为词和语素的书写符号，它与词或语素主要有以下几种对应和不对应的关系：

（1）有的汉字有意义，又能独立运用，这样的汉字既是语素又是词。如"提、高、人、天"和"不、很、吗"等。

（2）有的汉字有意义，但不能独立运用，只能作为构词的成分，这样的字只是语素不是词。如"习、司、语"只是语素，"学习、司机、语言"才是词，这些词是由两个语素构成的，写出来是两个汉字。

（3）有的汉字没有意义，既不是词，也不是语素，只表示一个音节。如"玻、琵、葡、忐"等，这些有音无义的字要和其他汉字一起组合成"玻璃、琵琶、葡萄、忐忑"，才能成为语素或词。

总的来看，汉语绝大多数的语素与汉字或音节重合，我们基本上可以说一个语素一个音节，一个语素一个汉字。但不能倒过来说"一个音节一个语素，一个汉字一个语素"，因为同一个音节可以代表不同的语素，如"汉、汗、瀚、撼、憾"等为同一个音节 hàn，但是不同的语素。同样，同一个汉字可能代表不同的语素，且不说有不同音的汉字（如"行、乐、了"），即使无语音差异，也可能代表不同语素，这就是众多的同音多义字。

由于现代汉语词汇来源的复杂性，单音节语素有的可以独立成为词，有的不能独立成词。确定这个单音节的语言单位是词还是语素，主要看它能否独立运用。能单说，能单独回答问题的，当然是词。如：

去不去？——去。
累不累？——累。

"去"和"累"能单独回答问题，所以是词。但是，像"楼、春、旗、云、虎、

第一节 词汇单位与现代汉语词汇的构成

房"等语言单位,在现代汉语口语中一般不能单说,很多时候它们要跟别的语言单位组合起来才能自由运用,如回答"那儿在建什么",不能单独说"楼",而要说"楼房"。但它们在使用中有时能用作句子成分,能单用,如"盖四层楼"中的"楼"、"一年四季在于春"中的"春"、"门口挂着一面旗"中的"旗"、"天上飘着一朵云"中的"云"、"山上有虎"中的"虎"、"我要买房"中的"房",都在句中充当宾语,所以是词。像这类语言单位,单用的时候就是词,不单用的时候就是语素,如前面所说的"楼房"中的"楼"就是语素。

2. 为什么"白字"是词,"白纸"不是词?

如前所述,汉语的语素可以分为成词语素和不成词语素。成词语素可以独立成词跟别的成分组合成短语,也可以作为语素来组词。因此汉语中有些双音节成分,即使是两个成词语素的组合,也不一定就不是词,就一定是短语。如"白纸"和"白字"都是两个成词语素构成的语言单位,都能单独回答问题,但前一个是短语,后一个是词。确定的方法就是扩展法。

扩展法就是在多个语言成分组成的语言单位中插入其他语言成分,如果得到的新的语言单位可以接受,则原来的语言单位是短语;如果得到的新的语言单位不可以接受,或者意义有很大改变,则原来的语言单位就是词。如"白纸"可以扩展为"白的纸",这个扩展形式是存在的,而且意义同扩展前一致,所以是短语。而"白字"扩展后成为"白的字",这一语言单位是不可以接受的,所以"白字"是词。可见,汉字"白"在"白纸"中是以词的身份出现的,在"白字"中则是以语素的身份出现的。

扩展法是区分现代汉语词和短语的一种比较有效的方法,但这种方法也不是万能的。如单音节加单音节的状中结构组合(如"快走、刚来")、单音节形容词和名词的组合(如"小雨、怪人、大雪"等)、处所词语(如"树下、教室外")等,都是难以扩展的。但不能根据它们不能扩展这一点就把整个单位看作一个词。某个语言单位能不能扩展,不仅要受语法因素的制约,还要受语言习惯、音节结构以及修辞因素等的制约,所以不能夸大扩展法的作用。

3. "吃饱、改善、打倒"和"洗澡、洗手"是词还是短语?

这5个语言单位的表现形式都是两个汉字,两个音节,在语法功能上

7

相当于一个动词。但情况不同。学界一般的认识是：

"吃饱、改善、打倒"都是动补结构，但"吃饱"能扩展，可以说"吃得饱、吃不饱"，其意义就是构成成分"吃"和"饱"的简单组合，是词组。"改善"的意义虽然也是构成成分的组合，但不能扩展，所以是词。

"打倒"虽然跟"吃饱"一样能扩展，但其意义分为抽象义和具体义。表示具体义时，"打倒"的意思就是"打"和"倒"的简单组合，如"你一拳打得倒他吗"中"打倒"是词组；表示抽象义时，"打倒"的意思不是"打"和"倒"的简单组合，如"打倒霸权主义"，所以是词。

"洗澡"和"洗手"都是动宾结构，都能扩展，其宾语都能提前。但是"洗澡"是由"能单说的语素＋不能单说的语素"构成的，"洗手"是由两个都能单说的语素构成的。因此"洗手"是词组，而"洗澡"则被认为是"离合词"，也就是说它们合用时可以看作一个词，如"夏天要多洗澡"，它们分开时用可以看作是两个词，如"洗了一个澡"。

可以看出，形式一样的语言单位，由于其组合成分的特点不同、意义的组合方式不同，其性质的界定就显得非常复杂。在对外汉语教学中，如何帮助学习者分清这些语言单位不是一件容易的事情。实际上，这些语言单位到底是划入词、短语还是特殊的离合词，对汉语学习者来说并不是最重要的。因为他们能感觉到的就是这些语言单位形式上都一样，至于哪些能扩展，哪些不能扩展，他们没有评判的标准和能力。对于他们来说，关键是怎样才能更好地学习和掌握这些语言单位。因此，在对外汉语教学中，就需从汉语学习者的角度出发，从大规模的自然语料着手，确定那些汉语当中常用的、次常用的，且学习者使用偏误率较高、习得难度较大的动结式和动宾式结构，并将这些语言单位作为特别的词汇专门进行讲练。这些语言单位主要包括：像"洗澡、照相"之类的离合词；语义不是构成成分意义的简单组合，如表抽象意义的"打倒、抓紧"；不能扩展的动补结构，如"改善、说明"等。

4. "鸡蛋、鸭蛋、驼毛、羊毛"是词还是短语？

要确定某个组合是词还是短语，一般可以从三方面去判断，其一就是前面所说的扩展法，其二就是看组合中是否含有不成词语素，其三就是看构成成分在语义上有无变化。根据这三个标准，"鸭蛋"的"鸭"和"驼毛"的"驼"都是不成词语素，因而"鸭蛋"和"驼毛"是词；而"鸡蛋"和"羊毛"的组合没有不成词语素，而且在某些场合可以扩展为"鸡的蛋、羊的毛"，其意义没有发生变化，因此是短语。这样的评判结果，与人们的语感差距较大，让人难以接受，尤其是对汉语学习者来说。实际上，"鸡蛋"和"羊毛"，甚至像"鹅蛋、牛肉、鱼肉、牛奶、羊奶、牛毛、鸡毛"等，虽然有时可以扩展，但在实际的语言交际中，这些词语单位的扩展形式是极其有限的，而且扩展形式在语言生活中一般也不用，比如我们一般不说"买一斤牛的肉、喝一杯牛的奶、炒两个鸡的蛋、这是羊的毛"等。因此可以把它们看成是词，遇到能扩展的时候，就视之为短语。采取这样的处理方法，符合人们的语感，也易于教学。

（五）固定短语由什么组成？

关于固定短语的内部构成，学者们的意见并不完全相同。参考各家意见，我们认为现代汉语的固定短语主要包括专门用语、熟语及缩略语。

1. 什么是专门用语？

专门用语指的是以词为构成成分的专名词语、术语和行业语。

专名词语。如国名"中华人民共和国""大韩民国"，地名"青藏高原""两广地区"，机构名"中国人民银行""广州市人民政府"，书刊名"汉语学习""羊城晚报"。

术语，包括数学、物理、化学、经济学、医学、文艺学、语言学、计算机科学、法律等各学科所用的专门用语。如数学术语"平面直角坐标系""一元一次方程"，经济学术语"固定资本""通货膨胀"，医学术语"冷冻疗法""病理切片"，法律术语"犯罪嫌疑人""有期徒刑"。

行业语，即某一职业集团所用的词语。如体育用语"高山滑雪""自由体操"，戏曲用语"黄梅戏""京剧脸谱"，商业用语"转账结算""业务代表"，交通用语"交通信号""文明驾驶",印刷用语"四色印刷""胶印故障"。

2. 熟语有什么特点?它有哪些类型?

熟语是语言中相沿习用的固定结构,是特有的词汇单位,具有鲜明的民族性。熟语具有结构的定型性和表意的双层性两个特点。具体来说,熟语的结构成分和格式是在语言应用中长期形成的,内部相对稳定而不能随意替换,如成语"对牛弹琴"不能随便改成"对马弹琴","左右逢源"不能说成"逢源左右";熟语的意义一般不是构成成分意义的简单相加或字面意义,而是在字面意义的基础上形成的抽象而完整的意义,如惯用语"吃鸭蛋"不是"吃"和"鸭蛋"意义的简单组合,而是比喻在考试或竞赛中得零分。现代汉语的熟语包括成语、惯用语、歇后语和谚语等,不同类型的熟语在形式特征和意义特征方面都不尽相同。

成语是熟语中最重要的一种,它是"人们长期以来习用的、简洁精辟的定型词组或短句。汉语的成语大多由四个字组成,一般都有出处"[①]。如"愚公移山、守株待兔、四面楚歌、一视同仁"等。

惯用语是指主要运用于口语中的短小定型的习惯用语,意义具有凝固性,其核心部分是三音节动宾短语,如"走后门、吃老本、出难题、交白卷"等。

歇后语是一种结构很有特点的熟语,由前后两个相关部分构成:前一部分通常是生动形象的比喻或描绘,像谜语里的谜面;后一部分像谜底,用来解释说明前一部分。如"大海里捞针——无处寻""孔夫子搬家——尽是书(输)""墙上挂门帘——没门"。

谚语是流传于群众之中的通俗易懂而含义深刻的语句,它主要反映了人民群众社会生活中多方面的经验和客观真理,富有教育意义。如"活到老,学到老""饭后百步走,活到九十九""上有天堂,下有苏杭""庄稼一枝花,全靠肥当家"等等。

3. 什么是缩略语?

缩略语是把长的词语减缩或紧缩而成的词语,又称为"简称"。从构成

[①] 参见《现代汉语词典》(2005:173)。

第一节 词汇单位与现代汉语词汇的构成

方式来看,缩略语主要可以分为三类:

第一类为减缩而成的缩略语,即截取原词语的部分词语构成。如"复旦"(复旦大学)、"解放军"(中国人民解放军)。

第二类为紧缩而成的缩略语,即从原词语中抽取有代表性的词语构成。如"文教"(文化教育)、"空姐"(空中小姐)、"劳模"(劳动模范)、"增产"(增加生产)。

第三类为用数字概括的缩略语。如"三好"(身体好、学习好、工作好)就是抽出原词语中的共同成分再加上一个数词构成的,"五味"(酸、甜、苦、辣、咸)则是概括原来词语所表示的事物的共性加上一个数词构成的。

4. 习用词组指的是什么?

有学者认为[①],固定短语中还有一类是习用词组,它既不是熟语,也不是专门用语。它不同于自由组合的词组,其构成成分和组合顺序相对稳定,通常也被当做一个词或一个整体来记忆或使用。如"总的来说、公事公办、不是滋味儿、又好气又好笑、撒腿就跑、不瞒你说、这样一来、说来惭愧、归纳起来、过意不去"等等。

在对外汉语教学中,越来越多的学者认识到这类词语组合形式在语言教学和语言习得中的积极意义。它们在交际中使用频率较高,但又不是真正意义上的固定短语。因此有人提出类固定短语、语块等概念[②],认为在对外汉语教学中,应将这些词语组合形式作为教学词汇教给学生。但这类组合如何准确划分、数量究竟有多少等问题还处于进一步探讨研究之中,甚至有关固定短语特别是熟语的界定、内部分类等问题,也一直存有分歧。

5. "吹牛、砸锅、露馅、冒尖、哭穷"到底是词还是惯用语?

对这类双音节组合的归属问题,学界存有不同的意见。目前一般认为,惯用语至少应该是三音节的,双音节的组合则往往被看成是词。从理论上讲,汉语有单音节词,就肯定有双音节的词组,因此我们不能排除双音节惯用语的存在。像"砸锅、吹牛、露馅"之类的语言单位经常用于口语,其

---

① 参见符淮青(2004:9~11)。
② 参见齐沪扬(2001:8),周健(2007:100~104),钱旭菁(2008:47~55)。

意义不是构成成分意义的简单相加,结构上又可以扩展,中间可以插入其他语言成分,如"砸了锅、吹什么牛、露不了馅",因此将它们视为惯用语也是有道理的。但是这样的划分还是会存在一些问题:如前所述,惯用语具有表意的双层性,其意义大多是通过比喻的方式获得,但很多词的意义也具有这样的特点,如"包袱、佛手、风雨、林立"等;另外,"砸锅、吹牛、露馅"这类双音节组合在意义上具有整体性,有明显的词化趋势。因此,将它们视为词则更为自然合理,特别是像"吹牛"这样的词语实际上就是"吹牛皮"的词化结果。《现代汉语词典》(第5版)就把它们标注为动词。在对外汉语教学中,这类组合通常被当做离合词。

6. "莫须有、吃哑巴亏、赶鸭子上架、三下五除二、敢怒而不敢言"到底是成语还是惯用语?

要判断这些词语的归属,首先需要对成语和惯用语的构成和特点有一个清晰的认识。

从语音形式来看,成语以四音节为主,据对《中国成语大辞典》里所收成语的统计,四音节成语占了总数的96%;也有其他语言形式,如五音节的"先下手为强",六音节的"既来之,则安之",七音节的"树欲静而风不止",八音节的"鹬蚌相争,渔翁得利",十音节的"工欲善其事,必先利其器"等。而惯用语则以三音节为主,据对《现代汉语惯用语规范词典》的统计,三音节的惯用语占了总数的66%;也有多于三音节的组合,如四音节的"唱对台戏""打预防针",五音节的"铁将军把门""摸老虎屁股",六音节的"刀子嘴,豆腐心""鸡蛋里挑骨头",七音节的"哪壶不开提哪壶""不到黄河不死心"等[①]。

从意义来看,成语和惯用语都具有表意的双层性,其意义一般是在字面意义的基础上形成的抽象而完整的意义。如前面提到的惯用语"吃鸭蛋",其意义不是"吃"与"鸭蛋"意义的简单相加;成语"水落石出"不是"水落"和"石出"意义的直接相加,而是比喻真相大白。但成语在意义的整体性方面没有惯用语那么严格,某些成语的意义大体上是由其构成成分的意

---

① 参见曹炜(2003:160)。

第一节 词汇单位与现代汉语词汇的构成

义组合而成,如"汗流浃背、既往不咎、弥天大谎、胆小如鼠"等。而惯用语的意义一般都是在构成成分意义的基础上通过比喻等修辞手法抽象概括而成,具有凝固性特点。

从内部结构关系来看,惯用语有并列、述宾、偏正、主谓、述补等结构形式,但以述宾式和偏正式为主。如"背包袱、避风头、扯后腿、擦屁股、吃老本"等是述宾式结构,"安乐窝、变色龙、不倒翁、避风港、闭门羹、老油条"等是偏正式结构。而成语的内部结构关系比惯用语要复杂得多,除并列、述宾、偏正、主谓、述补等结构类型外,还有述宾补结构、兼语结构、连谓结构等特殊结构类型,如"问道于盲、置之于死地"是述宾补结构,"指鹿为马、请君入瓮、引狼入室"是兼语结构,"落井下石、过河拆桥"是连动结构,而且每种结构类型的分布总体上比较均衡,不像惯用语那么偏重于某一两种类型。

从结构的定型性来看,汉语惯用语的结构没有成语的要求那么严格,具有相对稳定的特点,这表现在两个方面:有的可以增删或替换个别成分,如"碰钉子"可以说成"碰了一个大钉子","拖后腿"可以说成"扯后腿"等;惯用语的次序有时还可以改变,如"夜车不要开得太多(开夜车)""不到黄河心不死(不到黄河不死心)"。而成语的结构形式是长期沿用下来的,具有凝固性,不能随意变更。

从语体色彩来看,惯用语具有鲜明的口语色彩,通俗有趣,而成语则恰恰相反,除了极少数的成语外,绝大多数的成语都具有浓郁的书面语色彩。我们可以从以下几组同义短语的比较中体会成语与惯用语的差别:"阿谀奉承——拍马屁""无孔不入——钻空子""随波逐流——随大流""倒行逆施——开倒车""旧事重提——炒冷饭"。

总的来看,成语以四音节为主,在结构上具有凝固性,意义上具有整体性,有较强的书面语色彩;而惯用语以三音节为主,在结构上具有相对定型性,意义上具有凝固性,多用于口语。像"吃哑巴亏""赶鸭子上架"和"三下五除二"虽然不是三音节的组合,但从其意义特点来看,应归入惯用语;而"莫须有、敢怒而不敢言"的意义大体上是其构成成分意义的组合,视为成语则更为合理。但是要想严格区分成语和惯用语并不是一件容易的事情,像以上的分类,事实上也是存有争议的,因此有的学者在讨论熟语问题时,回避或不谈惯用语,还有的学者干脆提出了"三字语"和"四字语"的名称来替代惯用语和成语。

在对外汉语教学中,要不要区分惯用语和成语、如何区分等问题是值得探讨研究的问题。作为教师当然需要对成语和惯用语以及其他熟语的特点、结构、意义及各个类别之间的区别有明确的了解,但对学生来说,一个词语到底是成语还是惯用语并不重要,重要的是如何理解和掌握常见常用的成语和惯用语的意义,并能准确运用它们。因此,我们在研究中不应局限于理论的分析和阐释,而要从学习者习得的角度去考察汉语熟语学习过程中的难点所在和习得特点,研究成果要有利于学习者对汉语熟语的习得,要具有可操作性。

7. "吃一堑,长一智""初生牛犊不怕虎""不入虎穴,焉得虎子"是成语还是谚语?

在对熟语进行分类时,分歧较大的就是成语与惯用语、谚语在性质和范围上的区别。至于歇后语,由于其在内容和形式上都有自己鲜明的特色,比较容易与谚语、成语、惯用语区分开来。

我们知道,成语多数由4个字组成,这也意味着成语并不限于4个字。谚语在意义的整体性上虽然不如成语和惯用语,但也有相当多的谚语,字面意义和实际意义不一致,其意义是构成成分意义的比喻义,如"树正不怕影斜""井水不犯河水""狗嘴里吐不出象牙来"等。因此对有些熟语,我们就很难判断到底是成语还是谚语或惯用语。据考察,《现代汉语成语规范词典》里所收的成语中就有61条成语重收在《现代汉语谚语规范词典》中;一些大型的成语词典,也都收了数量不等的谚语和惯用语[①]。像《汉语成语小词典》(第三次修订本,商务印书馆,1972年)就把谚语"一年之计在于春""一失足成千古恨""一着不慎,满盘皆输""不经一事,不长一智""世上无难

---

① 参见温端政(2005:50~53)。

事,只怕有心人"等等都作为一般成语来对待。这充分说明成语和谚语之间的界限确实存在模糊不清的问题。

　　一般认为成语与谚语的不同主要在于:成语在语言运用中相当于词,一般用作句子成分;谚语在结构上是完整的句子,多数都能单独成句,或独立于句外。像"吃一堑长一智""初生牛犊不怕虎""不入虎穴,焉得虎子"等都能独立成句,所以是谚语。但这样的标准并不是绝对的,因为谚语也可以充当句子成分,有的成语也可以单独成句或充当复句里的分句。如:

① 俗话说,兵败如山倒,一点都不假。
② 我俩从此之后井水不犯河水。
③ 你怎么穿这一身?太不伦不类了。
④ 哀兵必胜! 不要乐,要哀。

　　在上述例句中,例①和例②中的谚语"兵败如山倒""井水不犯河水"分别在句子中充当主语和谓语,例③和例④中的成语"不伦不类""哀兵必胜"都是单独成句。

　　总之,依据传统的观点在对成语、惯用语和谚语进行界定时会遇到许多问题和困难,其根本原因是人们对固定短语的研究相对滞后,研究还不够深入,研究成果未能取得新的进展。

二、汉语词汇的构词法

(一) 什么是构词法？它和造词法有什么不同？

　　"造词"和"构词"是两个既有联系又有区别、含义完全不同的概念。造词是创造新词,解决的是一个词从无到有的问题;而构词是指词语的构成,对象是已经存在的词。造词法就是创造新词的方法,也就是给客观事物命名从而产生新词的方法,它用来分析构造一个新词时所使用的语言材料和语言手段,说明词形成的理据。而构词法则是指语素构成词的方法,针对的是词的内部结构规律,它用来分析词的内部结构中语素组合的方式和方法。

关于汉语造词法,各位学者在其分类上存在较大分歧,以下是影响较大的三种分类方法:

任学良先生认为汉语的造词法主要分为:(1)词法学造词,即运用词法学中的手段和变化形式创造新词,如加词头("老鼠、小姐")和重叠("猩猩、吞吞吐吐");(2)句法学造词,即用词做原料,运用造句法的方法创造新词,如主谓式("锋利、内疚")、补充式("揭露、纠正");(3)修辞学造词,即运用修辞手法创造新词,如比喻式("佛手、仙人掌")、借代式("红颜、须眉");(4)语音学造词,即用不表义的音节做造词原料来创造新词,如取声命名式("乒乓、布谷")、单纯拟声式("扑通、轰隆");(5)综合式造词,即运用两种或更多的构词(造词)形式造成新词,如"雪白"就是综合比喻式和偏正式构成的。

根据葛本仪先生的观点,汉语造词法可以分为:(1)音义任意结合法,即用某种声音形式任意为某种事物命名的方法,如"车、含糊";(2)摹声法,即对某种声音加以模仿和改造从而创造新词的方法,如"哎呀、沙发";(3)音变法,即通过语音变化产生新词的方法,如儿化构词"盖—盖儿、尖—尖儿";(4)说明法,即通过对事物加以说明来创造新词的方法,如"地震、热爱、人口";(5)比拟法,即用现有的语言材料,通过比拟、比喻等手段创造新词的方法,如"龙眼、火热";(6)引申法,即运用现有的语言材料,通过意义引申的手段创造新词的方法,如"开关、口舌";(7)双音法,即通过双音化创造新词的方法,如"妹妹、道路、老虎";(8)简缩法,如"文教、外长"。①

刘叔新先生则以造词的语言材料为标准,将现代汉语造词法分为三大式:词汇材料式、语音材料式、混合材料式,其中词汇材料式在现代汉语造词法中居主要地位。词汇材料式又可以分为4类:(1)结合法,即把两个或三个不同的词汇材料按照一定的关系原则排列在一起而形成新词,如"商品、风云、红领巾、绊脚石";(2)叠连法,即一个单音节的词汇材料重复出现

---

① 参见葛本仪(2006:39~48)。

第一节　词汇单位与现代汉语词汇的构成

并先后连接起来而造出新词,如"姐姐、暗暗、星星";(3)改造法,即对一个现成的词或固定语,在构词成分、构词形式或语音形式上作某种改变而形成新词,如根据"阴谋"造出"阳谋",根据"发挥"造出"挥发";(4)转化法,即一个词汇材料发生转变,或由固定语的形式变为词的性质,或从意义上分化出另一个词,如"小—循环"构成"小循环","谅"由本义"原谅"引申表示"推想、料想",现已分化为两个同音词。语音材料式就是不取含有意义的词汇材料成分做材料,而只取材于语言中的语音单位,这些语音单位多是音节。这种构词方式又包括拟声法(如"哗啦、唧唧喳喳")、表情法(如"唉、哎呀")、联绵法(如"蜘蛛、蚯蚓")、音译法(如"扑克、坦克")。混合材料式就是同时利用语言中的词汇材料和语音材料形成新词,包括半表音法(如"吭声、呕吐")、半表意法(如"惆怅、窟窿")、半音译法(如"啤酒、芭蕾舞")、音译糅合意译法(如"可口可乐、绷带")。①

一般认为,汉语的构词法可以从以下几个方面进行分析:从语音形式上可以分为单音节词和多音节词,前者如"天、地",后者如"天空、巧克力"。从语素的多少分为单纯词和合成词:由一个语素构成的词是单纯词,由两个或两个以上的语素组成的词是合成词。根据语素的性质与组合方式,合成词又可以分为派生词和复合词。接下来的几个问题将结合对单纯词和合成词的分析说明来介绍汉语的构词法。

总的来看,造词法和构词法是从不同角度对词进行分析和研究,对任何一个词,我们可以从造词法的角度去探讨和了解它的产生原因和途径,也可以从构词法的角度去探讨和了解它的存在形式及其内部结构规律。造词法和构词法之间不存在一定的对应关系,造词法相同的词,构词法却不相同;反过来,构词法相同的词,造词法又有所区别。如"柳树"和"改正"都是用说明法创制出来的,但前者是偏正式的复合词,后者是动补式的复合词;"摇篮"和"龙眼"都是偏正式的复合词,但前者是用说明法创制出来的,后者是用比拟法创制出来的。因此,对词进行造词和构词的分析是非

---

① 参见刘叔新(2005:100~128)。

常有必要的。

在对外汉语教学中,适度的造词法和构词法知识的讲解对于提高学习者的词汇学习效率,帮助他们形成良好的词汇学习能力无疑会有很大的帮助。具体来说,造词法分析,可以让学习者了解创造新词的方式方法和词语的理据来源,便于他们理解和记忆,同时也可以提高他们的学习兴趣。而构词法的分析,则有助于学习者准确地把握语素、结构与整个词义的关系,从而准确地理解词义。

(二) 什么是单纯词?

单纯词是由一个语素构成的词。根据它的音节特征可以划分为单音节单纯词和多音节单纯词(包含两个或两个以上音节的词)。现代汉语是从古代汉语发展而来,在双音节词(包括多音节词)占主导地位的格局下,仍保留了一部分的单音节词。这些单音节词都是单纯词,单音节单纯词形成的是"一个语素一个音节一个汉字"的基本格局,如"天、你、高、看、就"等。多音节单纯词主要有以下几类:

第一类,联绵词

指的是古代汉语中流传下来的,单个音节没有意义,只有连在一起才有意义的双音节词。根据声母、韵母的特征又分为双声的、叠韵的、非双声叠韵的三种:

双声联绵词:参差 仿佛 尴尬 犹豫 忐忑 枇杷
叠韵联绵词:逍遥 烂漫 从容 徘徊 窈窕 哆嗦
非双声叠韵联绵词:蝴蝶 马虎 憔悴 蟋蟀 玻璃

第二类,叠音词

是由一个音节重叠构成的词,这个音节单独无意义,只有重叠起来才有意义,或是单独存在时的意义跟叠音形式的意义毫无关系。如:

猩猩 姥姥 蝈蝈 蛐蛐 冉冉 猎猎 孜孜 潺潺

第三类,音译外来词

模拟外语词的语音形式,用汉语的音节或汉字写下来的外来词。如:

咖啡　　沙发　　雷达　　夹克　　沙龙　　基因

奥斯卡　马拉松　高尔夫　比基尼　奥林匹克

第四类,拟声词

借助汉字的读音模拟自然界的事物或动物的声音。如:

扑通　咕咚　哗啦　噼啪　刺溜　呼噜噜　轰隆隆　叽叽喳喳

(三) 什么是合成词?

合成词就是由两个或两个以上的语素构成的词,如"学生、书本、妈妈、电脑、主人、意思、言语、儿子、洗衣机、共和国"。汉语里的合成词多数是由两个语素构成的。合成词可以从分析构成它的语素之间的关系划分类型,一般称作词的结构分析。

要弄清楚合成词的结构类型,我们要先谈词根和词缀,然后再谈合成词的构成方式。

1. 如何区分词根和词缀?

构成合成词的语素有两类:一类是词根,是具有实在意义、能自由出现在合成词中的不同位置的语素;一类是词缀,是附加在词根上的构词成分,只用来构词,不具有实在的词汇意义,而且只出现在词根的前面或后面。如"老师、师傅"中的"师","民众、人民"中的"民","选拔、候选人、人选"中的"选"都具有实在的意义,能自由出现在合成词的前面、后面或中间的位置上,它们都是构成合成词的词根;而"老师、老鼠、老虎"中的"老"只出现在词根的前面,"桌子、椅子、刀子"中的"子"只出现在词根的后面,它们在词中也没有什么实在的意义,是构成合成词的词缀,其中"老"是前缀,"子"是后缀。

汉语的词缀一般是由词根语素虚化而来。"阿、老"是典型的前缀,

"子、儿、头"是典型的后缀,这些词缀的意义比较虚化,要跟词根加以区别,还是比较容易的。但有一些类似于前缀和后缀的成分,即"类前缀"或"类后缀",它们组合、类推能力强,语义已开始虚化,但又没有完全虚化,或多或少跟词根有一些联系,语音形式上又与词根相同,情况就比较复杂,究竟是看作词根语素还是词缀语素,有时会产生不同的理解。这也是对外汉语词汇教学面临的一个难题。如:

化:美化　绿化　丑化　简化
手:新手　老手　好手　歌手
坛:体坛　歌坛　影坛　泳坛
可:可观　可恶　可喜可贺
非:非法　非正式　非官方　非重点
度:知名度　透明度　开放度　能见度
多:多渠道　多方位　多视角　多层次
感:失落感　自豪感　节奏感　幸福感
高:高层次　高浓度　高品位　高强度
小:小环境　小金库　小商品　小动作

2. 合成词的构成方式有哪些?

构成合成词的语素分为词根和词缀两类,这样合成词的结构就可以分为词根与词根组合成的、词根与词缀组合成的两大类型。词根与词根组合构成复合词,这是汉语词的主体;词根与词缀组合构成派生词,由于汉语词缀有限,因而形成的派生词也就不多。

(1)复合词

根据汉语复合词内部词根与词根的关系,我们可以把复合词分为以下几种类型:

1)联合式

前后两个词根具有相同、相近、相关、相反或对立的意义联系,两个词根互为补充说明。如"道路、声音、永久、喜悦、美丽、增加、打击、治理"等词是由两个意义相同或相近的语素构成,"矛盾、口舌、手足、江湖、冷淡、弱

第一节 词汇单位与现代汉语词汇的构成

小"等词是由两个意义相关的语素构成,"开关、是非、动静、往来、呼吸、兴亡"等词是由两个意义相反或对立的语素构成。

联合式复合词中还有这样一些词,前后两个词根意义相关或相反,但是只有其中一个意义在起作用,如"忘记"的意义就是语素"忘"的意义,"干净"的意义就是语素"净"的意义,"窗户"的意义在"窗"上,与"户"无关,所以有人称这类词为"偏义复词"。

联合式复合词一般为名词、动词或形容词。

2) 偏正式

前一词根限制、修饰后一词根,后一词根是复合词的中心。如：

  茶叶　手表　独子　食堂　西医　爱情　军人　阳光

以上例词均为名词,两个词根语素之间形成的是句法上的定中关系。又如：

  第一组：雪白　闷热　火红　美观　笔直　飞快　粗心　难看
  第二组：鸟瞰　笔谈　轻视　微笑　合唱　欢迎　直达　狂欢

第一组词为形容词,第二组词为动词,两个词根语素之间形成的是句法上的状中关系。

3) 动宾(支配)式

前词根表示动作行为,后词根表示动作行为支配的对象、方式等。如：

  投资　观光　失踪　扫盲　刺眼　鼓掌　改行　伤心
  司机　管家　司令　知己　刺耳　吃力　贴心　出众

这类复合词主要是动词,也有名词和形容词。

4) 补充式

前词根表示动作行为,后词根补充说明动作行为的结果或趋向等。如：

  扩大　提高　推动　说明　改善　看见　推广　加强

这类复合词是汉语所特有的,一般为动词。

还有一种补充式。如：

  车辆　人口　书本　花朵　马匹　船只　纸张　信件

  这种补充式的前一词根表示事物名称,后一词根表示这一事物的计量单位。前者是中心部分,后者是补充说明部分,又叫"量补式合成词"。这类复合词都是表示集合意义的名词,不能受数量词的修饰。

  5) 陈述(主谓)式

  后一词根陈述或说明前一词根。如：

  耳鸣　内疚　气喘　人为　神往　心爱　眼花　自杀
  面熟　民办　年青　肉麻　手软　心酸　性急　自动
  地震　脉搏　民主　日食　事变　霜降　心得　月亮

  陈述式复合词多为动词,但也有形容词和名词。

  6) 重叠式①

  由同一个词根语素重叠而成。如：

  姐姐　妈妈　明明　仅仅　默默　形形色色　花花绿绿

  这类合成词与叠音单纯词是有区别的：叠音单纯词如"猩猩、潺潺、姥姥"等只包含一个语素,两个音节不能拆分,否则就没有意义；而"妈妈、明明、默默"等包含的是两个相同的语素,其中的"妈""明""仅"为成词语素,"默"为不成词语素。此外,"爸爸""妈妈"这类重叠往往只是为了满足音节上的需要,并没有产生附加的语法意义,因此这类重叠也不是语法上的重叠变化。

  对汉语语素数据库的统计分析②发现,由语素构成的二字词中,名词、动词和形容词占总数的95%,这三类词的构词方式有以下几个特征：名词以定中偏正式为主,这一构词方式占80.6%；在形容词中,由谓词性语素所

---

  ① 也有的将这一类单独分出来,将合成词分为复合式合成词、附加式合成词和重叠式合成词三类。参见钱玉莲(2006:76)。

  ② 参见苑春法、黄昌宁(1998:9)。

组成的联合式占62.5%；动词的构词方式相对来说多样化一些,其中支配式占39.7%,谓词性语素组成的联合式占27%,状中偏正式占23.3%。总的来看,这三类词中,偏正式合成词所占比例最高,为54.4%；其次是联合式,占21.2%；再次是支配式,占18.5%。

（2）派生词

又叫"附加式合成词"。根据词缀在词中的位置,派生词主要有以下几种：

1）前缀＋词根

　　阿姨　阿爸　阿妈　阿婆　阿公　阿哥
　　老师　老婆　老虎　老板　老鼠　老鹰

2）词根＋后缀

　　胖子　桌子　椅子　柱子　梯子　珠子
　　木头　石头　甜头　苦头　念头　上头

3）词根＋叠音后缀

　　红彤彤　喜洋洋　气鼓鼓　穷兮兮　热腾腾　光溜溜

4）词根＋中缀＋词根

　　对得起　对不起　来得及　来不及　古里古怪　糊里糊涂

汉语中,有的词缀和词根同形。如"老人"的"老"表示年纪大,"古老"的"老"表示时间久远,都是词根,与"老师、老鼠"中的词缀"老"是不同的。

总的来看,复合词是汉语词汇系统中最主要的结构方式,其内部的结构关系可以作更为细致的划分。由于汉语复合词与汉语短语具有基本一致的结构关系,因而对于理解汉语词汇的构成、短语结构和句子结构,都具有重要意义。另一方面,汉语词汇中的单纯词、合成词和单音节词、多音节词之间呈现一种交叉关系,这就给外国学生辨识词与语素、词与短语造成了相当大的困难。

(四) 构词法对于汉语词汇教学有什么意义?

现代汉语词汇以合成词为主,汉语构词法的核心内容就是分析合成词的构成成分的意义、作用和其间的关系,词的结构类型的划分只有在这个基础上进行,才能做出科学的、有根据的说明。如合成词"永久","永"的意义为久远,"久"的意思为时间长,它们表示的是相同的意义,彼此之间地位平等,相互不发生意义关系,所以是联合式。因此,在对外汉语教学中,我们就可以根据构词语素及构词语素之间的结构关系即构词法来展示合成词的意义,把构词规律教给学生,这样有利于词义的理解和把握,能使学生举一反三,触类旁通,扩大词汇量,从而提高词汇教学的科学性。

首先,利用构词法可以帮助学生理解、辨识和记忆合成词的语义,增强学生的词义猜测能力。

由两个语素构成的合成词,其意义大都与构词语素的意义有着密切关系。这样通过构词分析,整词的意义由语素全部或部分体现出来,学习者可以通过某个语素的意义或所有构词语素的意义理解或猜测整词的意义。如"增加"这个词属于联合式,"增"和"加"的意义相近,地位平等,教师在教学中可以通过学习者所熟悉的语素"加"的意义以及"增加"这个词的构词特点引导学生明白"增"的意思,进而理解和把握"增加"的词义,消除他们对生词的陌生感。又如偏正式合成词"轿车",教师在教学中通过展示已学生词"汽车、火车",引导学生了解"轿车"的构词特点,从而很自然地让学生明白"轿车"的语义中心就是"车"。再如"老师"和"老人"这两个词都有语素"老",但"老师"是派生词,"老"是词缀,无意义,而"老人"是偏正式合成词,"老"是词根,表示年纪大,通过这样的对比分析,学生对"老"的意思会有更明确的认识和理解。

重视构词法的教学还有利于区分词义,并有效区分一些由相同语素构成的词语。如"增加、增强、增长、增进"都是联合式,都有共同语素"增",但

第一节　词汇单位与现代汉语词汇的构成

与之组合的语素各不相同,通过辨析这些不同语素,可以帮助学生有效辨识这些词语的不同意义和用法。又如"眼红"和"红眼"是由相同语素构成的词语,但前一个是陈述式,后一个是偏正式,意义自然不同。

其次,利用构词法可以帮助学生系统地学习汉语词汇,有效扩大词汇量。

长期以来,词汇教学是对外汉语教学中的一个薄弱环节,原因之一就是词汇本身是一个开放的系统,每一个词语几乎都有自己的个性,共性相对较少,不便于进行教学。词汇教学很多时候就是一个一个地教,一个一个地学,不利于学习者扩展词汇和记忆词汇。近年来,随着词汇教学研究的深入,构词法在词汇教学中的作用得到了充分的认识和应用,利用构词法,将一个词与同结构方式或同语素的词联系起来,可以让学习者批量、系统地学习和掌握汉语词汇,使词汇学习事半功倍。

偏正式是现代汉语词汇中最主要的一种构词方式,同一个语素前面加上不同的修饰限制性语素,就可以构成大量同族词。如在语素"员"前加上修饰限制性语素就可以构成"售货员、服务员、运动员、演员"等词。在学习生词"营业员"时,如果不引入语素和构词法知识,学习者只能孤立地学到这一个生词。但如果告诉学生"员"指的是从事某种工作的人,并适当补充前面所列举的与之相关、所含语素也不难的同族词语,引导学生认识到这些词语都是指人,其中"员"表示的是词语的主要意思,"员"前面不同的语素表示的是不同职业的人,其结构方式为偏正式,那么学习者就可以由"营业员"学习到"售货员、服务员"等其他词语。这样既可以加深学生对所学生词意义的理解,又可以扩大词汇量。

又如,动宾式的合成词,前一个语素表示动作行为,后一个语素表示动作行为支配的对象。在教学中我们可以通过一个动词性语素将同类型的动宾结构的词联系起来。如由"无法"可以推出"无情、无关、无效、无业",由"可爱"推出"可恨、可恶、可喜、可笑"等。

在词汇教学中,我们还可以利用构词法知识来巩固、归纳所学词汇。如学习了"袜子",就可以通过词缀"子"让学生将所学词语按照这一构词方式进行归纳"裤子、鞋子、帽子、袖子、鞭子",并引导学生说出他们知道的类似词缀和由这些词缀组成的词语;总结复习某课或某个单元的词汇时,可以通过一些比较典型的词语引导学生回忆并归纳出相同结构并含有相同语素的词语,如由动宾式词语"担心"引导学生将最近学过的生词"用心、灰心、操心"等归纳为一组词语来复习和记忆,由偏正式词语"客人"引导学生将新学的生词"商人、穷人、军人"等归纳在一起。

这样的教学方法不但能迅速扩大学生的词汇量,而且能教给学生方法性的知识,提高他们自学汉语词汇的能力。

此外,利用构词法可以帮助学生感受汉语的句法特点,有助于从词语的教学自然过渡到短语、句子的教学。

如前所述,复合词是汉语词的主体,而汉语复合词与汉语短语具有基本一致的结构关系,如汉语短语的结构类型主要有主谓、动宾、偏正、联合、述补等,而复合词的构成方式也主要是这几种,因此通过构词法的分析就可以直接从词语的教学过渡到短语、句子的教学。

在汉语里,有一些词语的意义是语素义按照一定的构词方式所确定的关系组合起来的意义。如:

词	词义
兄弟(联合式) ——	哥哥和弟弟(联合结构)
壮观(偏正式) ——	雄伟的景象(偏正结构)
保健(动宾式) ——	保护健康(动宾结构)
认错(动宾式) ——	承认错误(动宾结构)
私营(主谓式) ——	私人经营(主谓结构)

在教学时,就可以通过上述对照和比较,让学生感受汉语的句法,在学习词语时不知不觉地也学习了汉语的语法。

有关汉语词汇习得的研究成果表明,留学生具有一定的结构意识和语素构词意识[①]。这也进一步证明利用构词法进行词汇教学是符合学习者习

---

① 参见邢红兵(2003:67~75),冯丽萍(2011:170~204)。

得汉语词汇的特点的。

当然在词汇教学中,并不是所有的词语都适合利用构词法来进行教学。那些语素义比较模糊或不易理解,难以通过构词语素推知词义的词语,如"傻瓜、起码、爱戴、小说"等,就适合整词学习,不宜进行构词法的分析。另外,利用构词法进行词汇教学宜在学习者掌握了一定的基本词汇、具有一定的语素知识基础之后使用,比较适合中高级水平的学习者。

三、现代汉语词汇的构成

汉语词汇非常丰富,从不同的角度对汉语词汇进行划分,可以得出不同的类别。根据词在词汇系统中的地位作用,可分为基本词汇和一般词汇;根据词出现的时间先后,可分为古语词和新词语;根据词应用的交际领域,可分为书面语词汇和口语词汇;根据词运用的区域,可分为普通话词汇和方言词汇;根据词是否借用,可分为本族语词汇和外来语词汇。这些划分反映了人们对各种词汇地位作用的认识,也说明各种词汇在应用上各有特点和限制。其中基本词汇和一般词汇的划分最为重要和流行。

(一) 如何确定基本词汇和一般词汇?

基本词汇是词汇中最主要的部分,是从古代到现代,在实际运用中必不可少的词,它们表达的是人们交际中最不能缺少的概念。

基本词汇一般分为以下几种:

第一,表示人们最熟悉的自然界现象和事物的词,如"天、电、云、地、山、牛、羊、树、花";

第二,表示生产和生活资料的词,如"刀、房、碗、盆";

第三,表示时令和方位概念的词,如"年、月、日、南、上、左";

第四,表示最基本的性质状态的词,如"大、小、长、短、粗、细、重、红";

第五,表示最基本的动作变化的词,如"出、入、生、死、开、关、问、答";

第六,表示人体部位器官的词,如"头、手、心、脚";

第七,表示数量的词,如"一、二、千、万";

第八,表示人称和指代关系的词,如"我、你、这、那";

第九,表示程度、范围、关联、语气的词,如"就、很、吗、因为"。①

那么基本词汇是怎么划分出来的呢?也就是说划分基本词汇的标准是什么呢?这就需要我们认识和把握基本词汇的特点。

1. 基本词汇有什么特点?

属于基本词汇的词,一般具有三个特点②:

第一,稳固性。这些词存在的时间很长,在长时间中它们所标志的事物和概念极为稳定。如"山、水、天、地"等,从古代一直使用到今天,而且还会继续使用下去。

第二,能产性。这些词是构成新词的基础,而且构词能力很强。如用"水"构成的词,就有"水笔、水表、水分、水平、潮水、洪水、淡水"等100多个。

第三,全民常用性。这些词所表示的都是社会生活中最常见的事物、现象和人们交际时最需要的概念,所以流行地域广,使用频率高,为全民族所共同理解和使用,它们不受阶级、行业、地域、文化程度等方面的限制。

以上是20世纪50年代以来我国学者的一般观点,但如何运用这三大特点来确定语言中的基本词汇,却是个棘手的问题。

很多学者认识到"能产性"并不符合汉语词汇的实际情况,尤其是不少虚词。很多虚词如"很、呢、都"等就不具备能产性的特点,但我们不会否定这些虚词具有稳固性和全民常用性。像"桌子、头发"等实词全民常用性和稳固性显著,但构词能力却很弱。所以能产性只是基本词汇的一般性特点,不能作为判定基本词汇的依据。

也有学者强调用普遍性或稳固性来确定基本词汇,但多年来这方面的论述有较大的分歧,难以得出科学的结论。到目前为止,并没有汉语基本

---

① 参见符淮青(2004:157),黄伯荣、廖序东(1997:302)。

② 参见黄伯荣、廖序东(1997:303~304)。

第一节 词汇单位与现代汉语词汇的构成

词汇的全部统计数据,现代汉语教科书及其他相关论著在描述基本词汇时大多只是列举一些例词。

这种情况的出现跟语言发展有着密切的联系。"汉语的发展有很长的历史,汉语词的形式从以单音节为主发展到以双音节为主,并且产生了许多三音节以上的词语。汉语的发展经历了社会文明的不同阶段。在各个阶段中新事物不断出现,新概念新观念不断产生。就一个时期来说,人们普遍使用的词语,反映最重要的事物、最重要概念的词语有很大差异。有许多单音节的词,在后代用双音节的词来代替,但在构词时,人们往往不用双音节的词作为构词成分构词,而继续用同双音节同义、近义的不成词语素或活动力减弱的语言单位构词。"因此,"机械地应用稳固性、普遍性、构词能力三个标准来确定不同时期的基本词汇和一般词汇,必然产生种种矛盾"①。

我们认为,"可以吸收基本词汇这个概念提出的重要特征来分析汉语词汇。根据汉语的实际和应用的需要,提出一些理论上应用上都有价值的词汇划分"②。对汉语教学来说,常用词和非常用词就是具有应用价值的词汇划分,那些出现频率高、使用范围广、构词能力强的常用词就是对外汉语词汇教学的重点。

2. 常用词和基本词汇之间存在什么样的关系?

常用词和基本词汇都是使用频率较高的一部分词汇,基本词汇一定同时是常用词,但常用词并不一定属于基本词汇。

常用词是当代社会生活中使用最频繁的词,它跟基本词汇普遍性特征是相通的。确定常用词完全是根据词在最流行的书刊上的运用频率,运用频率高的属于高频词,也就是常用词,频率低的就是低频词,即非常用词,处于二者之间则是次常用词。

基本词汇至少应具有稳固性和全民常用性,"常用"只是其中一个特点。常用词具有强烈的时代性,历史并不一定悠久,如"电脑、手机、地铁"

---

① 参见符淮青(2004:163)。
② 同上。

等词在当代社会普遍使用,但能否在一段时间后因具有稳固性而成为基本词语,现在还很难得知。可以说,基本词汇只是常用词汇和次常用词汇当中的一部分,常用词中最重要的部分应属于基本词汇。

在汉语常用词的研究和统计方面,我国已有不少研究成果。据《现代汉语频率词典》统计,现代汉语的高频词有 8000 个,累计出现频率占语料总量的 95％以上,低频词为 23159 个,出现频率仅为 5％。使用频率最高的前 10 个词是:的、了、是、一、不、我、在(介)、有、他、个。

根据频率统计结果,现代汉语常用词的数量,通常划分为三个层次:最常用的 3000 个,覆盖面为一般语料的 86％。3000 个最常用词加上 2000 个次常用词总共 5000 个词,覆盖面为一般语料的 91％。5000 常用词,再加上 3000 个通用词,共 8000 个词,覆盖面为一般语料的 95％。

常用词的研究对儿童教育和外国人学汉语具有很大意义,我们可以据此编写教材,科学合理地选择和确定教学词汇,让学习者能在较短时间掌握汉语词汇中最有用的部分,满足日常会话的基本需要。

3. 什么是一般词汇?它跟基本词汇之间有什么关系?

词汇中基本词汇以外的词汇就是一般词汇。与基本词汇相比,一般词汇数量大,成分杂,容易随着社会的变动产生变化,没有基本词汇那么强的稳固性,大部分一般词汇也没有悠久的历史,而一部分历史长久的成员又不普遍常用。新词语、古语词、方言词、外来词等都属于一般词汇,这些词语的性质和特点将会在后文中论及。

基本词汇和一般词汇是词汇系统中两个性质、地位不同的词汇范畴,但二者之间并没有精确的区分,这是因为词汇系统一直处于动态发展中。基本词汇和一般词汇不断在变化着,它们相互依存、相互渗透、相互转化。基本词汇是构成新词的基础,不断充实、扩大一般词汇,使词汇日益丰富。一般词汇中的有些词随着社会生活的发展,它们所表示的事物和概念同人们的生活关系日益密切,具有了基本词汇的特点,就进入基本词汇的行列,从而使基本词汇不断扩大。当然,随着社会生活的发展变化,某个属于基本词汇的词所表示的某些事物或概念在人们的社会生活中不再重要,甚至成为了过时的东西,这个词就退出了基本词汇,成为一般词汇中的词。如"君、神、臣"在古代社会属于基本词汇,但现在显然已不具备现代汉语基本词汇的资格了。

(二)古语词和新词语指的是哪些词?

1. 古语词

包括历史词语和文言词语。

历史词语是历史上曾经存在过、现实生活中已经消失的事物或现象的名称,如"老爷、丫鬟、妾、皇帝、臣、上朝、进贡、驸马"等。这些词语在现代汉语中没有同它对应的词语存在,在日常交际中极少使用,只是在说明解释历史现象、事物、事件、人物时要用到,特别是在历史小说、有关历史的学术著作中运用。

文言词语所表示的事物概念在现代社会中还依然存在,但在现代汉语中已经有别的词语替代,如"履(鞋子)、卒(士兵)、吾(我)、倦(疲劳)、俸禄(工资)"。文言词语一般用于书面语中,在口语中很少使用。文言词语如果使用得好,可以使语言简洁匀称,还能表达庄重严肃的感情色彩,有时还能达到幽默讽刺等效果。文言词的使用一定要与整篇文章的语体风格协调,否则就不恰当。如下列留学生写作中的句子,文言词"之"和"于"的使用就不符合句子的口语色彩:

  我很忙之时,他就来帮我。
  我们商量于学校门口见面。

2. 新词语

就是语言中新产生的词语,它用新的形式代表新的事物、新的概念。社会的发展变化是新词语产生的根本原因。

新词语是相对的,传统的现代汉语词汇学研究所说的新词语,主要指20世纪初"五四运动"以后出现的词语。目前所说的新词语通常就是指我国改革开放以来出现的新词语。这些新产生的词语,涉及社会生活的各个

方面,但相对而言,又以经济类、科技类和生活类的词语居多。它们的来源主要有以下几个方面:

(1) 新事物出现以后,利用原有的语言材料,按照原有的构词方式构成新词。如"封杀、打拼、股民、热线、黑客、炒股、打黑、双赢、老总"。特别是用构词能力很强的语素构成新词,如"上班族、追星族、出国热、经商热"。

(2) 音译外来词。改革开放以来,涌现了不少外来词,其中以源自英语的最多。如"托福、艾滋病、迷你、作秀"。此外还出现了一些直接带有英语字母的外来词,如"T恤、卡拉OK、B超、IC卡、POS机"。这类词一般称为"字母词"。关于字母词,详见后文。

(3) 港台及方言词。这些词原在香港、台湾及其他方言区产生或使用,后在全国范围普遍使用。如"物业、按揭、买单、打的、搞定、搞笑"。

各个时期产生的新词语反映出了社会生活各个方面的变化发展,其中有一部分能长期流传,丰富原有的词汇系统,增强语言的表现力,有一部分只能流行一时,随即消失不用。这取决于新词所反映的事物现象是否长期存在,或者表示的概念观念是否为大众所接受,为交际交流所必需,同时也要看这些词语是否符合语言规范的要求。

近二三十年来,随着社会的迅猛发展,新词新语大量出现并被广泛使用。这些新词新语对词汇研究、词典编纂和汉语教学都提出了新的挑战。在对外汉语教学中如何进行新词语的教学,使语言教学具有生命力,与时代同步,是值得关注和研究的重要课题。

(三) 什么叫字母词?如何看待字母词?

字母词是汉语中使用的部分或全部由字母构成的词[①],前者如"B超、AA制、F1、4S店",后者如"DVD、CD、CEO、RMB",其中的字母多源于西文(主要是英文),也有的是汉语拼音的缩写。

---

① 参见郭熙(2005:15)。

第一节　词汇单位与现代汉语词汇的构成

从 20 世纪 90 年代中期至今,字母词一直是汉语词汇研究的热点之一。一般认为,字母词主要包括以下几类:

1. 纯字母词

(1) 英文缩略字母词,如"EMS、EQ、GDP、GPS、Wi-Fi、WTO"。

(2) 汉语拼音缩略字母词,如"GB(国家标准)、HSK(汉语水平考试)、PSC(普通话水平测试)、RMB(人民币)、WSK(全国外语水平考试)"。

2. 带字母词

(1) 数字字母词,由阿拉伯数字和西文字母混合而成,如"F1、3D、MP4、PM2.5"。

(2) 汉字字母词,由汉字和西文字母混合而成,如"卡拉 OK、三 K 党、A 股、AA 制、SIM 卡、ATM 机、T 恤衫"。

(3) 此外,还有少部分由阿拉伯数字、西文字母和汉字混合而成,如"A4 纸、4S 店、4D 影院、U4 飞机"。

字母词中绝大部分是外来词,也有少部分是汉语中自创的字母词,像汉语拼音缩略字母词显然就不是外来词。此外,"A 股、B 股、CCTV(中国中央电视台)"等虽然使用了英文字母,但他们是在汉语环境下创造的,表示的是中国的事物,所以是汉语词。

汉语中使用字母词已经有很长的历史,改革开放以来它们的数量越来越多,使用范围越来越广,使用频率也越来越高。《现代汉语词典》1996 年修订本(第 3 版)在正文后所附的"西文字母开头的词语"里首次收入 39 个字母词,之后的修订本陆续增收字母词,到 2012 年的修订本(第 6 版)已增收至 239 个。

对于字母词的流行,学者们有截然不同的看法,有的持肯定态度,认为字母词简洁,表意准确,有利于和国际沟通,丰富了汉语的词汇;有的则持否定态度,认为汉语中使用字母词不伦不类,破坏了汉语的纯洁和健康,应该翻译成汉字词。还有些学者认为应该慎重对待字母词,应该承认它在汉语中的存在,但要多加引导,合理规范,而不能盲目接受,任其泛滥①。这一观点目前得到了更多人的认同。

我们认为字母词在现代汉语中的使用是社会发展和语言接触的必然结果。虽然字母词在绝对数量上所占的比重并不大,但它已融入中国社会生活的方方面面,成为人们日常语言表达不可缺少的一部分,像"卡拉OK、AA制、B超、T恤衫、U盘、X光、CD、EMS、GDP、IQ、MTV、QQ、WTO"等词都已被人们所熟知并广泛使用。

字母词的出现,克服了汉字在表达某些新事物、新概念上的缺陷,也符合人们求简、求新的心理。比如"MPEG 1 Audio Layer3",如果用汉字来记录就只能翻译为"一种常用的数字音频压缩格式",让人费解,所以通用、简洁的"MP3"就被大众所接受。有些字母词,如"U型管、T型台、O型腿"等充分利用了字母本身的形体特征,这些特征如果纯粹用汉语语素去描述,是难以生动准确表达的。

不过,字母词在汉语当中存在一定的滥用现象。不少文艺作品、新闻报道中夹杂着大量字母词,增加了读者理解的难度。如报纸标题"教师节幼儿园老师不收红包,只收小朋友DIY贺卡",其中的"DIY"就颇让普通读者费解。像"UMIST、OEM、PRC、SMTP"等英文缩略字母词出现在文章中,又没有相应的中文注释,让读者如堕五里雾中。

由于字母词通常是由几个英文单词的首字母组成,不同词语可能会使用同一个形式。如"ABC"既可以表示一般常识或浅显的道理,又可以指在美国出生的华人(American Born Chinese)。这样的字母词在使用时如果不标明汉语意思,就只能靠前后文来理解了,这样很容易产生误解或歧义。

另外,字母词的读音和书写形式等也存在不规范现象。在读音方面,如"HSK、GB"等,有的人主张使用汉语拼音的读音,而人们又通常采用英文字母读音。在书写方面,一些字母词的大小写也不统一,如"e-mail"就存在"E-mail、e-mail、email"这三种形式。这些方面的分歧会给字母词语的使

---

① 参见薛笑丛(2007:66)。

用造成混乱,也给人们的交流带来一定的麻烦。

因此,我们应该以开放、辩证的态度看待字母词,首先承认字母词已经成为汉语词汇的一部分,是借用外来语的一种新形式,是词典中不可或缺的词条。当然它也会像其他词汇一样,随着社会的发展而发展,新词不断产生,一部分旧词逐渐消亡。字母词能用还是不能用取决于社会公众的接受程度,在社会生活中,广大人民群众需要字母词,就会继续使用,不需要,就会废弃或改用别的词语。不过,我们也应该看到,字母词的使用虽然给人们的交际带来了方便,但同时也带来新的问题,因此对字母词进行规范引导已经成为现代汉语规范化的一个重要方面。

(四) 书面语词汇和口语词汇有何不同?

汉语中大部分词口语和书面语中是通用的,如"山、水、河、跑、跳、高"等。但在语言发展中,有一些词常用于口语,有一部分词常用于写作,这样就出现了语体色彩不同的两类词汇。

书面语词汇大多是通过文字记录流传下来的词,用于书面写作,显得规范严谨、庄严典雅。口语词汇通常在口头上流传,用于日常谈话,有通俗活泼、大众化的特点。它们有的是对应关系,是同义词或近义词。如:

　　美—美丽　心眼儿—心　搁—安放　要不—否则　爸爸—父亲

有的无对应关系,但一般能找到一个口语、书面语都能使用的通用词与之对应。如:

　　聊天(口)—谈天　　浪头(口)—波浪　　拉扯(口)—抚养
　　匮乏(书)—缺乏　　清洌(书)—清凉　　眷恋(书)—留恋

有一些无对应关系,也无通用词同它们对应,要用其他词语去解释它的意义。如:

　　邋遢(口)—不整洁　老好人(口)—脾气随和,不得罪人的人
　　敛容(书)—收起笑容　联袂(书)—手拉着手

有学者对《现代汉语词典》中所标注的口语词和书面语词进行分析研究,发现现代汉语书面语词和口语词存在以下异同①:

首先,在音节结构上,口语词中双音节词占绝对优势,所占比例接近70%;而书面语词中,单音节词的数量与双音节词的数量相差不大,所占比例分别约为42%和57%。

其次,在意义构成上,口语词和书面语词有较多相似之处,如词义简单清晰,都以单义词为主,多义词中以两个义项的词数量最多。但多义书面语词中,单音节词为主体,而多义口语词中,双音节和多音节词为主体。

最后,在词汇结构上,口语词中合成词的数量大大多于单纯词,合成词所占比例接近86%,而书面语词中,二者的数量大致相当,单纯词和合成词分别占46.43%和53.57%。同时,在合成词中,口语词以偏正式为主,动宾式次之,只有偏正式的一半;书面语词以联合式居多,偏正式次之,数量为联合式的三分之二。不过,不同之中也有相似之处,口语词和书面语词中的单纯词均以单音节单纯词为主,联绵词和叠音词极少。

目前有关现代汉语口语词和书面语词的研究并不多,这两类词汇的特点和内部构成、数量也很难说清楚,而且书面语词和口语词大多没有形式上的标志,辨认困难。因此对于外国学生来说,如何根据表达的需要选用书面语词或口语词,使语言表达得体有礼,不是一件容易的事情。这要在长期的语言学习、运用中去感受,不断增强这方面的语感。在教学中,教师应做到心中有口语词汇和书面语词汇的概念,注意帮助学生区分词的语体色彩。留学生在写作中往往用词简单,该用书面语词时却用了口语词;而在口语交际中,由于不了解词语的语体色彩,将应该用于书面语的词用在了口语中。如:

① 这篇论文很难,我读很多次,还是不懂。
② 当他走上火车的时候,我的心情一下子不好了。
③ 我等待了他很长时间。

---

① 参见曹炜(2003:108~116)。

④ 老师,明天是否要交作业?

上述例句语法上并没有什么问题,但由于所使用词语的语体色彩不协调,影响了整个句子的表达效果。例①②是比较正式的书面表达,因此例①中的"我读很多次"最好改为"我反复阅读",例②最好改为"当他登上火车的那一刻,我的心情突然沉重了";例③④是比较随意的口语表达,因此例③的"等待"应改为"等",例④的"是否"要改为"是不是"。

针对这些问题,教师在教学时,对有明显语体色彩的词要重点关注,不仅要分析词的概念意义,还要说明词的语体色彩,提醒学生注意。同时,还要在教学中适当增加与词的语体色彩有关的练习,比如典型的口语词汇和书面语词汇的相互转换,判断词的语体色彩等,特别是在写作课和综合课中,尤其要注意学生口语词汇向书面语词汇的转换,帮助学生积累书面语词汇。

(五)普通话词汇和方言词汇有什么关系?

普通话是现代汉民族的共同语,它以北京语音为标准音,以北方话为基础方言,以典范的现代白话文著作为语法规范。一般所说的方言词汇有广义和狭义之分。广义的方言词汇指的是普通话以外的在各个方言中使用的词语,它们在各地方上通行而不属于普通话词汇。狭义的方言词汇指的是原先流行于某种方言中,而后被普通话词汇所吸收,被全社会接受和广泛使用的词语。可以看出,前一种观点所说的方言词汇是与普通话词汇相排斥、对立的,后一种观点则将方言词汇视为普通话词汇的一部分。在这里我们所讲的是狭义的方言词汇。

普通话词汇以北方话的一般词汇为基础,在发展过程中吸收了其他方言中一些富有表现力的词语来不断丰富自己,如从湘方言中吸收的"过硬、里手、过细、堂客"等,从闽方言中吸收的"龙眼、马铃薯"等,从吴方言中吸收的"马甲、里弄、瘪三",从东北方言中吸收的"忽悠、唠嗑、旮旯、爷们、瞎掰、邪乎",从川方言中吸收的"耍、雄起、晓得、要得"等,从粤方言中吸收的

"靓、买单、打的、打工、冲凉、搞笑、楼宇、巴士、生猛、炒鱿鱼、置业、物业、炒更、拍拖"等。

普通话词汇吸收方言中的词语,有时是由于普通话里没有相应的事物或概念,需要从各地方言中吸收营养,进行补充,如"叉烧、橄榄"等;有时是因为方言里的词语表示了某种特殊的意义,比原来的普通话词汇更加生动形象,便于使用,如"炒鱿鱼、耍、把戏"等。

值得注意的是,方言词进入到普通话词汇之后,词形和词义被普通话词汇所吸收,但读音却必须按照普通话的语音来发音。有的方言词在普通话词汇中还可能会有新的变化,其意义会更为丰富。

不断地吸收各地方言中的词语也是汉语丰富词汇、增强表现力的重要途径之一。

(六)什么是本族语词汇和外来语词汇?

本民族语言的词汇就是本族语词汇。外来语词汇就是从外国或本国其他民族语言中连音带义吸收过来的词汇,如英语从汉语中吸收的词汇"tea(茶)、tofu(豆腐)、kungfu(功夫)",汉语中来自西域的词汇"葡萄、琵琶",来自印度梵语的词汇"佛、塔、袈裟",来自英语的词汇"沙发、巧克力",来自日语的词汇"经济、资本、革命"等等。外来词也叫借词,它是各个国家、各个民族在交往过程中,把对方语言中的词吸收到本族语言中来的结果。

外来词进入汉语丰富了汉语词汇。但外来词进入汉语并非原封不动地吸收进来,而是或多或少地从语音、语法、词汇甚至字形上进行一番改造。现代汉语吸收外来词主要有以下几种方式:

第一种,纯音译。指完全按照原词的语音形式对译成汉语。如:

  沙发——sofa   咖啡——coffee
  逻辑——logic   巧克力——chocolate
  华尔兹——waltz   盘尼西林——penicillin

第二种,半音半意译。指把一个外来词分成两半,一半音译,一半意译。如:

新西兰——New Zealand　　绿卡——green-card
浪漫主义——Romanticism　　剑桥——Cambridge
华尔街——Wall Street　　冰激凌——ice-cream

第三种,音译加表意类语素。即用音译的方法把原词对译成汉语,再加上一个原词所没有的表示义类的汉语语素。如:

吉普车——jeep　　芭蕾舞——ballet　　比萨饼——pizza
扑克牌——poker　　霓虹灯——neon　　啤酒——beer

第四种,音译兼意译。即用汉字译写外语词读音的同时,又能通过汉字表示同原词意义相关的内容。如:

可口可乐——Coca-Cola　　俱乐部——club
伟哥——viagra　　香波——shampoo
模特儿——model　　基因——gene

第五种,借形。即直接借用外文字母的缩略形式或与汉字组合而成。如:

MTV　　CT　　KTV　　SOS　　CD
T恤　　X光　　B超　　卡拉OK　　BP机

需要说明的是,像"电话、电车、扩音器、随身听、蜜月"等一类词,完全是根据原词所表示的事物或概念,用汉语语素按照汉语的构词方式构造出来的,它们是意译词,不是严格的外来词。

思考与练习

1. "词""词语"和"词汇"的含义有何不同?请举例说明。
2. 语素、词和短语有什么不同?如何区分它们?

3. 试用"替换法"证明"驼绒"是两个语素,"骆驼"是一个语素。你认为"替换法"作为确认语素的方法,它本身的科学性有没有可以质疑的地方?

4. 汉语词汇有哪些类别?你认为哪种词汇划分更有利于对外汉语词汇教学?

5. 根据词的内部结构,下列词语属于什么类型?

    夏至　前头　胖乎乎　初十　耳目　离别　跳水　造谣　象牙
    迟到　国产　推翻　枪支　星星　质量　常常　垃圾　娓娓

6. 熟语跟固定短语是一回事吗?你认为从汉语词汇教学的角度出发,应该如何对汉语熟语进行分类?

7. 在对外汉语词汇教学中,如何利用构词法进行词汇教学?

8. 从对外汉语教学的角度来看,我们该如何对待字母词?

9. 你怎样理解"造词法"?你认为有没有必要将它与"构词法"区分开来?

10. 关于造词法,学界有不同的分类,你对这些分类有何看法?

深度阅读/参考文献

曹　炜(2003)《现代汉语词汇研究》,北京大学出版社。

冯丽萍(2011)《现代汉语词汇认知研究》,北京师范大学出版社。

符淮青(2004)《现代汉语词汇》(增订本),北京大学出版社。

葛本仪(2006)《汉语词汇研究》,外语教学与研究出版社。

郭　熙(2005)字母词规范设想,《辞书研究》第4期。

黄伯荣、廖序东(1997)《现代汉语》(增订二版)(上册),高等教育出版社。

刘叔新(2005)《汉语描写词汇学》(重排本),商务印书馆。

刘涌泉(2002)关于汉语字母词的问题,《语言文字应用》第1期。

齐沪扬(2001)有关类固定短语的问题,《修辞学习》第1期。

钱旭菁(2008)汉语语块研究初探,《北京大学学报》(哲学社会科学版)第5期。

钱玉莲(2006)《现代汉语词汇讲义》,北京大学出版社。

任学良(1981)《汉语造词法》,中国社会科学出版社。

邵敬敏(2001)《现代汉语通论》,上海教育出版社。

苏培成(2012)谈汉语文里字母词的使用和规范,《中国语文》第6期。

温端政(2005)《汉语语汇学》,商务印书馆。

邢红兵(2003)留学生偏误合成词的统计分析,《世界汉语教学》第4期。

薛笑丛(2007)现代汉语中字母词研究综述,《汉语学习》第2期。

苑春法、黄昌宁(1998)基于语素数据库的汉语语素及构词研究,《世界汉语教学》第2期。

周　健(2007)语块在对外汉语教学中的价值与作用,《暨南学报》(哲学社会科学版)第1期。

第二节 现代汉语词汇的特点和系统性

【内容简介】 词汇是一个语言系统的词语总汇,系统内部各成员间相互联系、相互交织,成为一个有机整体。任何语言的词汇,音与义的结合既具有任意性,又有一定的理据性;在表达上既有普遍性,又具有民族性;在发展中既有变化性,又有稳定性。由于语言符号音义结合的任意性,不同语言的词汇系统呈现不同的状况。现代汉语词汇系统在音、形、义、结构等方面呈现出聚合网络性,具有区别于其他语言词汇系统的特殊性。这对汉语词汇教学和词汇习得均有不同程度的影响。利用汉语词汇的系统性开展词汇教学,能帮助学生有效地扩大词汇量,促进词语的学习掌握。而汉语词汇的特殊性对词汇教学既有许多有利的一面,也带来了一些困难。

一、词汇的性质和特点

词汇是一个语言系统的词语的总汇,系统内部各成员之间相互联系、相互交织,成为一个有机整体。词汇的性质和特点,大体可概括为:词汇是多种词汇成分聚合而成的分层体系,具有系统性;词汇的产生既有任意性,又有理据性;词汇在表达上既有普遍性,又有民族性;词汇在发展中既有变化性,又有稳定性。

（一）怎样理解词汇是多种词汇成分聚合而成的分层体系，具有系统性？

所谓系统，指同类事物按照一定的关系组成的整体。一种语言语音的系统性、语法的系统性都是容易体会到的，而词汇由于成分繁多，几乎难以列举，其系统性则往往被人忽视。在语言应用和词汇的研究中，人们逐渐发现，词汇中的一个个词并非一盘散沙，而是密切联系着的，它们按照不同的组合和聚合关系形成一个相互对立、相互联系、相互制约的有机整体。比如某个具体语言中的所有词汇成分可能因同音而发生关系，因意义而形成类属关系，因结构关系或语法功能相同而组成不同的聚合体，诸如同音词、近义词、反义词、单纯词、复合词、派生词、主谓式、支配式、动宾式以及动词、形容词、名词等等类型。

词汇又是一个层级系统，语素、词、短语等各级语言单位处于系统的不同层面。低一级的单位通过一定的结构规则组合成高一级的语言单位。其中，语素是词汇的底层，是构成词的材料和基础。词处于比语素高一层级的层面，是构成短语的材料和基础。词汇成分之间这种层递的联系性，是体现词汇系统性的一个重要方面。

在词汇教学中，利用词汇的系统性可以帮助学习者识记生词，迅速扩大词汇量，从而提高词汇教学的效率。

（二）为什么说词汇的产生既有任意性，又有理据性？

任何语言的词语，特别是单纯词以及意义单一的词，用什么音表示什么意义在初始阶段大多是任意的，词语本身和命名的事物之间没有必然的、本质的联系。如在汉语中，人们把地面以上高远广大的空间叫做"天"，把踩在脚底下的物质叫做"地"，如果我们的祖先将这二者颠倒过来，那么今天我们就称"天"为"地"，叫"地"为"天"了。又如汉语的基本词"太阳"与对应的英语词语 sun 发音不同，但意义相同，音与义的结合完全是无理据的。

另一方面,语言中有相当多的词语,其音义之间也有一定的联系。如汉语中"蝈蝈、蛐蛐"等词就是根据动物的叫声来命名的。语言中大量的复合词是由语素作为构词成分构成的,语素与语素之间的相互组合是非任意的,是可以论证的。如用"飞机、水牛"给有关事物命名时,就选择、抓住了这些事物的某个突出特征来作为命名的根据、理由。历史上很多音译的外来词后来都被意译词所取代,根本原因就是音译外来词在字面上看不出任何理据性,不容易为人理解和接受,逐渐被淘汰就非常自然了,如"赛因斯"被"科学"取代,"麦克风"被"话筒"取代等。

由此可见,词汇的任意性和理据性是对立统一的。任意性是词汇得以产生的途径,理据性是词汇不断丰富的手段。在词汇教学中,充分利用词汇的理据性,可以更加清晰地解析词义,使学生更快地理解和记忆词语的意义。

(三) 词汇在表达上既有普遍性,又有民族性,这又该怎么理解?

普遍性指的是各民族语言中所有的词语本质上都是对客观事物的反映。因为语言中的词汇,特别是实词,与逻辑上的"概念"往往是密切相关的,概念是对客观事物的反映,而词汇则是表达概念的物质形式。只要客观事物或现象存在,就需要有反映它们的概念,语言中就一定会有某个相应的词语来表达,这对于所有的语言都是一样的。如客观世界中有山、河、日、月,任何一种语言都会有相应的词语来表示。

民族性是指各民族语言的词汇反映了本民族对客观事物或现象的独特认识。这有两方面的含义:一是语言与客观世界不是直接对应的,在语言与客观世界之间还有中介物,那就是人的认知域。各民族在对客观世界的认识上有相同的一面,又有不同的一面。因此各民族在反映客观事物时所形成的概念就有许多是不一致的。二是即使所形成的概念相同,但词语

第二节　现代汉语词汇的特点和系统性

对客观事物的表达同概念对客观世界的反映是不同的。这是因为语言符号音义结合的任意性使得不同民族或地区的人们可以根据自己的风俗习惯,按照自己的方式来约定词语,因此不同语言的词汇不一定反映完全相同的概念,可能在所指称的对象、范围以及搭配关系、附加色彩等方面存在极大差异。这主要表现在:

(1) 不同语言中语音形式和语义内容完全相同的词语几乎没有,较为常见的情况是相同的概念在不同的语言中用不同的语音形式来表现。如"能思维,能劳动,并能进行语言交际的高等动物"这个意义,在汉语里跟"rén"这个音节结合,构成"人"这个词,而在英语里则跟['hjuːmən]这组音组合构成 human 这个词。

(2) 不同语言词汇中相对应词语的意义也并不完全一一对应。在不同语言的词汇中,意义能一一对应的词主要是一些专业名词和单义的术语。在大多数情况下,不同语言词汇中相对应词语的意义往往是错综复杂的,它们可能在某个或某些义项上是相同的,而在其他几个义项上却不同,如汉语的"运动"和英语的 movement,它们都可以表示物体运动、社会运动等,但是汉语的"运动"还可指体育活动,英语的 movement 可指乐章、韵律等。也有一种情况可能是某种语言甲词的全部义项包含在另一种语言的乙词之中,只和乙词的部分义项相同,如英语的 cat 和汉语的"猫"具有共同的义项,但前者还可以表示心地恶毒的女人,词义范围比"猫"大。还有一种情况是某个词语或某个义项在其他语言的词汇中根本找不到对应的词语或义项,一部分音译词就是在这种情况下产生的。另外,词语的色彩意义,不同语言之间往往也难以直接对应,如汉语中有很多由"狗"构成的词语都是贬义词,而在英语中,dog 是人类的好伙伴,在使用中常带有褒义色彩。还有,理性意义相同的词汇在不同语言中的搭配规则也可能不同,如英语 high 和汉语"高"意义基本对应,但是它们与其他词语的搭配关系并不同,如"高个子—a tall fellow、高龄—advanced age、高手—past master"和"high tea—正式茶点、high summer—盛夏、high seas—公海"。

总之,普遍性使各种语言的词汇能表达大量共同的概念,民族性使某种语言的词汇又能体现出一定的独特性。对于对外汉语词汇教学来说,普遍性使得词汇教学成为可能,学习者可以利用已有的知识学习汉语词汇;同时,词汇的民族性提醒我们不同语言词语之间并不存在简单的对应关系,在词汇教学中,应采取必要的措施提高学生认识词汇学习的重要性,引导学生花更多的精力去学习和掌握每一个词语的具体意义和用法。

(四) 怎样正确理解词汇在发展中的"变化性"和"稳定性"?

与语音和语法相比,词汇与人类社会生活及其发展变化的关系是最直接最紧密的,对于各种变化也最为敏感。社会生活的发展变化,新事物的产生和新概念的出现,必然会引起语言的变化发展,这些很快就会反映在词汇上;反之,随着社会的发展变化,某些事物或事件逐渐成为历史,相应的,反映这些事物或事件的词语就逐渐少用,甚至几乎不用。因此,词汇几乎处于不断变动的状态中。这主要表现为词语的语音形式和语义内容都会发生演变,一些旧词逐渐消失,新词也不断产生,这就是词汇的变化性。如汉语的"江"和"河"在古代是专有名词,分别指长江和黄河,后来词义扩大,泛指各种河流;汉语中"红小兵、斗批改、黑五类、斗私批修、人民公社"等词在当代基本不再使用,而"上网、按揭、克隆、动漫、电子邮件、WTO"等词都是近几年才出现的。从这个角度上说,词汇是语言结构系统各要素中最易变和最活跃的。

同时,词汇的变化并不是随心所欲的,它要受到社会约定和词汇系统的影响和严格制约,有着极强的稳定性。一方面,很多词语的声音、意义和结构形式一旦形成,就基本固定下来,不能随意改变,受到社会约定的制约。无论社会如何发展变化,一种语言的基本词汇往往是极其稳定的,像汉语中的"人、天、地、山、日、月、星"和英语中的 man、sky、good、go、very 等词,已经沿用了很久,至今没有改变过;汉语中一些像"半斤八两、马路、熊猫、鲸鱼"等甚至有些不太科学的叫法,由于约定俗成,个人也不能随意改变;再如,每种语言都有一些固定熟语,如汉语里的成语、惯用语,它们在结构、意义和用法上都有很强的稳定性,不能随意改变。另一方面,这种影响和制约还体现在语言中新词的出现往往是根据已有的语素以及固有的构词方式造出来的,如"攀岩、快餐、电子邮件、智商"等。

词汇的变化性和稳定性是统一的:词汇的变化性使语言单位不断增减、更替,满足了社会发展的需要;而词汇的稳定性则保证了词汇的基本成分和语言系统的稳定和平衡,使交际能够顺利进行。

二、现代汉语词汇的系统性

词汇是一个客观存在的有机结合体,是多种词汇成分聚合而成的分层体系,具有系统性。由于语言符号音义结合的任意性,不同语言的词汇系统呈现不同的状况,具有各自不同的特点。

(一)现代汉语词汇的系统性表现在哪些方面?

系统性主要体现在两个方面:词汇系统中的各个成分通过音、形、义、结构等方面的某些共同特点类聚在一起,呈现出聚合网络性;各词汇成分在聚合之中又按层次秩序进行组合排列,具有组合层级性。整个词汇就是在这种聚合与组合的关系中形成一个统一的整体。

1. 具体怎么理解词汇系统的聚合网络性?

词汇系统的聚合网络性是指词汇在多个层面具有类聚的特点,这具体可从以下几方面去理解:

(1) 词汇成分在语音方面的类聚

在语音上,汉语词汇成分所形成的聚合关系主要有同音关系。

同音就是词与词之间声母、韵母和声调都完全相同。如"就是、就势、旧事"就是一组有同音关系、但意义没有任何关联的词,这些词类聚在一起,形成同音词。

现代汉语的声母、韵母和声调所组成的有效音节只有1200多个,而汉语的语素(汉字)多达五六万,通用汉字(语素)也有六七千。因此,在汉语词汇系统中必然存在相当多的同音词,即使在双音节词占主导地位的现代汉语词汇系统中,也存在相当数量的双音节同音词。

同音词的类型可以根据音形异同的不同情况分为同音同形和同音异形两大类。前一类如"花(花钱)—花(花草)、米(大米)—米(公尺)、生气(不高兴)—生气(有活力)、仪表(仪器)—仪表(人的外表)";后一类如"很—狠、根—跟、风—峰—封、事务—事物、游记—邮寄、销售—消瘦"等。

除了同音关系外,有的词语在音节数量上相同,形成音节上的等量关系,如单音节的词语类聚"我、他、小、累、来",双音节的词语类聚"表现、知道、漂亮、合适、因此",多音节的词语类聚"奥林匹克、拔苗助长、三心二意、无产阶级"。

有的词语声母相同,形成同声关系的词语类聚,如"到、带、弟、大、掉"就是一组声母相同的词。

有的词语韵母相同,形成同韵关系的词语类聚,如"丹、淡、灿、泛、干"就是一组韵母相同的词。

还有的词语虽然声母和韵母不同,但声调相同,形成同调关系,如"都、音、吃、听"是一组阴平词,"来、达、渠、湖"是一组阳平词。

(2) 词汇成分在词形方面的类聚

在词形上,汉语词汇成分所形成的聚合关系主要有同形关系、同素关系、逆序关系、形近关系。

有的词语意义不同,但书写形式完全相同,这些词语类聚在一起就形成同形词。同形词包括同形同音词、同形异音词。同形同音词若着眼于书写形式就是同形词,着眼于语音形式也就是我们前面所说的同音词。同形异音词,如"重量"的"重"和"重复"的"重","成长"的"长"和"长短"的"长",它们都是异音异义,但字形相同,是同形词。

除了同形词外,汉语词汇系统里还存在大量词形部分相同的词,即由一个共同语素结合其他不同语素构成的一组词,如"同屋、同学、同事、同伴、同胞"等都包含一个共同语素"同",我们称之为同素词,这些词因为含有相同的语素,从而在语音、语义方面也存在着一定的联系。

汉语中还有一些成对的双音节词语,语素的书写形式完全相同但排列的线性次序相反,这样的词语类聚就是逆序词,如"气力—力气、言语—语言"。逆序词可以分为同素逆序词和异素逆序词。同素逆序词由音形相同、意义也相同的语素构成,如"替代—代替、情感—感情、伤感—感伤、缓和—和缓"等。有的逆序词,从字形看,似乎是由相同语素构成,实际上却不是,这样的逆序词就是异素逆序词,如"好说—说好、花白—白花",每一组的前一个是词,后一个是短语;"长处—处长、孙子—子孙",它们在语音和意义上有差别;"事理—理事、带领—领带"这两组词中,"事理"的"理"表示道理,"理事"的"理"表示管理、办理,"领带"的"带"表示带状物,"带领"的"带"表示引导,它们是同音语素,意义并不相同。

此外,现代汉语的单音节词数量远不及双音词,但整体而言,单音词使用频率高,分布范围广。这些单音节词往往因为含有某个相同或相似的部件而形成类聚,如"脸、肚、腿、脚、肝、肥、胖"等词含有相同的形旁"月","请、清、情、晴、精、睛"等词含有相同的声旁"青",它们之间的关系就是形近关系。这样的词语类聚我们可以称为形近字。

(3) 词汇成分在语义方面的类聚

意义是词汇的本质内容,在语义上,各词汇成分形成的聚合关系最为复杂,也最为重要。词汇在意义上的聚合关系主要有近义关系、反义关系、上下位关系、类义关系、整体—部分关系等。

近义词即意义相同或相近的词构成的是近义关系。如"愉快—快乐—高兴、正好—恰好—刚好、称赞—赞美—赞叹—赞扬"等。

反义词即意义相反或相对的词构成的是反义关系。如"生—死、动—静、有—无、真—假"是绝对反义词,肯定一方必否定另一方,否定一方必肯定另一方。而像"白—黑、大—小、开始—结束、光明—黑暗"等词则是相对反义词,肯定一方必否定另一方,但否定一方不一定就能肯定另一方。

上下位关系的词指的是具有类属关系的词,其本质是一般和个别的关系。如"面食"和"饺子、馒头、包子、馄饨"构成的就是上下位关系,而"面食"又是"食品"的下位词。这说明判断上位词和下位词要依据不同的参照词,上下位词的关系具有相对性。

具有共同的上位词、处于同一层次上的一组下位词形成的就是类义关系,比如前面例子中的"饺子、馒头、包子、馄饨"具有同一个上位词"面食",它们在内容意义上代表同一类事物,形成类义关系。同样,"毛笔、钢笔、铅笔、粉笔"等都是"笔"的下位词,它们是类义词。构成同义关系和反义关系的词也往往构成类义关系。

还有一些词,其中有的表示事物的整体,另一些表示构成这个整体的各个部分或各个成员,这些词形成的就是整体—部分关系词。语言中存在大量的整体—部分关系词,如"房子"和"屋顶、门、窗户、墙壁","四季"和"春季、夏季、秋季、冬季",等等。

(4) 词汇成分在结构方面的类聚

现代汉语词汇以双音节词为主,这些词在结构上具有共性,这个共性就是合成词的结构类型,主要有联合、偏正、动宾、补充、陈述、重叠、附加等等。每一类型的结构方式都联系一大批词,绝大多数词都可以归入这少数几个结构类型中。可以说,汉语词汇的各个成员在结构上是有规则地联系在一起的,表现出词的组织结构的系统性。

总之,聚合关系是汉语词汇系统内部词汇成分有机关联的具体表现。在词汇系统内部,任何一个词汇成分都会以某种共同性为基础与其他词汇成分形成广泛的聚合。这样,以某一个词汇成分为中心,将各种聚合关系辐射出去,就会同其他若干词汇成分构成一个围绕某一中心的聚合网络体。以此类推,这种辐射状的聚合体就会不断地向外延伸与扩展,从而形成一个立体交错的词汇网络。系统内部的任何一个词汇成分实际上都处于这个网络中的某一个节点上,并通过各种关系同其他相关节点连结在一起。可以说,聚合的网络性是现代汉语词汇系统的最大特点。

2. 怎样理解词汇系统的组合层级性?

词都是由语素构成的,而词与词除了临时组合短语外,还有一部分是固定组合,形成固定短语,因此从整个词汇系统着眼,有学者认为现代汉语各词汇成分根据其性质、特点和功能可以分属三个层级:语素、词和固定短语。其中,语素层处于汉语词汇层最低、最基础的层面,是构成词这一层级的材料和基础,而词是高于语素的一个层面,它是词汇的主体层级,数量最大,使用最多,它又是构成词汇最高一个级次——固定短语层面的材料和基础。简而言之,语素构成词,词又构成固定短语,呈现出一种层级性的结构组织关联。

此外,现代汉语词汇虽然数量众多,但全部词语可以从不同角度进行划分和归类。如"基本词汇"和"一般词汇"、"口语词汇"和"书面语词汇"、"普通话词汇"和"方言词汇"、"本族语词汇"和"外来语词汇"、"旧词语"和"新词语"等等。

从语义来看,词汇系统内部各成员也表现出一定的层级性。如上下位词"植物—树木—柳树",从适用对象讲,"植物"大于"树木","树木"又大于"柳树";整体—部分关系词"时间—现在、过去、将来","时间"的语义范围大,"现在、过去、将来"的语义范围小。

从词的内部结构关系来看,现代汉语词汇首先可以分为单纯词和合成词,单纯词可以从构成它的音节特征划分类型,合成词可以根据语素性质与组合方式分为复合词和派生词。根据词根与词根的关系,复合词又细分为联合式、偏正式、动宾式、主谓式、补充式、重叠式等复合词;根据词根与词缀的位置,派生词细分为"词根+后缀""前缀+词根"等多种类型。这充分显示出各词汇成分不仅在结构上形成类聚,而且这种类聚还表现出很有规律的层级性。

总之,汉语词汇系统不是单一平面的,而是多平面的,可以从不同角度、多层面上进行分析。

(二) 现代汉语词汇的系统性对词汇教学有何启发?

词汇教学的最终目的是使学生掌握大量的词汇,能准确地理解词义,正确地使用。词汇量的多少以及词汇的掌握程度是决定第二语言学习者水平的重要指标。教学实践和研究发现,词汇是许多第二语言学习者的主要障碍,留学生在使用汉语时发生的词汇错误比语法错误要多,词汇量不足和词义掌握不准确成为其汉语水平进一步提高的瓶颈。如何改进汉语词汇教学、提高词汇教学的效率,引起了许多教学者和研究者的关注。集合式词汇教学法、放射状词汇教学法、网络化词汇教学法等就是基于汉语词汇的系统性而产生的词汇教学方法①。

1. 什么叫"集合式词汇教学法"?

这一教学法强调根据词义的相关性将汉语交际词汇进行集合式的词汇划分,然后将若干"词语集合"与句型结合起来,并通过各种练习帮助学生迅速掌握大量词汇。所谓集合式词汇划分,指的是将汉语交际词汇分为若干大的范畴(集合),如称呼词集合、数字词集合、时间词集合、家庭起居日用词语集合、办公室用词语集合、饮食用词集合、交通用词集合等,然后再将一个大的集合分成若干小的集合,如时间集合又包括天的集合、星期的集合、月的集合、年的集合、时分秒集合、时间副词集合等。

在具体的教学过程中,强调句型本位:第一,所有句型都必须结合"词语集合"来练习,必须在词语集合划分的范围内练习。比如在方位词集合里重点练习存现句,称呼词集合里重点练习判断句和"有(没有)"句式,时间词集合里重点练习带助词"着、了、过"的句式等。第二,句型练习的形式是多样的,它贯串于学习的整个过程中。

集合式词汇教学法有意识地将汉语词汇划分为意义相关的集合进行教学,这便于学习者认识汉语词汇系统的内在逻辑,激发他们联想、类比等内在的创造力,从而使词汇的学习不再孤立无序。但这一教学法对词汇集合的划分缺乏明确的标准,而且集合内的词语主要以语素为联结点,一些构词语素不同但语义上相关的词语如"医生、护士、病人"就不可能出现在同一个词语集合里。

---

① 参见常敬宇(2003:13~18),胡鸿、褚佩如(1999:24~31),马玉汴(2004:15~19),杨万兵(2004:24~29),周健、廖暑业(2006:110~117)。

2. 什么叫"放射状词汇教学法"？

这一教学法强调在词汇教学中，注重从汉语汉字独特的形、音、义关系及其词法、句法特点出发，以所学词语为射点，分别向词汇的音、形、义及构词法、句法方向放射串联已学或将学词语，引导学生在词汇形、音、义及句法表征间建立起精确而丰富的连接网络。

放射状教学法对汉语词汇系统的认识侧重于汉字与词的联系上，其特点是：汉字的单音节性和单音词的大量存在造成音同音近词、形同形近词的大量产生，这有利于从外部形式特征方面对词语进行对比式强刺激教学。同时，现代汉语词汇存在复合词化的特点，这样，根据词语的组合，特别是词义的组合情况来解释词义面貌，也就成为了可能。另外，一些词语，尤其是一些虚词的学习掌握，必须与相关句式和特定的语法项联系起来。

基于以上认识，在汉语词汇教学中，可以从以下几个方面展开词汇教学：

（1）以所学词语为射点，向语音、字形方向放射串联音同音近词、形同形近词。如由"富裕"的"富"串联"福、幅、辐、副"。

（2）以所学词语为射点，向词义方向放射串联近义词、反义词及与之搭配的词语，如学习"模糊"时，就可以联系已学词语"清楚"，通过对比分析，学生对这两个词的理解就会更为精确。

（3）以含有强构词力语素的所学词语为射点，向词义方向放射串联有相同语素的词语，如由"失学"的"失"推导出"失业、失恋、失眠、失望、失约"。

（4）以具有构词法意义的所学词语为射点，向构词法方向串联有相同构词方式的词语，如由词缀"感"推导出"责任感、自豪感、荣誉感、紧张感、轻松感、动感、性感、美感、快感"。

（5）以关涉句式或语法项的所学词语为射点，向句法方向放射串联相关句式和语法项，如学习表示目的、原因的"而"时，教师要有意识地利用已学句式激活学生对"而"的认识——"而"表示转折或对比，也可以表示并列等，以促进学生对"而"的学习掌握。

放射状词汇教学法适合生词的集中讲解,在教学中要从具体词语的特点出发,有侧重地进行词语的放射串联。串联词语时,还要注意根据学习者的程度和教学时间把握好串联的量和度。

3. 什么叫"网络化词汇教学法"?

"网络化(Networking)指词汇系统的组织结构方式,在这样的组织结构中,每一个词(义)都处于一个节点(node)上,通过各种关系与别的相关节点发生联系,从而形成一个词汇网络。"[1]网络化词汇教学法就是利用词汇系统的网络化特征,把词汇的各种网络性同人们的认知规律和记忆特点结合起来,在进行词汇教学时,有意识地涉及目的词在词汇网络中的相关词汇或意义,从而帮助学生建构汉语词汇网络的方法。

利用汉语词汇网络进行词汇教学,不但能帮助外国学生深入认识汉语词汇结构的特点和词语生成的规律,而且可以加深学生对汉语词汇语义文化内涵的理解。此外还能帮助学生举一反三、触类旁通地学习词汇,理解词汇,熟记词汇,运用词汇,从而提高对外汉语词汇教学的质量和效果。

网络化词汇教学可以从以下几个角度展开:

(1) 词形和义类范畴内词汇的扩充

词汇的网络性主要体现在词形结构的网络性和语义联想的网络性方面。词汇的词形结构网络特点主要以同语素词为代表。词汇的语义联想网络包括类义联想网络、关系联想网络和联用关系联想网络。通过类义联想网络可以由一个词语联想到与之有类义关系的词语,如由"春"联想到"夏、秋、冬"。通过关系联想网络可以由一个词语联想到与该词语的语义有关系的同类或不同类的词语,如由"家庭"联想到"家庭"所属成员"祖父、祖母、父亲、母亲"等。通过联用关系联想网络可以由一个词联想到与该词有联用或业务关系的词语,如由"邮局"这个词联想到与其有联用或业务关系的词语"邮件、寄信、邮票、邮编、汇款、包裹、邮递员"等。

在教学中,教师可以将词语的同语素词和语义联想范围内的词语适当

---

[1] 参见杨万兵(2004:24)。

第二节 现代汉语词汇的特点和系统性

地教给学生,形成以该词为节点的词形和语义联想网络,从而有效地扩充学生的词汇量,并巩固所学词汇。如由"车"可以引出其下位词语及类义词"自行车、火车、汽车、飞机、轮船"等,由"花朵"引出其他同语素词"花束、花丛、花草、花木、花园"等。在这个扩展模式中,应注意从基本等级词出发。基本等级词指在某一范畴等级内具有优先地位,首先被命名、掌握、记忆,事物名称最简洁,运用频率最高的词汇,如"车"一词。在对外汉语教学中,学习者即使词汇量不大,运用基本等级词也可以达到交际的目的。如"我坐车来的",虽然不如"我坐公共汽车来的"准确,但也可以完成基本的交际任务。

在进行词汇的扩充时,还要注意对单音节词和合成词采取不同的教学策略。

单音节词的教学要突出其在形音义上的网络性,特别是在教学中要有意识地涉及部件相同的词形网络,如教"肠",可以通过"月"旁引出"脸、肚、腿、脚、肝、胃、肥、胖"等词,引导学生总结出表示身体部分的词多有"月"旁。合成词的教学要突出语素分析原则,在教学中重视语素义的分析和语素组合关系的判断,教学策略主要有语素义提取、联系旧词中的语素、语素组合关系判断、对比词义、词语搭配与扩展等。

(2) 词义网络系统的建构

语言中大多数词是多义词,多义词的各个义项之间往往有着某种联系,其中本义是有文献记载的词的最初意义,是其他义项的基础;基本义是现代最常用最主要的意义,在各义项中居于主要地位;转义则是由基本义或本义直接或间接地发展转化出来的派生意义,包括引申义和比喻义。词义网络系统的建构就是理清多义词各个义项之间的联系,建立该词的词义网络。在对外汉语的词汇教学中,多义词的教学一般应从词的基本义入手,有意识地讲清楚词义的演变特点和规律,引导学生理清各个义项之间的衍生关系和意义联系,帮助学生建立多义词的词义网络。如"火"作为词的义项主要有:①物体燃烧时所发的光和焰,如"点火";②火气,如"上火";

③怒气,如"心头火起";④比喻发怒,如"他火了";⑤兴旺;兴隆,如"买卖很火"。① 这几个义项中,义项①是基本义,也是本义,由"火"的特点引申出与之在性质上有相似性的义项②和义项③;心中有火,有怒气,就会生气、发怒,这样又衍生出义项④;熊熊燃烧的大火与事业的兴旺发达有着某种内在的联系,于是便有了"生意很火"的说法。在这样的衍生过程中,"火"的意义逐渐由具体到抽象。在教学中,应先教义项①,在学习"火"的其他义项时,就可以联系义项①,帮助学生建立新义项跟本义之间的联系,以便更好地把握新义项。待学生接触到"火"的多个义项之后,就要引导学生从义项①入手,归纳总结"火"的其他义项,理顺各义项之间的联系,建立起"火"的词义网络。

此外,在教学中还应注意分析归纳与目的词意义相反、相关的词语及其词义系统,帮助学习者更深刻地理解词义系统的内在规律,培养学习者进入汉语词义系统类推、猜测、生成新词的能力。如由"火"的颜色可以联想到"红",因此在建构"火"的词义网络时,可引导学生类推与"火"有联系的"红"的义项——象征顺利、成功或受人重视,引出新词"红火"。

总的来看,利用汉语词汇的系统性进行词汇教学与词汇的认知规律也是相适应的。依据心理词典理论和心理语言学理论,第二语言心理词典的建构从一开始就必须同时建立并储存语音、字形、词义三个层次的表征,同时进行形—音、音—义、形—义的联结。在这一心理词典里,词语之间互相发生联系,形成错综的网络。学习和掌握新词的过程实际上就是在已有的心理词典中找到一个或多个与之有某种关系的词语,并将新词编进自己的心理词典,重新构架包括新词在内的新的词汇网络系统的过程。目前基于汉语词汇的系统性所产生的教学方法,大部分都是利用一定的语义场,采取扩展的方法,帮助学生建立新词与已学词语之间的联系,从而扩大词汇量,促进词语的学习掌握。这些教学方法还有待于教学实践的检验和完善。

---

① 参见《现代汉语词典》(2005:619)。

三、现代汉语词汇的特点及其对教学的影响

与其他语言相比,汉语词汇在语义、形态、构词方式等方面具有一些特殊性,这对汉语词汇教学和词汇习得均有不同程度的影响。为了更有效地开展词汇教学,有必要准确把握现代汉语词汇的特点,了解这些特点对汉语词汇教学的影响。

(一) 现代汉语词汇有什么特点?

关于现代汉语词汇的特点,目前的研究还不够深入。根据现代汉语词汇的实际情况,并参考一些学者的有关论述[①],我们认为现代汉语词汇主要有这样几个方面的突出特点:双音节词是主体,但单音节词仍占有重要的地位;合成词的内部构造跟短语的结构形式基本一致,构词以复合词为主,其中偏正式最为常见;词汇单位与非词汇单位界限模糊,词汇成分切分困难;词义具有一定的理据性,词语表意更加明确;存在大量包含有共同语素的同义词,其中的一些同义词音节数量不等,在形式上表现出一定的伸缩性。

除了以上特点外,现代汉语词汇还有一些较为显著的特征:有丰富的成语,而且大多由四个音节组成;汉语有量词和语气词,等等。

1. 为什么说现代汉语词汇虽然以双音节词为主体,但单音节词仍占有重要的地位?

根据《现代汉语频率词典》统计,使用度最高的前 9000 个词中,单音节词为 2400 个,占 26.7%;双音节词为 6285 个,占 69.8%;三音节及三音节以上的多音节词为 315 个,只占 3.5%。有人统计过《汉语新词词典》(上海辞书出版社,1987 年)中的词语,在该词典所收的 1624 个词目中,双音词有

---

① 参见陆俭明(2005:7~8),刘中富(2002:138~142),赵金铭(2005:370~376),万艺玲(2010:26~30)。

1242个，约占总词目数的75%。之所以形成现代汉语词汇以双音节词为主体的局面，是因为在汉语词汇的发展过程中，有明显的双音节化倾向。这主要表现为：

单音节语素的前后添加没有意义的附加成分成为双音节词，如"桌—桌子、舌—舌头、鼠—老鼠、姨—阿姨"；意义相同、相近或者相反的单音节语素联合起来成为双音节词，如"奇怪、皮肤、牙齿、反正、买卖、横竖"；以一个单音节语素为主，在前面或后面加上个辅助性的相关成分，如"心—心扉、耳—耳朵、月—月球、脑—脑袋、净—干净、唇—嘴唇"；三音节的词省略其中一个音节成为双音节词，如"照相机—相机、机关枪—机枪"；四音节及四音节以上的词语采用缩略法成为双音节词，如"化学工业—化工、超级市场—超市、人民代表大会—人大"。

汉语词汇的这一发展趋势是人们追求表意明确性和形式简便性的结果。由于汉语的音节数目有限，单音节词往往会造成大量的同音词，这样就会给交际带来困难，多音节词有助于避免大量同音词的出现。此外，汉语的单音节词往往是多义词，有时语义难以确定，多音节词就使得词义的表达更为细腻、精确，既增强了词与词之间的区别度，又使词在表意上更具有理据性。但是，语言的经济原则不会让词的音节扩展走得太远。人们在追求表意明确性的同时，总是力求形式的经济简便。这样追求表意明确性使汉语词的音节尽量由简到繁，而形式的经济简便又要求汉语词的音节尽量避繁就简。两种要求的相互制约使现代汉语的词在音节数量上集中于双音节。

但从词语在交际中使用的情况来看，现代汉语的单音节词数量虽然远不及双音词，但整体而言，单音节词（尤其是历史悠久的根词）使用频率高，分布范围广。口语交际中单音节词所占的比例很大，如"人、他、水、打、买、好、高"等。同样根据《现代汉语频率词典》统计，6285个双音节词的使用频率平均为60次，2400个单音节词的使用频率则高达350次。使用频率最高的前13个词全部为单音节词，前175个词中有144个是单音节词，前1678个词中有829个是单音节词。

第二节　现代汉语词汇的特点和系统性

不仅如此，很多单音节词都具有较强的构词能力，可以作为构词语素构成大量的合成词及成语，而且构词时位置灵活。如"心"，作为语素所构成的词语在《高等学校外国留学生汉语教学大纲》（长期进修）"词汇表"中多达 70 多个，其中位置在前的有"心情、心爱、心得、心理、心灵、心目、心事、心思、心态、心疼、心头、心血、心眼(儿)、心意、心愿、心中"等，位置在后的有"爱心、安心、操心、称心、粗心、担心、当心、恶心、放心、分心、甘心、关心、狠心、灰心、精心、决心、开心、良心、留心、耐心、热心、人心、忍心、伤心、省心、细心、小心、信心、虚心、一心、疑心、用心、衷心、专心"等，位置在词语中间的有"诚心诚意、齐心协力、全心全意、三心二意、随心所欲、提心吊胆、小心翼翼、心甘情愿、心灵手巧、一心一意、有口无心、专心致志"等。

另据统计，在汉语语素数据库中共有汉语语素 10442 个，其中单字语素有 9712 个，占总数的 93%，单字语素占汉语语素的绝大多数，这部分语素是汉语构词的活跃因素。在单字语素中还有 1959 个零义项语素，剩下的 7753 个语素是汉语的基本语素。这 7753 个语素，能单独成词且成词时位置灵活的数量最多，占 31.1%，其次是不能单独成词但构词时位置灵活的，占 22.4%。

可以说单音节词依然是现代汉语词汇的基础部分，占有重要的地位。

2. 具体该如何理解现代汉语词汇在构词上的特点？

现代汉语词汇以合成词为主，而合成词中绝大多数为复合式合成词。这些复合词的构词类型跟短语结构的基本类型大体上是一致的。如复合词中有联合式结构，如"兄弟、美丽、喜欢"，短语中也有相同结构，如"哥哥和弟弟、漂亮又聪明、讨论并通过"；复合词中有偏正式结构，如"电灯、手套、狂热、热爱"，短语中也有相同结构，如"明亮的灯光、一副手套、疯狂地追求、热烈欢迎"；复合词中有支配式结构，如"司机、悦耳、伤心"，短语中也有相同的结构，如"驾驶汽车、打动人心、打击敌人"；复合词中有陈述式结构，如"地震、口吃、心细"，短语中也有相同结构，如"天气热、房间大、他喜欢"；复合词中有补充式结构，如"打倒、充满、证明"，短语中也有相同结构，如"洗干净、说清楚、看一遍"。

在各种类型的构词方式中,偏正式最活跃、最能产。据统计,在汉语新词中,偏正式合成词约占所统计新词的75%。这跟英语的构词方法有很大不同,英语中的单纯词和词根加词缀组合而成的派生式合成词数量众多。

由于现代汉语在构词上以复合词为主,且偏正式最为常见,所以现代汉语词汇跟构词有关的另一个突出表现就是同素词丰富,一系列的词在同一类构词方式和类属关系等的作用下共用同一语素,形成一个包含有共同语素的词族。如"童年、少年、青年、中年、老年","学士、硕士、博士","春季、夏季、秋季、冬季","小学、中学、大学"等。拿现代汉语跟现代印欧语系的语言相比,现代汉语词汇的这一特点也是极为突出的。如以汉语包含有共同语素"花"的同素词族与现代英语的对应词作比较,我们可以看出现代汉语词汇的构成特点:

菊花	chrysanthemum	茶花	camellia
荷花	lotus	兰花	orchid
玫瑰花	rose	水仙花	narcissus
花粉	pollen	花瓣	petal
花冠	corolla	花蕾	bud
花蕊	stamen(雄蕊)		pistil(雌蕊)

3. 造成汉语词汇成分切分困难的原因主要有哪些?

首先,汉语书面语的一个显著特征是词语连写,也就是词与词之间在书写时形式上没有任何间隔,不像拼音文字的词在书写时,词与词之间界限分明,因此在现代汉语中无法根据形式上的标志——汉字的多寡来辨识词,这无疑给大多数外国学生,尤其是母语为拼音文字的学生辨识汉语词语带来了一定的困难。

不过汉语词汇成分切分困难最根本性的原因是现代汉语的词汇单位与非词汇单位之间缺乏明晰的界限,这主要表现在以下几个方面:

第一,词与语素的界限不清。虽然能否自由运用是区分词与语素的最基本标准,但由于汉语词汇来源的复杂性,汉语中的单纯词与语素有交叠现象,要一清二楚地分辨出每一个词,并不那么容易。如"白"在"白布"这

第二节 现代汉语词汇的特点和系统性

个组合中是词,在"白菜"这个组合中却是语素。再如"丰",一般不能独立成词,要跟其他语素构成合成词才能独立用来造句,如"丰富、丰产、丰收、丰满、丰盛"等,但"海上严打战果丰"却可用作报纸的标题。

第二,词和短语的界限不清。一方面,词与固定短语界限不清。如有人认为"砸锅、顶牛、露馅"等是惯用语,有人则认为这些单位具备词的一般特征,是词。像"人大、政协"等缩略语使用频繁以后,人们甚至意识不到它们本来的短语面目了。不过这类分歧不影响对词汇单位的确立。另一方面,情况更为棘手,那就是词和自由短语的界限问题。从理论上讲,词是最小的造句单位,自由短语是由词构成的比词大的造句单位;词是备用单位,自由短语是临时组织的单位。二者的界限并不模糊,但对现代汉语中由两个成词语素构成的双音节组合来说,是词还是自由短语,有时分辨起来确实比较困难。如我们把"鸡蛋"看作词而把"鸭蛋"看作短语,把"白面"看作短语而把"白粉"看作是词。特别是汉语中还存在一些像"结婚、洗澡、见面"这样既像短语又像词的"离合词",更是加强了汉语词界的模糊性。

第三,固定短语和自由短语界限不清。在语言的发展变化过程中,一个短语可能在某个阶段正处在"自由"与"固定"之间,说它是固定短语不够典型,说它是自由短语也有些勉强。如"科学技术",它不像固定短语那样结构定型、意义完整,但"科学"与"技术"结合在一起使用的频率的确很高。

4. 汉语词义具有一定的理据性,词语表意更加明确,这又该如何理解?

词义的理据就是事物现象得名之由。例如"蝈蝈"这种昆虫的叫声是"蝈蝈",所以人们就根据它的叫声来给它命名。汉语的单纯词,其声音和意义的联系多数是无理据的,但复合词往往具有一定的理据性。从复合词的结构类型及构成词的语素义和整体词义之间的关系来看,很多词具有较强的理据性和透明度。据对43097个二字复合词的调查,语素在构词时,约87.8%的名词,约93.2%的动词,约87%的形容词,保持原来的意义不变[①]。也就是说,复合词的词义大都可以通过构成它的语素的意义以及构

---

① 参见苑春法、黄昌宁(1998:9~11)。

词方式来分析和理解,如"真诚、壮观、心烦、朋友、道路、昂贵、水牛、黑板、皮鞋、电脑"等。①

在词汇的变化发展中,词义的理据性也在增强,这主要表现在以下三个方面:

第一,新造词语往往利用的是词汇材料而不是语音材料。人们根据自身对被指称的事物现象的认识成果,将两个或多个不同的构词语素按一定的关系组合在一起,从不同的角度对事物现象加以说明,从而创造出新词,这些新词的构成语素直接或间接地表明了被指称事物的某些特征,为人们理解词义提供了线索。如"电脑、优点、午睡、函授、铅笔"等提示了事物的性质特点,"雨衣、烤炉、围脖、枕巾"等反映了事物的用途,"豆芽、树叶、牛角"等反映了事物的领属关系,"红旗、绿豆、白酒"等表明了事物的颜色。

第二,在现代汉语范围内,不再产生联绵词,极少产生单音节词。现代汉语的联绵词都是从古代汉语和近代汉语传承而来的,现代汉语的新生词汇中已没有联绵词的位置,单音节词也极为少见。单纯词跟合成词相比,合成词理据明显。

第三,现代汉语吸收外来词语特别注重汉化,外来词多含有意译成分。纯粹的音译外来词语在现代汉语词汇中所占的比重不大,通用的更少。现代汉语吸收外来词语时,常常在音译的基础上加上意译的成分,如音译加意译"绿卡(green-card)、因特网(internet)",音译加表意语素"曲奇饼(cookie)、高尔夫球(golf)",音译兼意译"绷带(bandage)、可口可乐(Coca-Cola)"等。而且在发展的过程中,甚至某些曾经流行的纯音译的外来词会被纯意译的汉语自造词代替。下面这组词语前者都是近现代纯音译词,后者是用来替代前者的纯意译的汉语自造词:

  扑落(plug)——插头
  莱塞(laser)——激光
  德律风(telephone)——电话

---

① 关于汉语词语的理据性,详见本书第三节。

第二节　现代汉语词汇的特点和系统性

赛因斯(science)——科学

盘尼西林(penicillin)——青霉素

德谟克拉西(democracy)——民主

伊妹儿(e-mail)——电子邮件

5. 具体怎么理解现代汉语的同义词在形式上所表现出的特点？

由于汉语词汇十分丰富，来源极为广泛，因此存在大量意义相同或相近的同义词。从对常用同义词组的粗略统计看，同义词组内各成员含有同一语素的，约占65%；组内一部分成员含有相同语素，这部分中的某个成员又与其他一些成员含有共同语素的，如同义词组"凑巧、碰巧、正巧、恰巧、恰恰、恰好、正好"，也约占20%；组内各成员的语素完全不同的，只占10%左右。相同的语素能体现意义共同的成分，而不同的语素，便往往导致意义的细微差别。

含有共同语素的同义词，有一些音节上不对等。如"泪—眼泪、春—春天、抄—抄写、因—因为、美—美丽"等，这些词语在使用时往往有各自的限制条件。"男子有泪不轻弹"中使用"泪"，"鳄鱼的眼泪"中使用"眼泪"，都很自然和谐，如改成"男子有眼泪不轻弹""鳄鱼的泪"就显得别扭而没有节奏感。

汉语在表达上不仅要合乎语法规则和语义规则，而且非常注重形式上的整齐匀称，节奏上的和谐自然以及风格上的协调一致。这样，在选择词语上就特别讲究词语的形式特征，单音节配单音节，双音节跟双音节组合。要满足汉语表达在词语形式上的多样性选择，自然就会出现表达同一事物现象的词语在形式上有单音节和双音节甚至多音节之分。如：

牙—牙齿	眼—眼睛	舌—舌头
写—书写	到—到达	懂—懂得
美—美丽	丑—丑陋	已—已经
因—因为	白—白白	稍—稍微
小孩—小孩子	道—路—道路	脑袋—脑袋瓜—脑袋瓜子

（二）现代汉语词汇的特点对词汇教学有何影响？

根据前面的分析，我们可以看出现代汉语词汇的许多特点是有利于词汇教学的，应在教学中充分加以利用。不过，有的特点也会给教学带来一些困难，需在教学中加以注意。具体来说，现代汉语词汇的特点对词汇教学的影响主要表现在以下三个方面：

第一，语素和构词法的教学在词汇教学中是可行的，也是必要的。

第二，近义词的辨析是词汇教学的一项重要内容，语素分析和词义的理据分析有助于辨析近义词之间细微的语义差异。

第三，在教学中应加强离合词的教学，并注意引导学生准确辨识词语。

1. 为什么说语素和构词法的教学在词汇教学中是可行的，也是必要的？

在本书的第一节，我们论述了构词法在汉语词汇教学中的积极意义。实际上，构词法教学和语素教学是紧密联系在一起的，分析合成词的构词特点，必然会涉及语素的分析。

长期以来，对外汉语词汇教学大都是以词为基本单位，只重视整词意义的解释，不注重从语素的角度解释词义。这样，学习者在词汇的学习中，看不清汉语词汇的特点和规律，不知道汉语词义跟构词语素的密切关系，只是机械的整体记忆生词，无形中增加了学习和记忆词汇的困难和负担。随着对外汉语词汇教学研究的深入，不少学者针对汉语词汇的特点提出了语素教学法[①]，语素教学在词汇教学中的可行性和必要性逐渐得到了认识。

首先，如前所述，汉语的基本语素数目不多，但它们的构词能力极强，而且其中许多单音节语素本身是词，所以掌握一定数量的语素和构词法，就可以迅速地扩大词汇量。

其次，汉字是音形义的结合体，语素与汉字大体上是一对一的关系，学习语素有利于建立汉字音形义的联系，从而加强汉字的记忆及减少错

---

① 参见吕文华(1999:75~87)、贾颖(2001:78~80)、李开(2002:55~58)、王世友、莫修云(2003:6~10)、李如龙、吴茗(2005:41~46)。

第二节　现代汉语词汇的特点和系统性

别字。

再次,汉语是理据性强的语言,语素在构词时,大都保持原来的意义不变。因此,通过语素分析进行词汇教学有助于学生正确理解词义,辨析同音词和近义词。

最后,从对外汉语的教学对象来说,大多数学生是成年人,他们具有一定的知识框架和语义推导能力,完全可以认知汉语的构词规律。

总之,语素教学和构词法教学教给学生的是学习汉语词汇的方法,有利于调动学生主动学习的积极性,也有助于培养学生自学汉语词汇的能力和积累词汇的策略。至于如何利用汉语语素和构词法进行教学,我们将在第四节详细论述。

2. 如何理解语素分析和词义的理据分析有助于辨析近义词之间细微的语义差异?

近义词的辨析是词汇教学的一项重要内容,也是中高级阶段词汇教学的重点和难点,语素分析和词义的理据分析有助于辨析近义词之间细微的语义差异。

近义词在语义、用法上是有区别的,不然,语言中就不会有近义词的存在。随着汉语学习者词汇量的增加,他们所接触到的近义词会越来越多,这些近义词大多在词的理性意义或色彩意义上存在着细微差异,学习者难以分辨,很容易混淆。据对1110例双音节复合词误用偏误的统计分析,因语义相近而导致的词语之间的误用有768例,占总数的70%。其中同语素近义词之间的误用,有518例,占47%,非同语素近义词之间的误用,有250例,占23%[①]。另据统计,中高级阶段的外国学生在使用汉语近义形容词时所出现的偏误中,同素近义词的语义偏误率也是最高的。可以说,近义词特别是语素相同的近义词是汉语词汇教学中的一个难点。

同素近义词由于包含有相同语素,语义上的差别非常细微,它们之间的不同往往是因为这个不同的语素造成的。这个相异语素是形成语义差

---

① 参见朱志平(2004:62)。

异的关键因素。在教学中如果将整词拆开,利用对构词语素和词义理据的分析,就可以帮助学生理解近义词之间的细微区别。如"显示"和"表示"都有共同语素"示",都有"拿出来或指出来让人看见或知道"的意思,但"显"强调露出来,很容易让人发现;"表"强调把思想感情表达、表现出来。这两个相异语素的词义差异导致了"显示"和"表示"的细微区别:"显示"主要指用行为或事物来表现能力、才能、生命力、力量、技巧、意义等,"表示"主要指用语言或行动来表达某种思想、感情、态度、意见、看法等。又如"增进、增加、增长"意思相近,都有语素"增",都表示在原有的基础上加大、提高。"增进"是"增+进",强调的是"进了一步",所以多跟"团结、友谊、健康、了解、合作"等搭配;"增加"是"增+加",强调"多了,重了",所以多跟"数量、信心、勇气、兴趣、力量"等搭配;"增长"是"增+长",强调"水平提高了",所以多跟"知识、见识、经济、产值"等搭配。通过这样的分析,学习者不仅能更好地了解这些近义词在语义上的相同之处,更重要的是还能在把握近义词之间相异语素意义的基础上,仔细领会近义词的语义差异和造成差异的原因。如果在教学中只是直接将近义词的语义差异告诉学生,不做任何分析,学生知其然而不知其所以然,势必会影响词汇学习的效果。

3. 为什么要在教学中加强离合词的教学,并注意引导学生准确辨识词语?

  汉语词汇成分在切分上的不清晰,造成学习者"识词"的困难和正确掌握"离合词"的困难。

  在教学中,学生"识词"的困难主要反映在朗读和阅读上。由于缺乏汉语语感,学习者又无法根据字的多少来辨识词,所以在朗读课文时,常常逐字认读,完全没有词的概念;或者用已学旧词代替新的生词来朗读,从而造成分词停顿的错误。如将"如同学汉字一样"读成"如/同学/汉字/一样",将"其实力显然要高出很多"读成"其实/力/显然要高出很多"。在完成阅读任务时,学习者常常因为无法正确划分词界而停滞不前,以致不能在合理的时间里完成全篇阅读,有的甚至因为错误"识词"而造成阅读理解上的偏差。针对这些问题,有人提出应注重训练学生的朗读能力,鼓励学生养

第二节 现代汉语词汇的特点和系统性

成朗读的习惯,通过朗读建立汉语的语感。同时在教学中,应注意帮助学生建立阅读过程中的理解监控意识并培养他们的监控能力。如阅读时不纠缠于难点,而是采取往下读的补救行动,利用语料中给出的线索,对难点进行分析判断。

离合词因其又合又分的特殊性,一直以来就是对外汉语词汇教学中的重点和难点,也是外国学生词汇学习中偏误率较高的词语。同时由于学界对离合词的界定尚无定论,划分方法及标准至今仍有分歧,加大了离合词在对外汉语教学中的困难。对外国学生汉语离合词习得情况的考察发现,即使是学了两三年汉语的中高级水平的留学生,学习和运用离合词仍有很多困难,特别是在使用离合词的扩展形式时偏误率很高,而且在交际中尽量回避使用离合词的扩展形式。针对这一难点,我们在教学中必须兼顾到"离"和"合"两种形式的用法特点,遵循先"合"后"离"的原则,即在生词学习时先让学生掌握离合词的词汇意义和作为词的语法功能,以后当相关语法点出现时,要对已经教过的离合词进行新的扩展形式的教学,并通过大量的练习让学生牢固掌握离合词的扩展形式。同时在教学中还要突出阶段性,在不同的教学阶段强调离合词不同的扩展形式,通过循环递进的教学方法开展离合词的教学[①]。

总之,对外国学生来说,汉语词的辨识是一件相当不容易的事情,如何帮助学生准确认读汉语词语,正确使用离合词,是汉语词汇教学所要解决的重要课题。

思考与练习

1. "不同语言词语之间在语义上存在着简单的对应关系"这一观点为什么是错误的?请举例分析。
2. 词汇的变化性特点对词汇教学有什么影响?
3. 词汇的系统性指的是什么?汉语词汇的系统性体现在哪些方面?

[①] 参见王瑞敏(2005:27~29),李明(2011:243~265)。

4. 集合式词汇教学法、放射状词汇教学法和网络化词汇教学法各有什么特点？你认为这些教学方法的实用性和普遍性如何？
5. 如何区分离合词与双音节自由短语？
6. 现代汉语词汇的特点有哪些？你认为这些特点哪些有利于词汇教学，哪些会给词汇教学带来困难？
7. 下列现代汉语的双音节词是如何从单音节变成双音节的？为什么会有这样的变化？

| 舌头 | 桌子 | 老虎 | 朋友 | 耳朵 | 嘴唇 |
| 月球 | 干净 | 道路 | 竹子 | 皮肤 | 经历 |

深度阅读/参考文献

常敬宇(2003)汉语词汇的网络性与对外汉语词汇教学，《暨南大学华文学院学报》第3期。

胡　鸿、褚佩如(1999)集合式词汇教学探讨，《世界汉语教学》第4期。

胡明扬(1997)对外汉语教学中语汇教学的若干问题，《语言文字应用》1997年。

贾　颖(2001)字本位与对外汉语词汇教学，《汉语学习》第4期。

李　开(2002)对外汉语教学中的词汇教学与设计，《语言教学与研究》第5期。

李　明(2011)《对外汉语词汇教学与习得研究》，中国大百科全书出版社。

李如龙、吴　茗(2005)略论对外汉语词汇教学的两个原则，《语言教学与研究》第2期。

刘中富(2002)现代汉语词汇特点初探，《东岳论丛》第6期。

陆俭明(2005)《现代汉语语法研究教程》(第三版)，北京大学出版社。

吕文华(1999)建立语素教学的构想，《对外汉语教学语法体系研究》，北京语言文化大学出版社。

马玉汴(2004)放射状词汇教学法与留学生中文心理词典的建构，《云南师范大学学报(对外汉语教学与研究版)》第5期。

万艺玲(2010)《汉语词汇教学》，北京语言大学出版社。

王瑞敏(2005)留学生汉语离合词使用偏误的分析，《语言文字应用》第3期。

王世友、莫修云(2003)对外汉语词汇教学的几个基本理论问题，《云南师范大学学报

第二节 现代汉语词汇的特点和系统性

(对外汉语教学与研究版)》第2期。

杨万兵(2004)网络化:词汇教学的方法探索,《云南师范大学学报(对外汉语教学与研究版)》第5期。

苑春法、黄昌宁(1998)基于语素数据库的汉语语素及构词研究,《世界汉语教学》第2期。

赵金铭(2005)《对外汉语教学概论》,商务印书馆。

周　健、廖暑业(2006)汉语词义系统性与对外汉语词汇教学,《语言文字应用》第3期。

朱志平(2004)双音词偏误的词汇语义学分析,《汉语学习》第2期。

第三节　现代汉语的词义构成与词义分析

【内容简介】　词义是人们对客观事物或现象的概括和反映，主要由概念意义和色彩意义构成。根据词的义项多少，词可以分为单义词和多义词。从多义词各义项之间的关系方面来看，词义又可分为本义、基本义、引申义和比喻义。词义是有理据的，汉语词义的理据主要表现在合成词的词义大多与构成合成词的语素的意义存在一定的联系，可以依照语素义去推求和理解。词语的释义在语言教学和词典编纂中都是值得重视的问题。释义方法有很多种，如以词释词、解释性释义、举例释义等。在语言教学中，需要运用适当的方法对近义词等容易混淆的词语进行对比分析。

一、词义的构成

词是语音和意义的结合体，语音是词的形式，意义是词所反映的内容。词的意义也就是词义，它是人们对客观事物或现象的概括和反映。这种概括和反映首要以客观事物或现象的客观性为基础，从而形成词的概念意义；其次，这种概括和反映也会体现人们对事物或现象感知、认识和概括的主观性特征，从而形成词的色彩意义。下面将分别介绍这两种意义。

（一）什么是词的概念意义？

词的概念意义指词所表示的客观世界中的事物、现象及其各种关系、联系的意义。它是词义中与概念相对应的意义部分，是词义的基本成分，也称词的理性意义或词汇意义。如"羽毛"的概念意义是"鸟类身体表面所长的毛"，"甜"的概念意义是"像糖和蜜的味道"，"跑"的概念意义是"两只脚或四条腿迅速前进"，它们分别反映了客观世界中的事物、性质和动作行为；"原因"的概念意义是"造成某种结果或引起另一件事情发生的条件"，"对立"的概念意义是"两种事物或一种事物中的两方面间的相互排斥、矛盾、斗争"，它们反映的是客观事物现象的关系、联系。

词一般都有概念义，虚词大多也有概念意义。虚词的概念意义大都是客观世界中所存在的某种关系的反映，如"并且"的概念意义就是"表示更进一层"的意思，"以至"的概念意义就是"表示在时间、数量、程度、范围上的延伸"。也有的虚词表示客观世界中人们的某种感情和态度，如"表示惊异的感情和态度"就是"啊"的概念意义，"表示答应或叹息"就是"唉"的概念意义。

词义和概念具有密切的联系，但词义与概念并不相等。一般认为它们的区别是：

第一，词义与概念属于不同的范畴。概念是一种思维形式，属于思维范畴的概念是全人类共同的；词义是一种语言单位，而音义结合的任意性产生了世界语言的多样性，从而使属于语言范畴的词义具有民族性。

第二，词义与概念不是一一对应的。同样的概念，不同民族的语言可以用不同形式的词来表示，如"书"的概念，汉语用"shū"的形式表示，英语则用 book 表示；在同一民族语言中，同一个概念往往既可以用一个词来表达，也可以用几个词来表达，如"父亲、爸爸"表示相同的概念；反过来，一个词还可以表达几个有联系的不同概念，如，"bāofu"（包袱）既可以表达"包裹"的概念，又可以表达"负担"的概念。另外还有一小部分词不表达概念，如语气词"呢、吧、吗",拟声词"当、哈哈、哗哗"等,跟概念没有什么联系,只是相应的语气和声音的代表。

第三,词义与概念包含的内容不同。概念具有内涵和外延之分,内涵有多少之分,外延有大小之分。词义则有概念意义、色彩意义和语法意义三个方面。如"宝宝",概念内容是"小孩儿",作为一个词,它还有"喜爱、亲切"的感情色彩。词义以理性意义为核心,理性意义虽是表达概念的,但一般说来,除科学术语外,它并不一定包含了概念的全部内容。

第四,概念不仅存在、表现于词中,也表现、存在于短语中,如"有中国特色的社会主义、社会主义的优越性、他的哥哥、高等学校、手扶电梯"等。

概念意义是人们在运用语言进行交际的过程中所表达的最基本的意义,没有概念意义就无法进行语言交际。如关于"导弹",物理学家所了解的显然要比歌唱家多得多,但双方却都能用同一个词进行交际而不会发生障碍,这就是概念意义的功能。也就是说,词的概念意义使得不同阶层和不同文化的人们的交际成为可能。

概念义是稳定的,也是轻易不会改变的,它是词义构成的基础。通常情况下,词典对词给出的解释大多是概念义。词的概念义的分析对解释和理解词义,说明词义的异同都有重要作用。因此我们在汉语词汇教学中必须首先要学生理解和掌握词的概念义。

(二) 什么是词的色彩意义?

词的色彩意义是指词"所表示的某种倾向或情调的意义"[①]。因为色彩意义是附加于词汇意义之上的,是词义的基本内容的从属性成分,所以也称为附属意义。因为其具有相当突出的修辞色彩,所以又称为修辞意义。色彩意义主要表现为感情色彩、形象色彩、语体色彩、地方色彩(方言色彩)、外来色彩、时代色彩等。这里我们主要谈感情色彩、形象色彩和语体

---

① 参见葛本仪(2001:122)。

色彩等。

1. 词的感情色彩

指词义中所反映的人们对客观事物或现象的情感倾向、态度评价等,分为褒义、贬义和中性感情色彩。这种主观态度往往与词的概念意义融为一体。如说"某人是一位政治家,某人很聪明","政治家、聪明"都带有明显的褒义色彩;说"某人是一位政客、某人狡猾","政客、狡猾"就含有明显的贬义色彩。

凡是带有赞许、肯定、褒扬等主观色彩的词,其感情色彩就是褒义的,是褒义词,如"善良、漂亮、贤惠、淳朴、壮实、健康、英勇、泰斗、英雄、杰作、奉献、牺牲"等。

凡是带有厌恶、否定、贬斥等主观色彩的词,其感情色彩就是贬义的,是贬义词,如"败类、走狗、赃款、小人、马大哈、煽动、巴结、推诿、凶残、蛮横、虚伪、马虎、肮脏"等。

语言中大部分词并没有明显的感情倾向,其感情色彩介于褒义和贬义之间。既不表示肯定,也不表示否定;既没有赞美、褒扬等主观色彩,也没有厌恶、贬斥等主观色彩。这些词的感情色彩就是中性的,是中性词,如"士兵、原因、帽子、结果、高、胖、老、来、去、休息、宣传、竞赛"等。

词典中所标注的感情色彩一般只分褒义、贬义两大类型,往往限于有强烈感情色彩的词。

2. 词的形象色彩

这是一个颇有争议的问题,代表观点主要有两种。

一种观点认为,"很多词语,除代表一定的对象这种理性意义之外,还同时含有关于该对象的某种形象感,这就是形象色彩"[①]。它是词语所指的对象在人们意识中的一种感性的、具体的反映,是由词语具体生动地反映了事物对象的某些特点而产生的。如提起"金钱豹",人们仿佛就看到了一只斑点形状像古钱的黄色猛兽;听到"香喷喷",人们似乎就闻到一股美食

---

① 参见刘叔新(2006:54)。

的香味。又如"须眉、汗颜、鹅黄"等具体生动地表现了对象的突出特点，"奔驰、摇曳、挥动、晃荡"等鲜明地表现了某种特殊的运动形态，"涓涓、绵绵、火辣辣、绿油油"等对事物的情状和特点进行了描摹，"轰隆、叮当、哗啦啦"等逼真地表现了客观事物的声音，它们都具有明显的形象色彩意义。此外，像"肥皂泡、包袱、饭碗、沐浴、疙瘩、堡垒"等词通过比喻用法而形成的比喻义，与原有事物之间的联系十分密切，也具有了鲜明的形象感。

另一种观点认为，当人们听到"牛、马、花"等词时，由于表象的心理活动，过去感知的形象复活，脑子中就会出现牛、马、花的形貌；当人们读到或听到小说中的描写性词句，由于想象的心理活动，似乎会看到所描写人物的声音笑貌和各种各样的景物。词的形象色彩就是词义中能引起人对客观对象联想的那部分内容，是词所标志的具体事物形貌状态的反映。"只有反映具体事物形貌状态的词，反映对象有个体存在，有形貌状态表现的词才可能有形象义。"①根据这种观点，除了前面所说的词语以外，像"牛、马、花、树、红、苦、香、烫"等词因为反映了具体事物的形貌状态，也是具有形象色彩的。

目前一般认为，像"牛、马、花"这样的词，所指称的对象虽然有着具体的形貌，但并不能像"金钱豹、鸡冠花"等词那样能给人们带来鲜明的形象色彩。另外，像"黄、绿"与"黄灿灿、绿油油"比起来，后者的形象色彩也更为明显。

词语的形象色彩在词典中虽不能注释，但是这类具有形象色彩的词语在言语作品特别是文学作品中使用，往往能产生特殊的修辞效果。

3. 词的语体色彩

指不同的词适用于不同的交际场合、目的和内容，在词汇意义的基础上而显示出的语体倾向、特征。大部分词能在不同的交际范围、不同的语体中通用，但有一些词只适用于某一交际范围、语体，而不适用于另一交际范围、语体。词语的这种特点往往不易被第二语言学习者所察觉和掌握。

---

① 参见符淮青(2004:54)。

第三节　现代汉语的词义构成与词义分析

比如"爸爸、父亲"都指上一辈直系亲属中的男性，但"爸爸"是口语词，用于面称；"父亲"是书面语词，一般不用于面称。

词的语体色彩主要包括口语色彩和书面语色彩两大类，词典里一般标作〈书〉〈口〉。有的也分为正式体、中性体和非正式体。有书面语色彩的词多用于书面写作或较为正式的场合，有口语色彩的词常用于口语交际或非正式场合。

语言中有一些词语虽然具有相同的概念意义，但语体色彩却存在差异。在词汇教学中应注意引导学生区分这些词语的语体色彩，以保证其在具体语境中的准确使用。否则，即使句子中所用词的概念意义正确，也会因为词语的语体色彩不当而使表达显得不协调、不地道。如"配偶、爱人"有着相同的概念意义，但"配偶"书面语色彩浓厚，如果用于"你配偶叫什么名字"这样的问话中，就显得十分别扭，应改用"爱人"。

总之，词的词汇意义和色彩意义是词义内容不可或缺的组成部分。其中词汇意义是词义内容的核心，色彩意义是在词汇意义的基础上产生的，没有词汇意义也就无所谓色彩意义，而且在交际中词义的主要交际功能是由词汇意义来承担的。正因为如此，"词义"这个名称也往往被用来单纯指词的词汇意义。

值得注意的是，词义问题是词汇学中最重要也是最复杂的问题之一，对于词义的构成，语言学家们从不同的角度采用不同的方法进行过深入分析和研究，提出了不同的观点。最有影响、代表性的是英国语言学家杰弗里·N.利奇（Geoffrey Leech）在其专著《语义学》中提出的意义七分法。利奇将意义分为理性意义、内涵意义、社会意义、情感意义、反映意义、搭配意义和主题意义[①]。在这7类意义中，除主题意义说的是句子的意义以外，其他6类都是就词义而言的。其中，理性意义、社会意义和情感意义跟我们在前文中所说的概念意义、语体色彩意义和感情色彩意义基本上是相同的。内涵意义则是附加在"理性意义"上的意义，也就是人们在使用或听到

---

① 参见杰弗里·N.利奇(1987:13～29)。

一个词时,这个词语使人联想到的"真实世界"中的经验。它可以因人而异,也可以因年龄、社会或时代不同而不同。如"家乡"这个词,对大多数人来说,其内涵意义是"给人留下许多美好回忆的地方,是让人魂萦梦绕的地方";可是对那些从小生活在家庭关系紧张的环境中,生活拮据、身心备受折磨的人来说,家乡可能只是"勾起人痛苦回忆、令人烦恼的地方"。反映意义又称为联想意义,指那些能够通过某些词语引起听者或读者产生某种联想的意义。也就是说,有些词具有这样的特点:当你听到或读到它们时,总会联想起别的事物来,像语言中使用的禁忌语和委婉语就与词语的这种反映意义有关。搭配意义就是词语在具体语境中所产生的意义,是词与词的搭配习惯或词在固定的组合中所具有的意义,如"充分、充足、充沛"是一组近义词,但它们的搭配意义不同,我们只能说"阳光充足、理由充分、精力充沛"。反映意义、内涵意义和搭配意义也都是词语的附属意义。

在对外汉语词汇教学中,教师在讲清楚概念意义的基础上,还要帮助学生理解和把握词的各种附属意义,只有这样,学生才能对词义有明确而深刻的理解,才能准确得体地运用词语。

二、词的本义、基本义、引申义、比喻义

一个词所表示的意义常用义项来表述,根据词义项的多少,词可以分为单义词和多义词:表示一项意义的词是单义词,表示两项或两项以上意义的词是多义词。一个多义词的各个义项之间往往具有某种联系,但性质并不相同。所以根据词的义项之间的关系来对词义进行分类,可以分为本义、基本义、引申义和比喻义。

(一) 词的义项是如何确定的?

我们知道词义是人们对客观事物或现象的概括反映,它不是反映个别的具体的事物的特征,而是反映同一类事物现象的共同特征。因此词义在

第三节 现代汉语的词义构成与词义分析

不同的上下文、语境中会有不同的具体内容。如,在"海上有一艘船"和"湖面上漂着一条船"中,"船"所指的具体对象不同;在"这船真大"中,"船"侧重的是船的体积容量,而在"这船真漂亮"中,"船"侧重于船的外表装饰。这就提出了如何确定词义单位的问题。

在上述的例子中,我们可以看到,虽然"船"的意义有种种差异,但它们都有共同的指示对象,即"水上的主要运输工具"。也就是说,词义差异中有共同的地方,这些共同之处是可以概括出来或确定下来的。概括、确定下来的词的一个意义就是一个词义单位,一般就叫一个词义义项,简称义项。义项在词典中表现为用序号标示出的一个个条目,其中的一个条目就是一个义项。像"船"在《现代汉语词典》(第5版)中的释义只有1个条目,其义项只有1个,即:

|名|水上的主要运输工具:～体｜～身｜拖～｜帆～｜一只小～

所以,"船"是个单义词。又如对"住"的释义①:

❶|动|居住;住宿:你～在什么地方?｜～了一夜。

❷|动|停住;止住:～手｜～嘴｜雨～了。

❸|动|做动词的补语。a)表示牢固或稳当:拿～｜捉～｜把～了方向盘｜牢牢记～老师的教导。b)表示停顿或静止:一句话把他问～了｜当时他就愣～了。c)跟"得"(或"不")连用,表示力量够得上(或够不上);胜任:支持不～｜禁得～风吹雨打。

❹ (Zhù)|名|姓。

可以看出,"住"有4个义项,是个多义词。

一个词的义项数量,要根据这个词在实际运用中意义的共同点来归纳确定。但义项的确定不是绝对的,而是具有某种程度的相对性。有些义项在一定条件下可以合并起来,用更概括的语言来表述。如"想"在《现代汉

---

① 参见《现代汉语词典》(2005:1782)。

语词典》(第5版)中分为4个义项:①开动脑筋,思索。②推测;认为。③希望;打算。④怀念;想念。而在《新华字典》(第10版)中分为两个义项:①动脑筋,思索。②怀念,惦记。这是因为不同的词典性质任务不同,对义项的划分常有分合、详略、繁简的差异。《现代汉语词典》是中型语文词典,对词的义项分析比较细致,而《新华字典》是一部小型字典,义项分析相对粗略。

(二)"一音一义""一音多义"和"一词多义"指的是什么?

词的义项都要以一定的语音形式作为它的物质外壳。如果从语音形式同义项联系的不同情况来看,可以得出"一音一义"和"一音多义"两种情况。

"一音一义"就是一个语音形式联系一个概念意义,即一个音一个义项,如"鸟、桌子、楼房、炉子、景德镇",这些词也就是单义词。

单义词只有一个义项,其词义都是明确的,不会发生混淆。单义词在汉语中占少数,主要有以下几类:

(1) 常见的事物名称。如"铜、狗、眼镜、芒果、煤炭、凉席"。

(2) 专门术语。如"元音、临床、函数、电疗、针灸、肿瘤、血压"。

(3) 专有名词。如人名、地名、机关单位的名称以及工程建筑、山脉、河流等的名称。

(4) 外来词。如"啤酒、芭蕾、咖啡、维生素"。

"一音多义"则有两种情况:一种是一个语音形式联系几个不同的意义,意义之间存在一定的联系;另一种是一个语音形式联系几个不同的意义,意义之间从现时看不出任何联系。前一种是一词多义,也就是多义词,后一种是不同的词,是同音同形词。前者如:

【记录】 ① 把听到的话或发生的事写下来:～在案。
jìlù ② 当场记录下来的材料:会议～。
③ 做记录的人:推举他当～。
④ 在一定时期、一定范围以内记载下来的最高成绩:打破～。

第三节　现代汉语的词义构成与词义分析

"记录"一词有四个意义，第一项意义说明了一种动作行为，是动词性的；第二项意义表示由这种动作行为而产生的结果，是名词性的；第三项意义表示这种动作行为的施事者，是名词性的；第四项意义则表示由这种动作行为所产生的某种特定的结果，也是名词性的。尽管以上四个意义在词性上并不完全相同，但它们与"把听到的话和发生的事写下来"的动作行为都有一定的联系，这说明了"记录"一词四个意义之间是有一定联系的，因此"记录"是一个多义词。

后者如：

【生气】[1]　shēngqì　动 因不合心意而不愉快：孩子考试成绩很差，妈妈非常～。

【生气】[2]　shēngqì　名 生命力；活力：～勃勃。

两个"生气"，声、韵、调都相同，但意义不同，意义之间没有任何联系，这两个"生气"是不同的词，是同音同形词。

从以上分析可以看出，"一音一义"指的是单义词；"一音多义"可能是同音同形词，也可能是多义词；"一词多义"指的则是多义词。

多义词是那些具有两个或两个以上互不相同的义项，且各个义项之间存在一定联系的词。词汇系统中越是基本的、常用的词，越可能是多义词。在确定一个词是否是多义词时，要注意同形词特别是同音同形词和多义词的区分。多义词跟同形词是完全不同的词汇类型，它们之间的区别在于：多义词的各个意义之间互有联系，同形词的各个意义之间毫无联系；多义词是一个词，同形词是两个或两个以上的词。

（三）词的本义、基本义、引申义和比喻义有什么不同？

语言中大多数词是多义词。在多义词的各个义项中，有一个是它的本义，其他义项都是由本义派生出来的。如"月"的本义是"月亮"，其他义项如"计时单位""每月的"等都是从这个意义派生出来的。

1. 本义

本义是有文献记载的词的最初的意义,它是这个词产生其他意义的基础。如"轨道"的本义是"遵循法制",《汉书·贾谊传》:"乐与今同,而加之诸侯轨道,兵革不动……"

很多词的本义已经消失,在一般词典中也不再把它列为义项。如前面所说的"轨道"。但在阅读古籍时,就必须了解词的本义。这可借助工具书,如查阅《辞源》《汉语大字典》《汉语大词典》《说文解字》等辞书。有些词的本义保留至今,但已不能独立运用,只作为语素义义项存在,出现在所构成的合成词或固定结构中。如"兵"的本义"兵器",还存在于成语"短兵相接、秣马厉兵"等之中。有一部分词的本义,到现在仍然是最常用最主要的意义,在这种情况下,词的本义和基本义就一致了。如"割"的本义是"用刀截断",《左传·襄公三十一年》有"犹未能操刀而使割也",这一本义也是"割"的基本义,现在我们还常说"割麦子、割肉"。

2. 基本义

基本义是多义词在现代最为常用、最为主要的概念意义。

有的词本义和基本义一致,如"老、圆、浪花"。也有很多词,本义和基本义不一致,如"兵"的本义是"兵器",基本义是"士兵";"强"的本义是"弓有力",基本义是"力量大"。因此,所谓基本义是就应用而言的,而不是就来源而言的。

词的基本义是词义义项,不能是语素义义项。在现代汉语的语文性词典中,基本义一般列为第一义项,也有少数词典把本义列为第一义项,第二义项才是基本义。

3. 引申义和比喻义

语言系统的矛盾之一来自符号的有限性和语义的无限性,随着人们认知范围的不断扩大,对客观世界和主观世界探索的不断深入,语言系统通过比喻、引申等方式,使旧有词的意义适当增加,形成了词的引申义和比喻义。

第三节 现代汉语的词义构成与词义分析

（1）引申义

引申义就是通过引申方式发展出来的意义。它有两种情况：一种是从本义、基本义发展出来的引申义；另一种是从引申义发展出来的引申义。如《现代汉语词典》（第 5 版）所列"烧"的义项：

烧　①｜动｜使东西着火：燃～｜～毁｜～煤取暖。

　　⑤｜动｜发烧：他现在～得厉害。

　　⑥｜名｜比正常体温高的体温：～退了｜退～了。

其中义项①是"烧"的基本义；义项⑤是从①发展而来的，是引申义；义项⑥是从义项⑤发展而来的，是从引申义发展出来的引申义。

（2）比喻义

比喻义就是用词的本义、基本义或引申义来比喻另一事物而逐渐固定下来的意义。如"迷雾"本来是指浓厚的雾，后用来比喻使人迷失方向的事物；"梦话"本义是"睡梦中说的话"，后用来比喻不切实际、不能实现的话；"网"的本义是"用绳线等结成的捕鱼捉鸟的器具"，引申义为"用网捕捉"，其比喻义"像网似的笼罩着"跟引申义在形状上相似，都是用网一样的东西围绕某物。

引申义和比喻义的界限有时比较模糊，要严格区分这两种意义有时也是比较困难的。习惯上下列情况算比喻义[①]：

第一，原义项所指示的对象是具体的，往往是有个体存在的；比喻义所指的对象是抽象的，往往是无个体存在的，同原义有某种相似之处。如"高峰"的基本义是"高的山峰"，是具体的、有个体存在的事物；其比喻义"事物发展的最高点"则是抽象的、无法指出其个体存在的，同基本义有某种相似之处。

第二，原义项所指的对象和比喻义所指对象性质悬殊，很容易使人感到是一种比喻。如"放炮"的基本义是"使炮弹发射出去"，其比喻义"发出

---

① 参见符淮青（2004:71~72）。

猛烈抨击的言论",二者性质悬殊。

总之,词的基本义、引申义以及比喻义之间有着密切的联系,基本义是引申意义和比喻意义的基础。这要求教师在教多义词时,正确把握多义词各个义项之间的关系,并引导学生掌握词义,而不应把多义词的各个义项孤立开来讲。

三、汉语词义的理据性

(一) 什么是词义的理据?

词义的理据就是语言中表示事物、现象的词的构成依据,是事物现象的得名之由。如"蝈蝈(事物)"之所以叫"蝈蝈(名称)",是因为这种昆虫的叫声是"guōguo",因此人们就根据它的叫声来为它命名,这就是"取声命名"。又如,"人的容貌"之所以可以叫"眉目",这是因为"眉(眉毛)"和"目(眼睛)"是显示人的容貌特征的重要部分,人们就用它们作为整个面容的名称,这是部分代替整体的表示方法,即借代法。

在语言的发展中,很多音译的外来词都被意译词取代了,其根本原因就是音译外来词在字面上看不出理据来,不容易为人接受,被淘汰就非常自然了。如"科学"代替"赛因思","民主"代替"德谟克拉西","水泥"代替"士敏土"等。

同一事物有时有不同的名称,或先后有不同的名称,其原因就是词义的理据差异造成的。不同的人观察和认识事物的角度不同,给事物命名的依据也就不同,于是就出现了同一事物用不同的词来指称的现象。如,"自行车"又叫"脚踏车"和"单车"。"车"表示是一种车辆;"自行"表示这种车的动力特点,指不用别的动力,(靠人力)车本身可以行动;"脚踏"表示这种车动力产生的方法,是用脚踏使车前进;"单"则表示了这种车的使用特征,也就是这种车往往是一个人单独使用。三个名称是人们从不同角度认识事物的反映,显示出了不同的词义理据。

从上面的分析可以看出,我们分析词义的理据实际上就是分析词的语素义和词所表示的事物现象的关系。"蝈蝈"是由一个语素构成,其语素义表示的是蝈蝈这种昆虫的叫声,于是用这个叫声作为这个事物的名称。"眉目"是由两个语素构成,"眉"表示眉毛,"目"表示眼睛,就用这两个语素所表示的脸上器官的名称作为整个面容的名称。因此分析词义的理据,其基础工作就是分析语素义和词义(词所表示的事物现象)的关系。

词义的理据分析可以使学习者明白词义得来之由,明白语素义与词义之间的联系,从而提高学习效率,激发学习的兴趣。

(二)汉语词义的理据性表现在哪些方面?

由于词的声音和意义没有必然的联系,多数单纯词的词义是没有理据性的。如,"火(事物)"之所以叫"火(名称)","山(事物)"之所以叫"山(名称)",并没有什么道理可讲,是社会的一种约定俗成。在现代汉语里,单纯词能说明词义理据的主要有两类:一类是拟声词,如"砰(撞击或重物落地的声音)、嗡嗡(昆虫等飞动的声音)、唧唧喳喳(杂乱细碎的声音)"等,这些词的词义理据就是根据事物发出的声音本身作为该事物的名称。另一类是取声命名词,如"布谷('布谷'这种鸟发出的声音是 bùgǔbùgǔ)、乒乓('乒乓'这种小球在运动中发出的声音就是 pīngpāngpīngpāng)"等跟前面所说的"蝈蝈"一样,它们的词义理据就是用事物发出的声音的名称作为事物的名称。

此外,单纯词的引申义也可以说明理据。如"锄"的本义是"松土和除草用的农具",这个本义并没有理据;"锄"的引申义为"用锄松土除草",表示某种行为,其理据是:用从事这种行为必用的工具的名称来作为这种行为的名称。

合成词的词义一般都可以明白说出其理据。合成词是由语素作为构成成分构成的,语素的意义只存在于它所构成的合成词之中,同词义有种种联系,语素在不同程度上、从不同方面、用不同方式表示了词义。从合成词的词义同合成词的语素义之间的关系来看,词义是有理据的,是有道理可讲的。

合成词的词义跟语素义之间的关系主要有以下几种类型:

1. 语素义直接地完全地表示词义

这包括以下两种类型:

第一,词义是语素义的简单加合。如:

词	构词方式	词义	词	构词方式	词义
兄弟	联合式	哥哥和弟弟	爱护	联合式	爱惜并保护
外宾	偏正式	外国客人	微风	偏正式	很小的风
认错	动宾式	承认错误	合法	动宾式	符合法律
性急	主谓式	脾气急	面熟	主谓式	面貌熟悉

以上所举例词的词义就是语素义按照构词方式所确定的关系组合起来的意义。如"外宾"的结构是偏正式,其语素义"外国"和"客人"按照偏正关系组合起来的意义就是"外宾"的意义。

第二,词义同语素义相同或相近。如:

  道路:地面上供人或车马通行的部分。道:道路;路:道路。

  居住:较长时间地住在一个地方。居:居住;住:居住。

  柔软:软和,不坚硬。柔:软;软:不硬。

  琐碎:细小而繁多。琐:细碎;碎:零星,不完整。

此外,如"声音、语言、衣服、删除、畏惧、离别、美丽、昂贵、虚伪"等词都是并列结构的合成词,其构词语素意义相同或相近,并列组合成词后,词义同语素的意义相同或相近。

2. 语素义直接地部分地表示词义

这类合成词的语素义只表示了词义的某些特定内容。如"水牛"这种动物有很多特点,词典给出的释义作了比较具体的说明:

第三节　现代汉语的词义构成与词义分析

【水牛】　牛的一种,角粗大弯曲,作新月形,毛灰黑色,暑天喜欢浸在水中,吃青草等。适于水田耕作。

而"水牛"中的"牛"表示它是牛的一种,"水"表示它喜欢浸在水中这个特点。语素"水"和"牛"只表达了词义的某些内容,提示了"水牛"的某些特征。

这类词的数量很多,又如"黑板、补品、拼盘、挂面、飞机、绿茶"等等,其语素义都不能完全表示词义,而只表达了词义的某些内容。这是因为许多客观事物现象往往有多方面的特征,如形状、颜色、性质、构造、作用等,人们用合成词给它们命名时,只能用语素反映其中的一个或某些特征,这就使得语素义只能表达词义的某些内容,或者说提示事物的某些特征。

这一类词,语素义对词义有提示作用,但词义中有语素义所不能包含的内容,其整体词义往往大于语素义,语素义之外的这些内容同样是词义的组成部分,所以不能单纯根据语素义来推测词义,否则推出的词很可能非常宽泛,难以做到准确。像"拼盘"就不仅仅是指摆在菜盘里拼成的菜,还有一定的限制,即这些菜一定是两种以上的凉菜。

3. 语素义间接表示词义

这类合成词的词义是语素义的比喻用法或借代用法。这又可以分为两类:

第一类:各个语素都是比喻或借代用法。如:

风雨:比喻艰难困苦的事情。

手足:比喻弟兄。

眉目:眉毛和眼睛,泛指人的容貌。

山水:山和水,泛指有山有水的风景。

第二类:某一个语素是比喻用法或借代用法。如:

林立:像树林一样密集地竖立着,形容很多。语素"林"是比喻用法。

浪花:波浪激起的四溅的水。语素"花"是比喻用法。

嘴直:说话直爽。语素"嘴"是借代用法。

选手:被选上参加比赛的人。语素"手"是借代用法。

4. 部分语素不表示词义

这有两种情况:一种是合成词中只有一个语素表示词义,另一个不表示意义。如"国家、忘记、窗户、消息、人物、动静"中的"家、记、户、消、物、静"在词里都没有意义。另一种是合成词中有一个语素不能说它在该合成词中不表示意义,但意义极为模糊,不能明确指出它的意义。如,"捣蛋"的意思是"借端生事,无理取闹","蛋"在这里意义模糊;"斯文"表示文雅,"斯"在这里意义模糊。其他类似的词还有"电池"的"池"、"麻利"的"麻"、"荷包"的"荷"、"高汤"的"高"等。

汉语中还有一些词,构成词的所有语素的意义已完全消失,语素的现有意义同词义看不出有什么联系,如"东西、工夫、马虎、大方、二百五"。

据对汉语语素数据库的考察与统计[①],语素在构词时,一般总是保持原来的意义不变,只有很少一部分的语素在构词时意义发生了变化。也就是说,在现代汉语中,合成词的词义大多与语素的意义存在一定的联系,可以依照语素义去推求和理解。尽管有些语素义与词义之间的联系不是直接的,较为曲折隐晦,但仍然对理解词义提供了一些线索和提示。因此,在汉语作为第二语言教学的词汇教学中,充分利用语素义与整体词义的联系,培养学生通过语素义推测词义的意识,可以提高学生理解新词与记忆积累词汇的能力。

四、词义的解释与对比分析

(一) 词义的解释包含哪些内容?

语言教学和词典编纂都需要解释词义,日常交际也常常要说明词语的

[①] 参见苑春法、黄昌宁(1998:11)。

意义。词义的解释一般要说明词语的概念意义,这是词语释义的核心;有时也要说明词语的色彩意义,主要是语体色彩、感情色彩等。如①:

【奇装异服】 与现时社会上一般人衣着式样不同的服装(多含贬义)。

【前贤】 〈书〉名 有才德的前辈。

随着词义研究的发展,很多学者主张把词的用法作为词义的一个部分,许多语文词典在解释词义时也往往标明词的用法或搭配关系。如②:

【蓬勃】 形 繁荣;旺盛:～发展｜朝气～｜一片蓬蓬勃勃的气象。

【给以】 动 给①:职工生病的时候,应当～帮助｜对于劳动竞赛中优胜的单位或个人,应该～适当的奖励。注意▶"给以"后面只说所给的事物(并且多为抽象事物),不说接受的人。要是说出接受的人,"给以"就要改成"给":职工生病的时候,应当给他帮助｜对于劳动竞赛中优胜的单位和个人,应该给他们适当的奖励。

在对外汉语教学中,词语的释义内容要更为细致,因为词汇教学的目的主要是引导学习者能正确运用词汇生成句子,如果只解释词的概念意义,学生只知其义,不知用法,仍然不能正确使用,从而出现各种各样的偏误。如:

① ＊在我看来,此世界好像已经很不对劲。
② ＊谢谢你们鼓掌,拍马屁我。
③ ＊我信心你能做好这件事情
④ ＊她是一个美美丽丽的姑娘。
⑤ ＊老师,我下午要见面一个朋友。
⑥ ＊我嫌这个地方。
⑦ ＊众所周知他们俩的事情。

---

① 参见《现代汉语词典》(2005:1071、1089)。
② 同上(2005:1033、464)。

⑧ *今天简直很热。

例①中的"很不对劲"是地道的口语表达,而"此"则多用于书面语体,整个句子的风格特点不一致,应该将"此"改为"这个";例②中的"拍马屁"是个贬义词,用来表示感谢不合适。例①和②都是学习者不了解词语的色彩意义而出现的偏误。例③是把名词"信心"错用为动词;例④是错误地将"美丽"重叠作定语;例⑤是离合词的使用有误,"见面"等离合词后面不能加宾语,如果要带宾语,需要用介词把宾语引出来,改成"跟朋友见面";例⑥中的"嫌"后面一般要带兼语结构或形容词(如"嫌这个地方脏、嫌贵"),这里只出现了名词性短语,句子成分缺失;例⑦中的"众所周知"一般作定语、谓语或用在句首作插入语,因此在这个句子中,"众所周知"应该放在"事情"的后面作谓语;例⑧中"简直"修饰形容词时,句中常有"太……了"或"坏了、极了、死了"等词语,表示强烈的感叹语气,而不能用侧重于客观叙述的"很"。例③-⑧的偏误都是由于学习者没掌握词语的语法特征、使用条件而造成的。

因此,在对外汉语教学中,词语的释义应当包括以下内容:

(1) 词语的概念意义,这是释义的核心。

(2) 词语的语体色彩和感情色彩。

(3) 词语的语法特征,包括词性、充当句子成分的能力、能否重叠、中间能否插入词语等。

(4) 词语的使用条件,包括词语的组合搭配、词语在句中的位置、适用对象和句式等。特别是离合词、虚词以及成语、惯用语等,如果能在解释意义的同时,说明其具体的使用条件,无疑有助于学生掌握用法,减少偏误。如"众所周知",如果只解释为"大家全都知道",学生往往一听就懂,但一用就错,造出"众所周知他的名字"之类的句子。

当然并不是所有词语的释义都需要包括以上内容,这要根据释义目的、词语自身的性质特点等来决定。本书第五节将会探讨相关问题。

(二) 解释词义的方法主要有哪些?

解释词义的方法有很多,不同的方法适用于不同的词语和不同的释义

第三节 现代汉语的词义构成与词义分析

目的。常见的释义方法主要有以词释词、解释性释义、举例释义、外语释义、符号公式释义、图表释义等。

1. 以词释词指的是什么？

就是用一个或两个词来解释另一个词。常用的方法有：

(1) 用同义近义词语来释义。如：

依据：根据；依照。　　　　　　懂：知道；理解。

真诚：真实诚恳。　　　　　　　保健：保护健康。

(2) 用反义词的否定式来释义。如：

冷落：不热闹。　　　　　　　　钝：不锋利。

(3) 用"近义词＋反义词"来释义。如：

呆板：死板；不灵活；不自然。　　缓慢：很慢，不迅速。

以词释词是一种简单易行的释义方法，常见于针对本族人的内向型词典和语言教学中。但在针对非本族人的外向型词典和语言教学中，以词释词很容易会造成释义误导。因为用甲词释乙词，学生错误地以为甲词和乙词意义、用法相同，常常会将两个词语随意替换，导致偏误的出现。如很多词典将"嫌"解释为"厌恶；不满意"，教材也这么注释，教师也这么讲解，学生自然就会说出"我嫌这个手机、我嫌那个地方"等错误的句子。此外，以词释词，也会造成循环释义，起不到解释词义的作用。如：

吉利：吉祥顺利。　　　　　　　吉祥：幸运；吉利。

按照：根据；依照。　　　　　　根据：按照；依据；依照。

依据：根据；依照。

上面这 5 个例子都是以 A 释 B，以 B 释 A，循环解释，如果想理解 A 的意思，就必须知道 B 的意思，反之亦然，这无异于进入了一个词语怪圈，学习者也无法将这些词语区分开来。

因此，在对外汉语词汇教学中，以词释词的基本原则是用学生已经学过的词语来解释，不能用学习者不熟悉的词语来解释生词。此外，在使用同义近义词解释词义时,还要注意说明两个词语存在的差异。

2. 什么是解释性释义?

就是用简单明晰的语句对词的意义进行解释说明或具体描述,这是词典释义中常用的一种释义方式。如:

  将来:现在以后的时间(区别于"过去、现在")。
  宇宙:包括地球及其他一切天体的无限空间。
  顺利:在事物的发展或工作的进行中没有或很少遇到困难。
  还价:买方因嫌货价高而说出愿付的价格。

用这种方法解释词义,释义内容比较全面清楚,容易为学习者理解和掌握。但在对外汉语词汇教学里,释义语言一定要浅显易懂,不能照搬内向型词典上的解释,因为这类词典中的释义往往含有学习者不熟悉的难词难句。如,"节省"在《现代汉语词典》里给出的解释为"使可能被耗费掉的不被耗费掉或少耗费掉",在这个复杂的单句中,"耗费"出现了三次,既有使令动词"使",又有表示被动的"被",其难度较大,对学生理解词义毫无帮助。我们可以把这个释义简化为"尽量少用或不用可能被用掉的东西",简化后的释义或许不如词典的周密准确,但学生比较容易理解和接受。又如:

  探险:到没人去过或很少有人去的危险地方去考察(自然界情况)。(词典释义:到从来没有人去过或很少有人去过的艰险地方去考察(自然界情况)。)
  失眠:晚上睡不着觉。(词典释义:夜间睡不着或醒后不能再入睡。)
  小心翼翼:为避免出现不好或意外的事而非常认真小心。(词典释义:原形容严肃虔敬的样子,现用来形容举动十分谨慎,丝毫不敢疏忽。)

3. 什么是举例释义?

就是不用词语或解释性的语句来解释词义,而是通过多个例子或完整的例句从不同的角度说明被释词语的意义和用法。在词典中,用例一般是

第三节 现代汉语的词义构成与词义分析

释义的辅助手段,但有一些词典特别是语言学习词典却采用单纯例句来说明词义。如①:

  节省:(动)她去旅游的时候住在朋友家,～了不少钱。→她不用花住酒店的钱。[例]我现在的房子房租比原来低得多,一个月可以～很多钱。｜坐飞机虽然比坐火车贵,但是可以～时间。｜这种电脑只比那种便宜一点儿,你买这种～不了多少钱。｜我打算不再抽烟,用～的钱买书。｜她半年没买新衣服,把钱～下来准备去旅游。

  这种方法并不直接提供词语的意义,而是将被释词放在例句中,让学习者通过浅显的例句来理解词义,领会用法,获取语感。

  在对外汉语词汇教学中,举例法也是一种常用的释义方法。如,很多表示上位概念的词都可以通过列举下位概念的词来解释,像"家具",我们就可以通过列举"桌子、柜子、沙发、床"等词让学生了解其意义。一些意义抽象的词语也可以通过例句来显示其意义和用法。如解释"竟然"这个词,教师就可以通过例句让学生认识其意义和用法:

  ① 这么简单的题,你<u>竟然</u>不会做。
  ② 天气预报说今天要下雨,可现在<u>竟然</u>出太阳了。
  ③ 我说的都是真话,他<u>竟然</u>不相信。
  ④ 这么大声音,你<u>竟然</u>没听见?

  在此基础上,教师再进行解释性释义:"竟然"表示没有想到有这样的结果,或者结果和自己想的不一样。这样词语的意义就更加清楚准确,学生也更容易理解。

  不过,运用举例法说明词义要注意不要在例子或例句中使用学生没有学过的词语,更不要用深奥难懂的术语,而且例句内容不仅要便于学生了解词语的意义和用法,还要尽量贴近学生的日常生活。

  4. 在二语教学中,是不是所有的词都可以用外语释义?

  外语释义是外向型词典和二语教学中常用的释义方法,又叫翻译法。

---

① 参见徐玉敏(2005:459)。

具体包括两种方法：一是用外语词语对译，即对译法，如将"帮助"对译为help，"服务员"对译为waiter；另一种是用外语对被释词的词义进行描述说明，即全译法，如把"舅母"一词解释为wife of mother's brother。

在对外汉语教材中，生词的释义一般都用某种外语或某几种外语，这可以帮助学习者大致理解词语的意义。如"公里、电子、艾滋病、浪漫、幽默"等用汉语难以说清而用外语解释更方便的词语，就适合运用翻译法来解释词义。但运用翻译法也有明显的缺陷，因为不同语言的词语之间很难简单地一一对应，它们在语义范围、搭配关系、感情色彩、文化含义等方面往往存在着许多差异，单纯用翻译法来释义很可能会引起误解，造成偏误。另外，外语释义人为地减少了目的语的输入，不利于学生语言能力的全面提高，也不利于目的语语感的建立，还有可能造成学生对母语的依赖。而且当我们面对一群母语各不相同的学生时，往往很难找到让每个学生都理解和熟悉的媒介语，教师也不可能熟悉每个学生的母语。因此，用外语释义时要注意以下几点：

首先，应考虑外语释义是否有必要，是否易于学习者理解，是否有利于目的语的掌握。在对外汉语教学中，一些意义比较抽象的名词、动词、形容词以及介词、连词、助词等虚词，很难通过实物、图片等直观方式来释义。如果用汉语来解释，对于零起点或初级阶段的学生来说，他们接受起来又很困难。这时，用他们的母语或熟悉的外语来解释，就会比较简单方便，学习者理解快，易于接受。不过，当学习者有了一定的汉语基础后，应尽量使用目的语，而不用外语来释义，因为对于这些学生来说，释义容易理解与否并不在于是否使用外语释义，而在于释义语言是否浅显易懂及释义内容、释义手段是否合理。

其次，在需要用外语来解释词义时，除音译词、专名、术语等可直接给出对应词外，其他抽象词语应尽量使用全译法来解释词义，确实需要给出对应词时，还应在对应词外加上限制性或解释性的说明，以显示对应词和被释词在意义和使用上的区别，尽可能避免在学生心目中产生对等词的观念。如：

咱们：we (including the speaker and the hearer or listeners)

喝：drink (tea, soup, etc., including liquid food such as porridge and gruel)

5. 符号公式释义和图表释义适用于什么样的词语？

符号公式释义是一种比较直观的释义方法，用于对外汉语教学，有助于词义的理解。如，"面积"在词典中的解释为"平面或物体表面的大小"，如果这样教给学生，学生可能会很难明白，不妨用公式来显示其意义：面积 $\rightarrow 2m \times 2m = 4m^2$。

有些词语，特别是连词、介词等，意义抽象，用法复杂，就非常适合用符号公式来帮助说明词义。如：

与其：连词，一般用在"与其A，不如B"的句式中，表示选择。与其A，不如B＝B比A更合适，选择B（A、B＝表示行为的句子或动词短语）。（词典释义：比较两件事而决定取舍的时候，"与其"用在放弃的一面（后面常用"毋宁、不如"等呼应）。）

图画和表格也是一种较为直观的释义手段。《现代汉语词典》就使用了一些图表来解释比较复杂、难以用语言表述清楚的事物，如"斗拱、梯形、三角函数、太阳系、拉丁字母、地质年代"等。不过图表释义所占篇幅较大，使用受到限制，一般作为一种辅助性的释义手段应用于词典编纂中。近年来，对外汉语教学领域出现了专门用图画来解释词语的词典，吴月梅主编的《汉语图解词典》（商务印书馆，2008年）就通过大量精美、生动的彩图为汉语学习者呈现出一个个的现实语境，帮助学习者理解词语。

（三）为什么要对词义进行对比分析？

汉语词汇教学的一大重要任务就是使"学习者掌握一定数量的汉语词汇的音、义、形和基本用法，培养其在语言交际中对词汇的正确理解和表达能力"。① 在语言学习的过程中,学习者必然会遇到一些在发音、书写形式、词义、句法特征甚至用法等方面存在一定相似性但又存在差异的词语,这些词语大都是同义词或近义词,如"处处—到处、突然—忽然、美丽—漂亮、优良—优秀、情感—感情";也包括一些语音相同或相近的词,如"第—弟、有—又、厉害—利害";字形相近的词,如"提示—揭示、大—太"。此外,学习者在学习过程中还会遇到一些同译词语,如"弹—拉、问—请、住—生活、家—房子、会—知道"等,这些词语在汉语里词形和词义都完全不同,但在学生母语中有可能对应于同一个词。以上这些词语都可以统称为相似词语或易混淆词语。学习者区分、使用这类词语往往会感到困难,容易在使用中出现各种偏误。如:

① 去中国的人都要去看看世界文明的万里长城。
② 她说话相唱歌。
③ 我知道爸爸很受我。
④ 他打排球很厉害。
⑤ 差不多每个家周围有草。
⑥ 我刚来广州的时候,不知道说汉语。

在以上例句中,例①—④的偏误是学习者误用了语音相同或相近的词语,如"文明—闻名、相—像";字形相近的词,如"受—爱";字形和字音都相近的词,如"厉害—利害"。例⑤⑥的偏误则是受到了同译词语的影响,"家"和"房子"在英语中都可以翻译成 house,"知道"和"会"都对应于英语的 know,学习者便将它们等同起来,造成偏误。因此在词汇教学中,就有必要对这些词语进行对比分析,帮助学习者分辨和正确使用这些词语。

特别值得一提的是,汉语词汇十分丰富,来源极为广泛,因此存在大量的近义词。准确把握近义词之间的词义联系和区别,是学好用好汉语词语的基本功。一般认为,近义词之间的差异主要表现为意义轻重的差异、范围大小的差异、感情色彩和语体风格的差异、搭配对象的差异、词性和句法

---

① 参见刘珣(2002:160)。

第三节　现代汉语的词义构成与词义分析

功能的差异。这种从词汇学本体角度所确定的辨析近义词的方法强调的是语义差异的辨析,而语义差异是内在的,比较虚,外国学生不易理解,因此在使用时极易混淆近义词的意义和用法,造成误用。如:

⑦ 他很急忙地离开了教室。
⑧ 他忍不住剧烈的疼痛,晕倒了。
⑨ 老师很耐烦地教我们。
⑩ 环境能把好人成为坏人。

以上句子中的偏误主要是由于学习者不了解近义词在语法特征、组合分布、句型句式等句法方面的差异造成的。"急忙"和"匆忙"都是形容词,但"匆忙"可以受程度副词修饰,而"急忙"不能,所以例⑦应该使用"匆忙"。"忍不住"后面需要带动词性词语,"受不了"后面要带名词性词语,所以例⑧应该用"受不了"。"耐烦"和"耐心"意义相近,但"耐烦"只用于否定句,"耐心"肯定句和否定句都可以用,例⑨是肯定句,应该使用"耐心"。"成为"不能用于"把"字句和"被"字句,而"变成"可以,所以例⑩中的"成为"应改为"变成"。

再如:

⑪ 吃糖多了,容易毁坏牙齿。
⑫ 我要信任自己,一定能行。
⑬ 如果需要其他文件,请一起告知。
⑭ 我怕家里人知道考试的后果。

例⑪、⑫中的偏误是语义层面的偏误。"毁坏"主要表示使事物彻底受损,完全没有用,语义强度重,例⑪只是说"吃糖多了,对牙齿不好",所以应该用语义强度轻的"损坏"。例⑫中的"信任"应改为"相信",这两个词意义相近,都可以用于人,但"相信"的对象可以是自己,"信任"的对象一般是别人,学习者由于不了解这两个词的适用范围,从而造成偏误。例⑬⑭是语用层面的偏误。"一起"多用于口语,"一并"是书面语,常用于正式的公文信函等,例⑬出现在正式的书信中,应该使用"一并"。"后果"和"结果"是留学生经常用错的词语,偏误原因是他们在使用时忽略了这两个词在感情色彩上的差异。"后果"是贬义词,"结果"是中性词,例⑭中的"后果"应该改为"结果"。

可以看出,学习者对近义词的错误使用分布在语义、句法和语用等多个层面,偏误类型复杂多样。因此在对外汉语教学中,近义词的辨析应特别注重找出近义词之间具体实在、易于把握的外在差异,需要从语义、句法和语用等方面对近义词进行全面细致的对比分析。

(四) 如何对词义进行对比分析?

针对近义词,我们可以从语义、句法和语用三大范畴入手,由大到小,步步深入地进行全面细致的对比分析,找出其异同。具体来说:

1. 语义对比项目

(1) 语义焦点。语义焦点就是词语意义的重点,有些近义词虽然理性意义基本相同,但要反映的侧重点却不同。如,"不一定"和"说不定"都表示不能肯定,但"说不定"侧重表示可能,可能性大(如"再等一会儿吧,他说不定会来");"不一定"侧重表示可能性很小(如"别等了,他不一定会来")。

语义焦点的差异常常可利用反义词来辨析。如"沉着—冷静",前者的反义词是"慌张",后者的反义词是"急躁";"深刻—深奥",前者的反义词是"肤浅",后者的反义词是"浅显"。

(2) 语义强度。语义强度指词语意义的轻重程度及语气的强弱。如"辽阔"表示的程度比"宽阔"高;"热爱"比"爱"的程度高,语气也要强烈一些。

(3) 语义适用。语义适用指词语的适用对象和适用范围,其中又有一些具体的识别因素:人、动植物、事物;个人、集体;自己、别人;上对下、下对上;具体、抽象;社会现象、自然现象;过去、现在、将来等等。如:

相信—信任:"相信"的对象是人也可以是事("我相信他、我不相

第三节 现代汉语的词义构成与词义分析

信这件事"),"信任"的对象只能是人("我信任你");"相信"的对象可以是自己("我相信自己,我一定能成功"),"信任"的对象只能是别人。

亲爱—心爱:"亲爱"可以用于长辈对晚辈("亲爱的女儿"),也可用于晚辈对长辈("亲爱的妈妈");"心爱"则只能是长辈对晚辈或夫妻之间,不能用于晚辈对长辈。

建立—树立:"建立"可用于具体事物("建立一个幸福的家庭"),也可用于抽象事物("建立感情");"树立"只用于抽象事物("树立信心")。

后来—然后:"后来"只用于过去("起初我不习惯,后来就习惯了");"然后"可以用于过去,也可以用于将来("咱们暑假先去云南,然后再去西藏,好吗?")。

(4) 语义搭配习惯。指一组近义词各有习惯搭配的词语,这主要是社会使用习惯的不同造成的。如"优良"和"优秀"都表示好,但只能说"优良品种、优秀作品",而不能说"优秀品种、优良作品";"差错"和"错误"都可以表示不正确的事物和行为,但"差错"一般与"出"搭配,"错误"一般与"犯"搭配,不能互换。

(5) 不同义项。这指的是在相同或相近的义项以外的意义差异。一组近义词,其中一个是多义词,或者都是多义词,除了相同或相近的义项外,各有一些不同的义项。这种不同义项的差异,中国人不用讲就明白。可外国人弄不明白,需要说清楚。当然,并不是所有义项都要说明,如果这些不同义项在意义上与近义义项有关联,则容易混淆,就应当加以说明。如,"爱"和"喜欢"都表示对人、物或事有感情、感兴趣,但"爱"还可表示容易、经常发生("爱感冒、爱哭")。如果不同义项与近义义项意义相差较远,不易混淆,就不需说明。如,"家"和"家庭"都指有婚姻关系和血缘关系的社会单位,但"家"还可作量词,这个义项不易与"家庭"混淆,不必加以说明。

2. 句法对比项目

(1) 语法特征。这个对比项目主要有四类识别因素:词性、充当句子成分的能力、能否重叠、中间能否插入别的词语。如,"偶尔"和"偶然"都表示某种行为的发生是很少见的,但"偶尔"是副词,只作状语("我们偶尔打个电话");"偶然"是形容词,可以作状语,还可以作定语("一个偶然的机会")、作谓语("这绝不是偶然的")和作补语("事情发生得太偶然了")。"妥当"和"恰当"都是形容词,都有"合适"的意思,但"妥当"可以重叠为"妥妥当当","恰当"则不可以。"帮忙"和"帮助"都是动词,但"帮助"可以直接带宾语,"帮忙"则不行("帮助别人、帮助他;×帮忙别人、×帮忙他");"帮忙"中间可以插入词语,"帮助"不可以("帮个忙、帮我一回忙;×帮个助、×帮一回助")。

(2) 组合分布。也就是近义词在使用时的前后语言结构环境,主要有三类识别因素:句中位置、前接成分、后接成分。

句中位置指词语在句中的位置,还可以具体分为:主语前、主语后,句首、句中,复句中的哪个分句,独立使用、词语之后等等。如,"顿时"和"立刻"都是副词,表示事情或动作发生得很快,但"顿时"可以放在主语前("他一走进来,顿时大家都不说话了"),也可以放在主语后("他顿时激动得哭了");"立刻"只能放在主语后("他立刻站了起来")。"以后"和"以来"都可以用于指某个时间之后的一段时期,但"以后"可以独立使用("以后,你不要来了"),也可以用在词语之后("三年以后");"以来"必须用在词语之后。

前接成分指近义词前面出现的一类词语,后接成分指近义词后面出现的一类词语。如,"急忙"和"匆忙"都表示人的行动快而急,但"匆忙"前面可以受否定词和程度副词修饰,而"急忙"不可以。"忍不住"和"受不了"意义相近,但"忍不住"后面须带动词性词语("忍不住哭了"),"受不了"后面要带名词性词语("我受不了他的态度")。"忍受"和"忍耐"后面都可带补语,但"忍耐"可带动量补语("忍耐一下")、时量补语("忍耐一个小时")、趋向补语("忍耐下去"),而"忍受"则只带时量补语和趋向补语("忍受了十年、忍受下去"),不可带动量补语。

(3) 句型句式。主要有以下识别因素:"把"字句、"被"字句、祈使句、疑问句、肯定句、否定句等等。如,"变成"和"成为","变成"可以用于"把"字句或"被"字句,而"成为"不能。"还"与"再","还"可用于是非问句("你明天还去吗?")和正反问句("你明天还去不去?"),而"再"不可以。"赶快"和"赶忙","赶快"可以用于祈使句,而"赶忙"不行。"一向"和"从来","一向"多用于肯定句中,"从来"多用于否定句中。

3. 语用对比项目

(1) 风格特点。主要有以下识别因素:口语、书面语、正式场合、非正式场合等。如,"售"在口语中很少使用,一般用于书面语及正式场合;"卖"可用于口语和书面语。表示交际联系时,"往来"多用于正式场合,带郑重的色彩;"来往"多用于非正式场合。

(2) 感情色彩。主要有以下识别因素:褒义、贬义、中性等。如,"忠诚"是褒义词,一般都用于好的方面("对祖国无限忠诚");"忠实"是中性词,既可以用于好的方面("忠实的朋友"),也可以用于坏的方面("敌人的忠实走狗")。

以上所述可列表如下[①]:

	识别因素				
语义对比项目	语义焦点	语义强度	语义适用	语义搭配习惯	不同义项
		程度高低;语气强弱	人、物、事;个人、集体;自己、别人、对上、对下;具体、抽象;社会现象、自然现象;过去、现在、将来		
句法对比项目	语法特征		组合分布	句型句式	
	词性;句法功能;重叠;插入成分		句中位置;前接成分;后接成分	"把"字句;"被"字句;祈使句;疑问句;否定句;肯定句	
语用对比项目	风格特点		感情色彩		
	语体;场合		褒、贬、中性		

---

① 参见赵新、刘若云(2005:62~66)。

可以看出,这种对比分析方法从语义、句法、语用三大层面对近义词进行了综合的、全面的对比分析,不仅注意分析近义词之间意义的差异,如语义焦点的差异、语义强度的差异,更注重分析近义词之间结构组合即形式上的差异,包括语义适用、语义搭配习惯、组合分布、句型句式等方面的差异。这些差异比较具体实在,易于学习者把握。

至于其他一些易混淆词语,它们之间的差异就明显多了,我们可以采用不同的对比分析方法。对那些语音相同或相近的词,可以从词的搭配关系来进行对比分析,如"第一名、第二个""哥哥和弟弟、兄弟"。对那些字形相近的词,不仅要对比它们在组合搭配上的不同,更要注意对比它们在字音、字形上的差异。对那些同译词语,则应在汉外对比的基础上,通过多种形式显示汉语词语与学生母语中的对应词语在组合关系、语义范围、感情色彩等方面的异同,帮助学习者克服把汉外对应词完全等同起来的习惯,学会关注汉语词语在语义和用法方面的特点。

思考与练习

1. 什么是词义?它由什么构成?
2. 利奇(Leech)在其专著《语义学》中提出的七种词义分别是什么?你同意利奇的分析吗?你认为在对外汉语教学中,这些词义是否都应该成为词汇教学的内容?
3. 词的义项是如何确定的?单义词、多义词与同形词有什么区别和联系?
4. 什么是多义词?多义词的各个义项之间有什么区别和联系?
5. 什么是词义的理据?汉语词义的理据表现在哪些方面?
6. 举例说明内向型词典与外向型学习词典在词语释义方面有什么不同。
7. 请运用适当的方法解释下列词语的意义和用法:

  拜访 嫌 缓和 谦虚 不妨 举世闻名

动不动　　另外　　请柬　　关于　　激光　　从而

8. 请从对外汉语教学的角度对比分析以下近义词：

　　马上—眼看　　增进—增加—增长　　难怪—怪不得　　偏—偏偏
　　观念—观点　　巴不得—恨不得　　清晰—清楚　　时候—时间

深度阅读/参考文献

符淮青（2004）《现代汉语词汇》（增订本），北京大学出版社。

葛本仪（2001）《现代汉语词汇学》，山东人民出版社。

杰弗里·N.利奇（1987）《语义学》，上海外语教育出版社。

刘叔新（2006）词语的形象色彩及其功能，《词汇研究》，外语教学与研究出版社（原载《中国语文》1980年第2期）。

刘　珣（2002）《汉语作为第二语言教学简论》，北京语言文化大学出版社。

吴　琳（2008）系统化、程序化的对外汉语同义词教学，《语言教学与研究》第1期。

徐玉敏（2005）《当代汉语学习词典》，北京语言大学出版社。

苑春法、黄昌宁（1998）基于语素数据库的汉语语素及构词研究，《世界汉语教学》第2期。

赵　新、刘若云（2005）编写《外国人实用近义词词典》的几个基本问题，《辞书研究》第4期。

第四节 词汇教学的任务和基本原则

【内容简介】 词汇学习是语言学习的核心，词汇教学是语言教学的重要内容之一。词汇学习有两个途径：直接学习和间接学习。在语言学习过程中，学习者掌握的大部分词语是通过间接学习获得的，直接学习是间接学习的补充。有效的课堂词汇教学应该将词汇的直接学习和间接学习很好地结合起来，帮助学习者在实际运用中自然而然地学习和掌握词汇。由于受到词汇本身的特点、课堂教学及学习者等方面的影响，词汇学习有难有易。在对外汉语词汇教学中，应根据汉语词汇的特点和教学需要，并结合词汇学习的特点，有效开展词汇教学，以实现词汇教学的基本任务。

词汇教学是语言教学的重要组成部分。没有词汇，人们便无法表达任何事物。对第二语言学习者来讲，词汇的掌握更是第二语言能力培养的基础环节。陆俭明先生曾指出："词汇教学在对外汉语教学中是很重要的。凡受过高等教育的人恐怕都会有这样的体会与经验：学外语，掌握词汇量越大，用外语进行听说读写的自由度也就越大。""所以，无论是在中国进行对外汉语教学，或是在境外进行汉语教学或华文教学，都必须重视并加强词汇教学。"[①]

词汇学习是词汇教学存在的前提和依据，没有学习也就没有教学。因

---

① 参见陆俭明(2005:132)。

此要搞好词汇教学工作,首先需要了解和研究与词汇学习有关的问题,使词汇教学符合学习者的特点和需求。在此基础上,我们要进一步确定词汇教学的任务和基本原则,以有效地展开词汇教学,帮助学习者真正掌握词汇的意义和用法。

一、与词汇学习有关的问题

(一)词汇学习的途径有哪些?

词汇学习的途径主要包括直接学习(direct learning)和间接学习(indirect learning)两种。

直接学习指学习者通过完成有针对性的活动和练习来学习词语,包括背词汇表、学习生词表、抄词、拼词,或进行组词练习、词语游戏,或做词汇练习等。在活动和练习中,学习者的注意力集中在词汇上,其学习的主要目的就是有意识地获得词汇知识。

间接学习又称伴随性词汇学习或词汇附带习得,指学习者通过听、读或参加交际活动,附带地学习词语。在学习中,学习者的注意力不在词汇本身,而是集中在其他方面,尤其是言语所传递的信息上,增加词汇知识不是学习的目的,而是学习活动的"副产品(by-product)"。如阅读一系列相关题目的文章、根据上下文猜测词义、观看电影、参加汉语角活动等,学习者虽然没有刻意地去学习词汇,但在反复大量地接触语言的过程中,自然而然地就会习得词汇。

成人学习者一般都具有较高的理解能力和认知能力,其学习第二语言大都有着明确的动机和目的,通过直接词汇学习,他们可以在较短的时间内记住大量的目的语词汇,但这样获得的词汇知识并不完整,大部分只属于理解性的范畴,并不能在实际中运用。而在伴随性词汇学习中,学习者要真正听懂话语或读懂语篇,就必须弄懂他们在语境中反复听到或看到的词语,这样学习者才有可能在获得充分的可理解性输入的基础上,实现理解性词汇知识向生成性词汇知识的转化，也就是在理解的基础上能自由运用词语。

研究发现，语言（包括母语和外语）学习过程中，学习者掌握的大部分词语是通过间接学习获得的，这说明间接学习在词语学习过程中比直接学习更为重要。近年来，国内外有许多研究是关于词汇间接学习的，这些研究发现，在培训各种语言技能如听说读写的同时，都会发生一定程度的伴随性词汇学习。但影响伴随性词汇学习的因素很复杂，如在阅读文章时，文章的语境线索、学生的词汇量和猜词能力、词语的重现次数、教师布置的阅读任务等，都会影响学习者在完成阅读任务时能否成功进行伴随性词汇学习。因此，尽管伴随性词汇学习对于二语词汇习得有效，但是在间接学习的基础上增加直接学习对学习者词汇能力的提高更为有利，直接学习是间接学习的有效补充。特别是对那些语言水平较低的学习者来说，词汇量的扩大和词汇知识的掌握如果仅仅依靠词汇的附带习得过程而撇开有意识的直接学习，恐怕是难以实现的。

（二）课堂教学对词汇学习有什么作用？

课堂教学会对词汇学习产生积极的作用，但课堂教学对词汇学习起什么样的作用，如何使课堂教学对词汇学习发挥更大的作用，目前还很难给出明确的回答，还需要进一步研究。

从语言学习的整个过程来看，课堂教学安排的教学词汇数量比学习者学到的词汇量要少，也就是说学生学到的词语有相当一部分不是通过课堂教学学到的。但我们并不能因此忽视课堂词汇教学的作用。有效的课堂词汇教学不仅能帮助学生很好地掌握词汇，扩大词汇量，而且能帮助他们在运用语言上打下坚实的基础。

有研究表明，教师在课堂上重点讲解的词最容易被学习者掌握。在课堂上，学习者通过学习课文的生词可以获得一些词语的形、音、义；那些重点、难点词或出现频率高的词则是直接学习的重点，学习者听教师讲解词

第四节 词汇教学的任务和基本原则

语、用词造句、做词语练习等,也就是说教师有目的地讲授某些语言知识,学生有意识地记忆、操练这些知识。而那些非重点、非难点词语或出现频率相对低的词语就可以通过听说练习或阅读练习等让学习者附带习得。

传统的课堂词汇教学强调对单个词汇的机械记忆,词汇与语言情景脱离,这样学生虽然能掌握某个词语的正确发音和基本语义,但是缺乏词语的语境知识,并不能将其准确流利地运用到言语交际中。而且,机械性的训练也很容易让学生遗忘在课堂上学习的词汇知识。此外,枯燥乏味的教学内容和教学方式也使学生难以在课堂上集中注意力,容易产生厌倦感,从而对学习失去兴趣,以致影响效果。

大体来说,有效的课堂词汇教学应该将词汇的直接学习和间接学习很好地结合起来。教师在教学中应避免让学生过多地进行脱离语境的机械训练,而应尽可能设置多种语言情景,将词汇放在上下文中或尽可能真实的交际情景中进行有针对性的讲解和操练,并通过多种方式不断地复习和巩固所学词汇,最终帮助学习者在实际运用中自然而然地学习和掌握词汇,将词汇知识留存在记忆之中。

(三)哪些因素影响词汇学习的难度?

学习的内容有难有易,词汇学习也是这样。有些词语好学,学生容易掌握。有些词语难学,不易掌握。把握词语学习的难与易,对有效进行课堂词汇教学意义重大。那些易教易学的词语,教学中就不必作为重点花大力气讲练。而那些难教难学的词语,教师就要花时间去研究他们难教难学的原因以及怎样进行教学,从而有效地安排词汇教学活动,引导学生把握词语意义和用法上的特点。要想比较准确地评估词汇学习的难易程度,就必须分析影响词汇学习难度的各种因素。

教学经验表明,影响词汇学习难度的因素是多方面的,有词汇本身的因素,有教学方面的因素,还有学习者方面的因素,等等。

1. 词汇本身的因素具体如何影响词汇学习的难度?

词汇本身的因素包括词汇在语音、书写形式、意义和用法等方面的特点。其中,词语意义和用法的复杂程度是影响词汇学习难度的重要因素。

从意义来看,以下几类词语对学生来说比较容易理解和掌握:

(1) 意义具体直观或比较好解释的词语。像"桌子、门、笑、打(人)"等词语,表示的是具体直观的事物或行为动作,在教学中甚至不用解释它们的意义,直接出示图片、实物或用动作进行演示,学生就能明白它的词义。像"爷爷、后天、举世闻名"等词语,其词义虽然不便用比较直观的方法来显示,但解释起来并不是很复杂,如"爷爷"就是爸爸的爸爸;"后天"就是明天的明天;"举世闻名"就是很有名,全世界都知道。这些词语的学习难度就很低。

(2) 词义与构成该词的语素的意义有直接的关系,可以根据语素义推测出来。如"办公"就是处理公事,"保健"就是保护健康,"性急"就是脾气急,这些词的词义都是语素义的简单加合;而"吵闹、朋友、道路"等词的词义同组成它的两个语素的意义相同或相近。教师在教学中可以引导学生利用词的语素义来理解和掌握整体词义。

(3) 多义词的各个义项之间的相关性比较明显,易于理解,这样的词语学习起来并不难。如"包袱"的比喻义跟其本义之间具有相似性,"浅"的引申义"浅显;(感情)不深厚;(颜色)淡"等都是由其本义"从上到下或从外到里的距离小"引申出来的,这些词语各义项之间的关系都比较容易理解。关键是在教学中要明确先教哪一个义项,便于引出其他的意义和用法。

与之相反,意义比较抽象或难以解释,或词义与构成词语的语素意义之间的关系较为隐晦曲折甚至毫无关系,或词语多个意义之间的关联性不明显,这些词语的学习就会比较困难。像"道德、代价、付出、刺激、薄弱、崇高"等表示抽象概念、不能形象化的词语,特别是词汇意义最为抽象的虚词,由于意义难以把握,常使学生感到难学难用。有的词语,如"虎口、笔墨、反目、林立"等,语素义跟整体词义之间虽然存在一定的联系,但由于只是部分或间接地表示词义,容易使学生片面理解词义或错误地依靠语素意义来理解整体词义。此外,像"打"这样的多义词,义项复杂,《现代汉语词典》(第 6 版)就列出了其 24 个义项,而且很多义项如"举;提"(打伞)、"定

第四节 词汇教学的任务和基本原则

出、计算"（打草稿）、"做某种游戏"（打扑克）、"表示身体上的某些动作"（打手势）、"采取某种方式"（打比喻）等，意义相差大，关联性不明显，学习者要想全面准确地掌握其意义，难度不小。

要想正确使用词语，除了要理解词义之外，还得掌握其用法。从词语的用法来看，那些在使用中限制条件少、规则性较强的词语，学习难度就小，反之，学习难度就大。具体来说：

（1）如果词语的语法特点和句法功能跟所属词类所具有的普遍的句法规则一致，学习者就容易掌握，否则，学习者就难以把握。如，名词前一般可以使用数量短语："一本书、一个村庄"，而"书籍、车辆"等名词前就不能使用量词，"书、村庄"的学习难度相对来说就比"书籍、车辆"要小。"辛苦"作为形容词，可以作谓语，也可以作定语，但"辛勤"只能作定语，不能作谓语，学习者在使用时很容易出现"他很辛勤"这样的偏误。像"见面、帮忙、留神"等离合词跟普通的动词不同，后面一般不能带宾语或补语，中间可以插入其他成分（"帮了大忙、留点儿神"），动作对象出现的位置又有多种情况（"帮他的忙、跟他结婚、担心孩子"），这类词语的学习难度自然就很大。

（2）如果词语在组合分布上比较自由，也就是词语在使用时对语言结构环境的要求不高，限制条件少，学习者就容易把握其用法，反之，学习难度就增大。如，"知道、相信"等动词可以带名词性宾语，也可以带小句宾语；可以带人物宾语，也可以带事物宾语；还可以带多种类型的补语，学习者在使用时就比较自由，不用考虑各种条件限制，这些词语的学习难度就低。而另一些动词，如"嫌"虽然也可以带宾语，但其所带宾语一般为"表示事物的名词＋形容词短语"，其中的形容词短语用来说明事物不好的原因（"嫌这个地方太吵"）。又如，"加以"后面一般只带多音节的动词性宾语（"加以处理、加以讨论"），"具有"只带抽象名词宾语，不能带具体名词宾语。这些动词对其后接成分都有一定的要求，学习难度相对来说就大一些。

（3）词语的适用对象多，适用范围大，适用的句型句式多，学习者就容易把握,反之,就容易在使用中出错。如,"相信"的对象是人也可以是事;可以是自己也可以是别人。"信任"的对象只能是人,不能是事("*我不信任这件事");只能是别人,不能是自己("*信任自己")。"信任"的学习难度就比"相信"大。

又如,"连忙、赶忙"和"赶快、赶紧"表示的意思差不多,但"连忙、赶忙"只能用于陈述句,"赶快、赶紧"还能用于祈使句,前两个词的学习难度相对就大一些,学习者很容易说出"我们连忙走吧"这样的错句。

此外,词语的常用性对词语的学习难度也会产生一定的影响。学生在学习和生活中经常接触的词语就比较容易习得。

2. 教学方面的因素如何影响词汇学习的难度?

合适的教材和教学方法对学生学习词语也会产生积极的作用。在课堂教学过程中,教师能否合理安排教学内容和教学步骤、能否用恰当的方法讲解词语,都直接关系到是否能降低词语学习的难度,提高词语教学的效果。

(1) 课堂上的教学词汇量是否合适

每节课应该教授多少数量的词语,其中难点或重点词语多少,意义和用法简单的词语多少;领会式词语多少,复用式词语多少;哪些词语只需稍做解释即可,哪些词语需要反复操练,等等。如果一节课上的词汇教学量太多,或难点过于集中,超过了学生的接受能力和心理承受能力,学生就会难以理解和掌握这些词语。教师在教学时,应控制好课堂上的教学词汇量,并考虑词汇的难易因素,以保证每节课都能进行数量和难度相对稳定、均匀的词语教学。

(2) 课堂上的词汇教学内容安排是否合理

在课堂教学中,哪些词只需解释其意义,哪些词不仅要解释意义,还要说明其用法。再如,有的词在课文中出现的是它的本义,那么,讲不讲它的引申义?相反,有的词在课文中出现的是引申义,那么,它的本义讲不讲?有的词有多个义项,但课文中只出现了其中的一个义项,其他的要不要讲?有的词在生词表里标注有两个词性,课文中只出现一个词性,另一个讲不

第四节　词汇教学的任务和基本原则

讲？这些问题都需要教师在备课时认真仔细地考虑,科学合理地安排,如果所有的词都讲意义和用法,所有的意义和用法都要介绍给学生,面面俱到,不分轻重,词汇教学效果就会大打折扣,势必会增大词汇学习的难度。

(3) 教学方法是否妥当

课堂词汇教学最重要的是根据学生的水平和教学目标,用恰当的方法讲解词汇,巩固词汇。如果方法不当,将讲解复杂化,不但解释不清,甚至还会造成教师越解释学生越糊涂的局面。如用学生没有学过的词语尤其是超等级词和超纲词来解释词语的意义和用法,将"尊重"解释为"敬重",将"旱灾"解释为"因长期干旱缺水造成作物枯死或大量减产的灾害";或过分强调意义的解释,将"计算机"解释为"能进行数学运算的机器";或过多地进行相似词语如近义词的辨析,等等,都会给学生的学习造成困难。

3. 学习者自身方面的因素也会影响词汇学习的难度吗？

回答是肯定的。所谓学习者自身的因素,一般指学习者的年龄、性格、智力水平、受教育程度、语言背景(包括学生的母语及学习其他外语的背景、已经具有的汉语基础)以及学习动机和态度、学习策略和方法等,这些因素都会对词汇学习的效果产生影响。不少调查和实证研究证明,学习动机和态度是决定学习者达到的语言能力水平的重要因素;智力影响第二语言的习得速度和成功度;性格外向的学习者二语流利程度比性格内向者要高;年龄影响词汇和句法的学习速度,跟儿童和成人相比,青少年在第二语言习得的很多方面进步是最快的。

就语言背景来说,学习者的母语或所学其他语言的词语的语音、书写形式、词义、用法等对学习者学习汉语词汇都有一定的影响。如,汉语词的书写形式对汉字文化圈的学习者来说并不难,但对非汉字文化圈的学习者来说却是一个很大的难关。汉日同形词和汉韩同形词中意义相同的词语给日韩两国的学习者带来了便利,但意义和用法存在差异的词语反而成为他们学习汉语的负担。再如,对母语为英语的学习者来说,要想区分"帮、帮助、帮忙"这几个词语,难度就比较大,因为这三个词语都对应英语里的 help;汉语的"开"跟英语的 open 词义相近,但汉语的"开"可以跟"门、窗户、灯"等宾语搭配,但不能直接带"口、眼、书"等宾语,而英语的 open 却可以跟 mouth、eye、book 等宾语搭配,这种搭配关系的不一致给学习者正确使用汉语词语带来了一定的困难。

此外,学习者已有的汉语基础对他们继续学习汉语词汇也有一定的影响,这种影响包括积极的和消极的两个方面。积极的影响是指学习者已有的汉语基础会帮助他们理解和掌握新的词语。如,"当学习者积累了一定量的词汇后,就能够对词汇中的语素进行分析与总结,并将某些词汇分解成语素进行存储"①,这种语素意识不仅能帮助学习者识别旧词,还能在认知新词时降低认知的难度。因此学习者如果已经掌握了"挤、宽、填、穷"等词语,他们再学习"拥挤、宽敞、填写、贫穷"等词语时,就会感到容易一些。但已有的汉语基础也会给学习者的学习带来消极影响,如学习者学习了"所以"和"然后",当他们学习"于是"时,就会很自然地将这三个词联系在一起,以至于在"所以—于是""然后—于是"之间纠缠不清,这无疑增加了"于是"的学习难度。

词汇学习策略和方法也会影响词汇学习的难易程度。在教学中我们发现,学生如果能够及时练习、复习、识记并使用所学词语,善于利用多种方法来推测新词,善于创造机会练习词语,勇于犯错,诸如此类,都有利于克服词汇学习的困难。而有的学生不善于分析,遇到生词就查词典,不注意词汇的巩固、积累和使用,过分纠缠于易混淆词语在语音、词形、语义等方面的异同,这无疑会增加他们在词汇学习过程中的困难。

二、词汇教学的任务

词汇量的多少以及词汇的掌握程度是决定第二语言学习者水平的重要指标。词汇教学的最终目的就是使学生掌握大量的词汇,能准确地理解词义,正确地使用。

---

① 参见洪炜(2011:37)。

第四节 词汇教学的任务和基本原则

具体来说,在第二语言教学中,词汇教学有两大任务:

第一,使学习者掌握一定数量的词汇,教会他们"识词"直至"用词"。

对外汉语词汇教学的首要任务是"根据教学大纲的要求,(使学习者)在有关词汇知识的指导下,掌握一定数量的汉语词汇的音、义、形和基本用法,培养其在语言交际中对词汇的正确理解和表达能力"[①]。简言之,词汇教学的首要任务就是要教会学生"识词"和"用词"。

"识词"就是要认识词。认识一个词,首先要在听到或看到这个词时能识别出来,知道该词的形、音、义。其次,能将这个词语与其他形式相似的词语区别开来(如"治病—致病、邮票—油票、找—我"等),能判断听到的这个词的发音是否正确,看到的这个词的书写形式是否正确;还能由这个词语联想到跟其意义相近、相关或相反的词语(如由"美丽"联想到"漂亮",由"丈夫"联想到"妻子",由"躺"联想到"站、坐"),学会在词汇系统中认识该词。

所谓"用词",就是要在理解词语的基础上学会正确使用词语,即"要求学生能够根据具体的交际环境,从语义表现、句法要求、语用得体性等各个方面,综合权衡已经掌握的词语并最终加以选用,组词造句。可以说,学生'用词'能力的高低是汉语词汇教学效率高下的最直接最生动的体现"[②]。

二语词汇习得研究表明,学习者对一个词的学习并不是要么全知道,要么一点儿也不知道,而是有不同层次的,从完全缺乏该词的知识到掌握该词的详细知识、来源以及使用它的语境,这是逐渐过渡的。也就是说词汇知识不是一个"或有或无"的两极现象,而是一个包括不同发展水平的连续体。

从"识词"到"用词"就是一个词汇知识不断发展的连续过程,在这个过程中,学习者对词汇的掌握由理解性词汇知识逐渐过渡到生成性词汇知识。在大多数情况下,理解性词汇知识必须在生成性知识之前获得,学习者不可能在完全理解词义之前自由运用目标词。所以,一个人所掌握的生成性词汇只是所学词汇中很少的一部分。在词汇教学中,不可能让学生能自由运用所学的所有词汇,应该对不同的词汇和不同的学生提出不同的学

---

① 参见刘珣(2002:160)。
② 参见赵金铭(2005:386)。

习要求。词汇教学的最终目标,就是促使学生从理解、接受词汇开始逐渐发展到能够灵活准确地运用词汇,努力缩小学习者生成性词汇量和理解性词汇量之间的差距,使学习者尽可能多地掌握生成性词汇。

第二,使学生掌握多种词汇学习策略,培养其自学汉语词汇的意识和能力。

语言中的词汇数量巨大,教师在课堂教学过程中所教的词语数量十分有限,学习者仅仅依靠教师在课堂上的讲解来学习词汇是不可能掌握大量词汇的,必须积极主动地通过多种方式来不断扩大词汇量,为提高汉语水平打下良好的基础。教师在教学中应让学生明白自主学习词汇的必要性,培养其自学汉语词汇的意识。如,通过各种方式激发学生的词汇学习兴趣,促使他们能够及时复习、识记并使用已经学过的词语。同时,教师还要帮助学生掌握一些词汇学习策略,不断提高其自学汉语词汇的能力,能主动解决在词语学习方面遇到的问题。

语境策略:词语的学习离不开语境,在一定的语境中,词语的意义和用法才会更加清晰。学习者在熟悉某个词形、音、义的基础上,要把单个的词放入到句子中去进一步学习和体会。

猜测策略:在听或阅读时遇到生词是很自然的。这时候,应自觉或不自觉地利用所听到的或读到的材料,通过各种方法推测这个生词的意义。如,利用已知的构词语素去猜测词义,通过上下文来猜测词义,利用自身的知识经验来推知词义等等。尤其是在阅读过程中,学生有较自由、较充分的时间查找、分析线索,教师在教学中要有意识地训练和培养学生利用相关线索猜测词义的能力。

记忆策略:学习者能把新生词与已学旧词建立起某种联系。这种联系可通过词的音、形、义、构词方式等多方面来建立。

归纳策略:利用汉语词汇的系统性,及时对已学词汇进行整理和归类。如利用词语在词义方面的相关性来归纳词语;利用某一个常用语素来归纳词语;利用词语在语法上的共性来归纳词语。

社交策略:通过参与各种以汉语为媒介语的交际活动来学习、记忆以及运用新词。

第四节 词汇教学的任务和基本原则

总之,课堂教学不仅仅是教个别词语的意义和用法,还要培养学生自主学习词汇的意识和策略,只有这样,学生才能提高词汇学习的效率,不断扩大词汇量。教师应把培养学生词汇学习的策略渗透到课堂教学之中,通过各种课堂教学活动潜移默化地帮助他们掌握。

三、词汇教学的基本原则

(一)注重教学词汇的选择和控制

1. 什么是教学词汇的选择和控制?

现代汉语词汇极为丰富,《现代汉语词典》(第6版)作为一部供中等以上文化程度的读者查阅使用的中型词典,收录词条就多达69000余条。再加上课堂教学时间有限,要使词汇教学科学有序地进行,就必须在实施教学之前从众多词汇中选择一定数量的教学词汇,并对不同阶段学习者词汇学习的量和目标词进行相应的界定。教学词汇的选择和控制,就是解决在不同的教学阶段(如初级、中级和高级)或某一个教学时段(如一个学期、一个月、一个星期甚至一个学时等)教什么词和教多少词的问题,主要包括目标词的选取、词汇量的控制、词汇等级的控制、复用式词汇和领会式词汇的选取与控制、词汇重现率的控制等。

目标词的选取就是依据一定的标准和原则从数量众多的汉语词汇中选取对学生有用的词语进行教学。词汇量的控制就是对这些目标词数量的控制,包括达到一定等级的汉语水平需要掌握多少词汇,某个教学时段或某个课型需要学习多少词汇等,数量太多,学习者难以接受;数量太少,不能满足实际需要。词汇等级的控制就是按词语难度和使用频率等分阶段进行词汇教学,选取与各教学阶段相适应的教学词汇,以保证词汇教学循序渐进地进行。

确定好具体的教学词汇、教学词汇量以及词汇等级以后,我们还要对这些词汇进行区分。因为依据一定的标准所确定的教学词汇相对于有限的教学时段和学习时间来说,数量还是比较多的,教学过程中教师不可能花费均等的时间来讲解生词,学习者也不可能学会使用所有的生词。因此,教学词汇的选择和控制还应包括对复用式词汇和领会式词汇的选择和控制,也就是说词汇教学要有轻重主次,对不同的词汇要有不同的教学要求。复用式词汇又称复用式掌握词汇,也就是我们所说的生成性词汇,要求听、说、读、写"四会",即不仅要能"识词",还要能"用词"。领会式词汇指的是能达到领会式掌握的词汇,即听、说、读"三会",听、读"两会",或听"一会"的词语。

最后,教学词汇的控制还包括词汇重现率的控制,词汇重现率就是词语在词汇教学中出现的频率,即重复出现的次数。研究表明,生词重现率对学生的词汇学习具有一定的影响,提高生词重现率能够促进学生的词汇学习。一般说来,新词至少需要6~8次重现才能被初步掌握。因此在教学中我们要设法提高词汇的重现率,并且做到"科学重现",才能帮助学生提高词汇记忆的效果,减少遗忘,在重复中掌握生词。

2. 如何进行教学词汇的选择和控制?

教材是教师组织教学、学生进行学习的基础和依据,词汇教学也要依据教材来进行,教的主要是课本上的词汇,因此,教学词汇的选择和控制主要通过教材来实现。目前,许多对外汉语教材主要依据《汉语水平词汇与汉字等级大纲》(1992)和《高等学校外国留学生汉语教学大纲(长期进修)》(2002)这两个大纲来选取生词并对生词数量和生词等级进行控制。其中,《汉语水平词汇与汉字等级大纲》(以下简称《等级大纲》)在对外汉语教学界影响最大。

《等级大纲》总共收词8822个,分四个等级,其中甲级词1033个,乙级词2018个,丙级词2202个,丁级词3569个。大致来说,甲级词和乙级词是初级词,丙级词是中级词,丁级词为高级词。《等级大纲》的编制主要依据了现代汉语的动态性字词频率统计,同时从教学的实际出发,进行必要的专家干预。在选择词语时,主要从频率统计角度、语言学角度、对外汉语教学的角度、学生学习汉语的角度等综合考虑。

第四节 词汇教学的任务和基本原则

《高等学校外国留学生汉语教学大纲(长期进修)》(以下简称《教学大纲》)中的词汇表收词 8042 个,分为三个等级标准:初等阶段词汇 2399 个(其中最常用为 764 个,次常用为 1635 个),中等阶段词汇 2850 个,高等阶段词汇 2793 个。该大纲对词汇的选择主要考虑外国人学习、使用汉语词汇的常用度以及汉语教学的规律。

以上两个大纲在目标词的定性角度、收词数量和范围上都有一定的差异,在使用过程中也都暴露了一些问题和不足,但在对外汉语教学领域还是发挥了巨大作用,特别是《等级大纲》至今依然是对外汉语教学中比较有权威的一部汉语词表,可以作为我们选择教学词汇的重要依据。一般来说,初级汉语教材中的生词以《等级大纲》中的甲乙级词或《教学大纲》中的初等阶段词汇为主,中级汉语教材则以丙级词或中等阶段词汇为主,高级汉语教材以丁级词或高等阶段词汇为主。如《教学大纲》规定:初级阶段的初级词汇可以达纲≥85%(不少于 2039 个),超纲≤15%;中级阶段的中级词汇可以达纲≥80%(不少于 2280 个),超纲≤15%;高级阶段的高级词汇达纲≥75%(不少于 2095 个),超纲≤15%。

除了以上两个大纲外,在对外汉语教学领域有一定影响的词汇大纲还有《对外汉语教学初级阶段教学大纲(词汇大纲)》(1999)(以下简称《初级大纲》)和《高等学校外国留学生汉语言专业教学大纲》(2002)(以下简称《专业大纲》)。这两部大纲跟《等级大纲》和《教学大纲》以词为单位对词语进行分级不同,都是以义项为单位对词语进行分级。《初级大纲》将初级词汇分为一级词汇和二级词汇,一级词汇 993 个,二级词汇 1711 个。《专业大纲》共收词 7554 个,按照教学年级划分,一年级一级词汇 993 个,一年级二级词汇 1711 个,二年级词汇 2215 个,三、四年级词汇 2635 个。

可以看出,汉语词汇大纲所收词汇数量一般为 8000 个左右,显然这么多词语在初、中、高级学习阶段不可能都达到复用式掌握。根据《专业大纲》的规定,993 个一年级一级词汇全部为复用式词汇;1711 个一年级二级词汇中,复用式词汇为 763 个;二、三、四年级词汇不区分复用式与领会式词汇。《教学大纲》则明确规定在高级阶段应使学习者掌握 1200 个左右的复用式词汇,1600个左右的领会式词汇。

2009年,中国国家汉办组织专家在充分调查、了解海外实际汉语教学情况的基础上,吸收原有HSK的优点,借鉴国际语言测试研究最新成果,推出一项国际汉语能力标准化考试,即新汉语水平考试(HSK)。《新汉语水平考试大纲》的词汇等级改变了原HSK词汇甲乙丙丁四级的划分,而变为六级,总词汇量也有所减少,其中一级词汇量为150个,二级为300个,三级为600个,四级为1200个,五级为2500个,六级为5000及以上。这样的变化主要适应了汉语国际推广的需要,有利于考试规模的扩大,也有利于汉语在海外的推广。当然,这一设计是否合理,还需要经过实践的进一步检验。

总的来看,二语学习中所要学习的词汇量只占该目标语词汇的极小部分,选择哪些词语进行教学要以词频统计结果为基础,同时还要综合考虑汉语教学的实践经验、学生学习和使用汉语的实际需求、构词的规律性等因素。

具体到教材编写,编写者应依据词汇大纲,并根据不同的教学阶段、教学对象以及不同的课程确定目标词汇和词汇量,控制词汇等级。同时,还要注意区分"四会"要求的复用式词汇和"两会"等要求的领会式词汇,合理安排不同词汇的教学内容。目前在对外汉语教学中,综合课(有的称为读写课或精读课)作为主干课程,承担的词汇教学量最大,很多综合课教材都在课文编写中通过注释、词语例解、词语搭配与扩展等说明复用式词汇的意义和用法,如《中级汉语精读教程》(第二版)(赵新、李英主编,北京大学出版社,2010年)在每篇课文里都安排了"重点词语学习"部分,选取课文中出现的10~12个常用词语,较详细地举例说明其用法,帮助学习者达到复用式掌握。在课堂教学中,教师就需要对这些词语进行重点讲练。

对词汇重现率的控制主要是通过教材编写和课堂教学来实现。在教材编写中,要注意在单部教材编写中采取多种手段提高词汇的出现次数,如在课文语料中重复出现生词,在生词表中尽量用已经学过的生词来解释词义,在重点词语的学习或语法点的学习部分通过例句来重现生词,还可以在练习题和副课文中重现生词。此外,还要注意通过编写同一教学阶段不同课型的系列教材来科学重现生词,如编写初级读写教材、口语教材和听力教材,注意使一些常用的基础词汇在多个课型、多种教材间重现。教学中一般读写课的课时量多,生词会先在读写课中出现,再在听力课和口语课中出现,这样有助于学生对常用词汇的学习和掌握。

课堂教学对生词重现率的控制主要通过不同的教学环节和教学方式来实现,本书第五节将对此作详细论述。

(二)注重发挥语素和构词法在词汇教学中的积极作用

汉语词的构造单位是语素,许多单音节语素可以单独成词,而语素跟语素又可以按照一定的构词方式组合成合成词,合成词的意义大多与构词语素的意义存在一定的联系,可以依照语素义去推求和理解,具有很强的理据性。因此学习者只要掌握一定数量的语素和构词法,就可以举一反三、触类旁通,能更好地理解词义,并迅速扩大词汇量。

1. 如何发挥语素和构词法在词汇教学中的积极作用?

要发挥语素和构词法在词汇教学中的积极作用,必须重视并开展一定的语素教学。

语素教学就是利用语素在合成词中的积极作用,将词和语素的学习结合起来。在教学中,不但要讲练目标词语的意义和用法,还要将语素构成词的规律教给学习者,通过语素义解释词义,并利用语素引导学生扩展词汇、猜测词义,以帮助学生记忆并理解生词,迅速扩大词汇量。

在不同的教学阶段,语素教学的侧重点是不同的。

2. 在初级阶段,如何开展语素教学?

在初级阶段的语素教学中,构词能力强且能独立成词的单音节语素是教学的重点,它们是学习者学习、积累、扩大词汇的基础。在教学中,教师可利用汉字的形义关系和形音关系帮助学生认识和掌握这些单音节词的义和音。如"推、拉、打"等词都包含表意部件"扌",教师可引导学生通过

"扌"认识到这些词的意思都与人的手有关系;"妈、骂"的读音与表音部件"马"基本相同,教师可以引导学生直接通过这一表音部件了解词的读音。在学生掌握了这些单音节词的基础上,教师可将它们作为词根与别的语素组合成若干常用词教给学生,如学生学习了"国",教师可把它组合成"中国、国家、外国、出国"等词,学生可以根据自己的能力和需求自由吸收。

在具体教学过程中,语素与合成词的教学需同步进行,要让学生感受汉语词汇的生成规律,明确复合词所具有的可分解性。如,学生学会"商店"这个词后,教师可将词分解为"商"和"店",把分解出来的语素再与其他一些常用语素组合成新的常用词"商品、商场、书店、药店",并稍作解释。再如,"老师、作者、演员"等合成词,其中的语素"老、者、员"常用作构词成分,教师可将它们分解出来进行教学。这样,学生通过词义去认知语素义,再通过语素义认知词义,词和语素的学习同步进行,从而使学生对词的理解更深刻、更透彻。同时学生在习得汉语词语的过程中也可以感悟汉语词语独特的"缀字成词"的构成方式,培养其自学汉语词汇的能力。

在初级阶段,通过对合成词的分解教学可以让学生先认识附加式,复合式中的定中式、联合式、述宾式等构词法,因为这些构词法使用频率高,容易为学习者理解和掌握。在对合成词进行分解时,教师还可以选择那些语素义能显示词义的合成词进行词义分析,如"兄弟"可以分解为"兄十弟",即哥哥和弟弟;"病房"可以分解为"病十房",即病人的房间,也就是医院里病人住的房间。

3. 在中高级阶段如何开展语素教学?

中高级阶段的语素教学应主要抓好三个方面的内容:

首先,巩固和深化初级阶段所学的汉语构词法,并介绍状中式、述补式、主谓式等构词法,让学生的知识更系统全面。由于构成词的两个语素间的关系比较紧密,不容易看出其类型,在教学中我们可以把词扩展成短语,让学生通过短语的类型来明确词的构成方式。如"课桌"扩展为"上课的桌子","火红"扩展为"火一样地红","提高"扩展为"提得高","私营"扩展为"私人经营"。教师还可以根据学生的水平适当进行知识性讲解。

其次,利用语素分析法对复合词进行词义分析。语素分析法也叫分解法,就是对构成复合词的语素意义进行逐一解释或只解释其中的个别语素。如对"面试"中的两个语素进行逐一解释,"面"就是"面对面地","试"就是"考试","面试"就是"面对面地考试";解释"淡水"的词义,就只需要解释"淡"的意义,"淡水"就是"含盐极少的水"。在中高级阶段运用语素分析法还可以对那些词义是语素义的比喻用法或借代用法的复合词进行词义分析,如"手足、风雨、心酸、吹牛、嘴硬、眼红、背景"等;还可以对含有共同语素的近义词进行词义辨析。

再次,利用语素适当扩展学生的词汇量。中高级阶段的学习者已经具有一定的汉语词汇量,通过语素教学扩展词汇是提高学习效率的有效手段。常用的扩展方法有添加法、替换法等。如学习了"味",教师可以利用学习者已经学过的词语扩展出"酸味、甜味、咸味、苦味、臭味";学习"深度",通过分解释义,学生明白了"度"的意思,教师可用替换法,帮助学生认识"高度、广度、难度、热度、宽度"等一系列偏正结构的名词。但语素的扩展是有一定限制的,即语义的扩展受一定语义场的限制,受共同语素的限制,受学生接受能力的限制,也要受到教学时间的限制。如语素"车"的扩展空间就相当大,但在组织课堂教学时不宜扩展为"车间、风车"等,这已经超出了"车"作为交通工具的语义场;也不宜扩展为"叉车、铲车"等词,因为语素"叉"和"铲"很可能都没有学过。

在具体的教学中,以上几方面的内容是紧密联系在一起的。

虽然语素和构词法在词汇教学中具有积极作用,但语素教学也不是万能的。汉语中存在大量多义语素,而且语素类型丰富,独立成词能力和构词能力差别很大。这些因素都会影响学习者对复合词的理解和掌握。有的语素构词能力弱或语义透明性差,如"疲惫、小说"等,就很难将其分解进而利用语素进行教学。因此,语素教学要有针对性,在具体实施过程中,不能生搬硬套,不能过分强调语素的作用而忽略整词教学的作用。

(三)注重结合具体语境进行词汇教学

1. 在对外汉语词汇教学中,需要注重什么样的具体语境?

语境就是语言使用的环境,它包括语言因素,也包括非语言因素。上下文、时间、空间、情景、对象等与言语有关的都是语境因素。在对外汉语教学中,语境一般指上下文语境和情景语境。

"上下文"是一个宽泛的概念。在一段话或一篇文章中,出现在某个词语之前或之后的词、短语、句子等,都是该词语的上下文。可以说,词、短语、句子、语段等都可以是某个语言单位使用时的上下文语境。如,"凭"可以跟其他一些词语组合搭配成"凭票入场、凭学生证买票"等结构,这是"凭"使用时的短语语境;而"他这几天神神秘秘的,不知道在忙些什么"则是"神秘"使用时的句子语境。

情景语境范围很大,一般指说话时所涉及的时间、场所、背景、参加者、交际话题、交际目的等。如,当别人让你做你不愿意做的事情时,你可能会对他说:"我不想做,别勉强我。"这是"勉强"使用时的情景语境。在课堂教学中,情景可以是真实情景,更多的则是模拟情景和想象情景。

2. 为什么在对外汉语教学中必须注重结合具体语境进行词汇教学?

语境对词汇教学有着重要的意义。词语的意义和用法只有在具体的上下文或情景中才能明确,特别是多义词、意义比较抽象的词语以及易混淆词语,如果缺少具体语境,学生往往很难理解和掌握。

多义词的意义复杂,如词典中"好"的义项就超过了10项。在课堂上复习和归纳这些多义词的常用义项时,如果只是像词典一样将多义词的义项一一罗列或说明,教学不仅单调枯燥,学生也难以理解其复杂的语义和用法。这时可以将多义词与不同的词语搭配,组成不同的短语,如"成绩好、好朋友、身体好、准备好了、不好回答、好漂亮、好几个"等等,引导学生在短语中感知"好"的不同意义和用法。在教学中利用不同的句子也可以显示多义词的不同义项,如:

第四节　词汇教学的任务和基本原则

水很深,你不会游泳,别下水。

他们俩是多年的老朋友了,感情很深。

夜深了,快睡觉吧。

这件衣服颜色太深了,你应该穿颜色浅一点的衣服。

给你增加了很多的麻烦,我们深感抱歉。

这本书内容很深,我看不懂。

在以上例句中,"深"的意思是不相同的。教师利用这些具体典型的例句,可以帮助学生正确理解"深"的各个义项。

意义抽象的词语特别是虚词,更需要在具体的语境中去理解它的意义和用法。如学习"既然",如果教师参照词典的解释,告诉学生"既然"是连词,用在上半句话里,表示"先提出前提,而后加以推论",学生往往会觉得深奥难懂。如果把"既然"仅仅放在一个单句"既然来了,咱们就好好儿玩几天吧"里,学生可能还是会觉得模糊不清,不明白到底什么时候要用"既然"。这时,可以把"既然"放在一个更大的语境中,如一个简短的对话里:

A:没想到这个地方条件这么差,真不应该来这里旅游。

B:现在说这些有什么用?既然来了,咱们就好好儿玩儿几天吧。

A:那也只能这样了。

通过上面的对话,学生能比较自然地领会"既然"的语义和使用条件:"既然"强调的是一个事实,是已经发生或出现的情况,说话人根据这个情况提出自己的想法、建议。

近义词是学习者词汇学习中的难点,学习者最感困惑的地方是:这些近义词有什么不同?能不能互相替换?什么时候不能替换?什么时候可以替换?替换后意义有无改变?因此抽象的语义辨析和说明对学习者毫无用处。教师应利用词语搭配和例句,让学生在不同的语境中发现和体会近义词之间的区别。如"参观"和"访问",我们可以利用它们跟不同词语的组合搭配来明确各自的词义和用法:

参观中山大学/电视机厂	√	访问中山大学/电视机厂	√
参观中国/上海	×	访问中国/上海	√
参观你的新房子/汽车展览	√	访问你的新房子/汽车展览	×
参观一位工人	×	访问一位工人	√

  从上面的短语可以看出,"参观"和"访问"都可以表示"为了解情况去某个地方察看",宾语都可以是具体的单位。但"访问"的对象还可以是人、国家或城市,"参观"的对象还可以是具体的事物或活动。通过对这些组合搭配的对比分析,教师可以引导学生发现"参观"和"访问"的语义差异:"参观"强调"看",是去看某个地方和当地的各种东西;"访问"强调"交流",是去某个地方并跟当地的人见面交谈。

  短语和句子往往能为我们辨析近义词提供线索和根据。不过,有时单靠这些语境还不能完全显示近义词之间的差异,这时就需要设置更大的语境。如"他不一定在家"和"他说不定在家"这两个句子意思上的差异就需要更大的语境才能显示:

  他不一定在家,我们别去他家了。
  他说不定在家,我们去他家看看吧。

  通过补充下文,学生很容易理解"不一定在家"和"说不定在家"的语义差异了。

  词汇的讲解离不开具体的语境,词汇的操练也常需要一定的上下文和情景。比如,当学生已经基本理解"说不定"的意义后,教师如果简单地让学生用它来自由造句,学习者一时找不到话题而经常出现冷场局面,即使学生说出一个句子,有时也难以判定他是否真正掌握了这个词语。如学生说出"今天说不定下雨"这个句子,由于缺少上下文和情景,教师难以判定这个形式和内容上都正确的句子是否意味着学生已经学会使用"说不定"了。这时,教师如果追问学生:"你会在什么情况下说这句话?"即让学生说出使用这个句子的情景——"今天很可能下雨,建议同屋出门带伞"等等,这既可以明确学生对"说不定"的掌握情况,又能加强师生互动,活跃课堂

第四节 词汇教学的任务和基本原则

气氛。对一些重点或难点词语,教师常通过设置语境来组织学生进行操练。小的语境如教师说上半句"我觉得他说得有道理",让学生用"不妨"说下半句;教师提出问题"你们的口语课上得怎么样",让学生用"气氛"回答。大的语境,如"朋友应聘时落选了,心情很不好,你会对他说……",引导学生使用"想不开"等等。这种情景的设置,实际上是提供了词语使用的条件,强调了词语的使用范围,因而有利于学习者进一步领会和把握词语的意义和用法,在理解的基础上能自由运用词语。

此外,有些上下文语境提供了词语的语义信息或语义线索,如"去外滩、吃萨其马"等搭配可以提示学生:"外滩"是地点,"萨其马"是食物。这样的生词不需要教师作过多的讲解。再如学生在阅读中看到这样的句子:

你疲倦了就休息,不要累着自己。

"疲倦"是生词,但通过后面的"休息"和"不要累着自己",学生可以推测"疲倦"就是很累的意思。在阅读过程中,学生有比较充分的时间查找、分析上下文线索。在教学中,教师应指导学生利用这些语境线索来推测词义,摆脱对词典的依赖性,从而培养学生自学汉语词汇的意识和能力。在听力课上,学生也常常会听到这样的信息:

男:听说你去了沿海地区的一个风景区,那儿漂亮吗?
女:我觉得没有什么特色,跟别的风景区没什么不一样。

"特色"是生词,但根据其后面的句子"跟别的风景区没什么不一样",学生可以推测出"特色"的大概意思。听与读一样,有些内容不需要逐句逐词都弄懂才能理解,因此在听力课教学中,教师要训练学生抓关键、跳障碍的技巧,利用上下文语境线索来猜测生词并理解听力材料就属于这样的技巧。

总之,语境使词语的意义和用法更加明确。在词汇教学中,教师应将生词放入上下文或尽可能真实的情景中进行讲解和操练,并抓住上下文语境训练学生推知词义的能力。这样的教学有利于学生理解和掌握词语的意义和用法,对于增强师生互动、活跃课堂气氛、激发学生学习兴趣也都有积极作用。

（四）注重在词汇教学中有针对性地采用不同的教学方法

1. 为什么需要注重在词汇教学中有针对性地采用不同的教学方法？

要搞好词汇教学，并能收到较好的教学效果，首先必须明了不能只用一种教学方法，需针对不同情况采用多种教学方法。教学实践告诉我们，在词汇教学中具体选择什么样的教学方法和教学手段会受以下多方面因素的影响：一是词汇教学本身的难易和轻重主次之分；二是语言教学不同的课型之分；三是语言教学的阶段层级之分；四是教学对象差异之分。具体采用什么样的词汇教学方法，必须考虑上述四方面的因素。

2. 词汇教学的难易和轻重主次之分如何影响具体的词汇教学方法？

如前所述，词汇学习有难有易，词汇教学也有轻重主次之分，不同的词汇有着不同的教学要求，因此教师所采用的教学方法也会有所不同。对于领会式词语，教师可少花力气；对于复用式词汇，特别是其中的重点词汇，教师则应精讲活练。

领会式词语，有的只要求会读，能了解它们在不同词语搭配中的意义，教师只需结合搭配对其音义稍作说明即可；还有一些词只要了解其在文章中的意思，能看懂就行，教师不必单独将它拿出来讲练。

复用式词语一般都是词汇教学的重点，因为复用式词语都是交际中常用的、使用频率较高的词语。但是，不是所有的复用式词语都是重点，有些复用式词语意义并不复杂，容易掌握，如"以前、颜色、相信"等，教师可以少讲解，多让学生操练；只有那些意义和用法复杂的复用式词语才是教学的重点，需要运用恰当的方法和手段进行讲练。

3. 语言教学不同课型之分如何影响具体的词汇教学？

目前，一般都采用分课型进行教学的模式。初级阶段有读写课（或称为综合课）、口语课、听力课，这一阶段后期加开阅读课。中高级阶段开设有精读课（综合课）、泛读课（阅读课）、听力课、口语课、写作课等。这些课程是听说读写的综合训练课或单项技能的强化训练课，不同的课程有不同的课型特点和教学任务,教学方法当然也因此存在差异。

第四节 词汇教学的任务和基本原则

就词汇教学而言,各课程都跟词汇的输入与输出有关。阅读课和听力课侧重词汇的输入即理解,目的是扩大阅读词汇量和能听懂的词汇量;口语课和写作课的词汇教学侧重词汇的输出即运用,目的是提高学生在写作中和口语表达中的词语运用水平;综合课则是输入和输出的结合,承担的词汇教学任务最重。

阅读课和听力课这类输入型课程侧重训练学生的阅读或听力技能,学生在听读过程中有意或无意地学习、积累词语,扩大词汇量,在教学中就不应过多地纠缠于生词,避免因生词障碍影响阅读或听力过程的连贯性。具体来说,针对那些对理解内容十分关键、影响听读连贯性的生词,或是学生完成语言交际任务所需要的生词,教师可以利用课文中的上下文专门讲练生词,但要注意点到为止,不需要扩展生词在课文之外的其他意义和用法;对于那些可以通过上下文或语流信息猜测意思的词语,教师则不必讲解,而是引导学生利用这些线索推知词义;像人名、地名等专用词语或一些使用频率很低的词语,对内容的理解不会造成太大影响,教学时可以忽略,或学生只作一般性的了解(如只需了解这个词语是地点、人名还是食物等)。

在阅读课上,有时也需要集中一些词语专门进行学习,词语学习是阅读的主要目的,这时教师应侧重训练学生的词汇学习策略,如根据构词成分推测词义,根据上下文猜测词义。

相对来说,阅读所需要的词汇量大,而听的词汇量要小;阅读时能看懂的词语,听的时候不一定能听懂。在听力课教学中,教师就要注意安排有效的、旨在练习听词语的听力训练,训练学生听懂那些能看懂但还听不懂的词汇,如听辨练习、听后模仿跟读、听写练习等,以扩大听所需要的词汇量。

口语课和写作课这类输出型课程侧重训练学生运用汉语进行表达的能力。从词汇的角度看,学生口语表达或书面表达能力不强的原因通常有两个方面:一是他们没有足够的用来进行口语表达或书面表达所需要的词汇量;二是他们通过读或听的训练,已经掌握了一定数量的词汇,但这种掌握是理解性的,还不能主动运用。因此,在口语课和写作课上,词汇教学有两个基本任务:第一是通过教学扩大学生口语表达或书面表达所需要的词汇量;第二是把学生已掌握的理解性词汇知识转化为生成性词汇知识,也就是在理解的基础上能自由运用词语。由于这类课程词汇教学的最终目的是为了表达,所需要讲授的生词并不多,生词的教学大都要结合一定的上下文和情景来进行。

综合课承担的词汇教学任务最重,词汇教学是综合课的重要教学内容之一。由于词汇教学量大,词汇教学特别要注意区分轻重主次,不能面面俱到。这在前面的论述中已有详细探讨。

4. 语言教学的阶段层级之分如何影响具体的词汇教学方法?

语言教学大体可以分为三个阶段,即初级阶段、中级阶段和高级阶段。不同的教学阶段,教学目标不同,词汇教学的侧重点和方法也有所不同。

在初级阶段,学习者首先接触的基本上是日常生活中最常用的词语。这些词语跟学习生活关系密切,学习难度不大,他们的基本意义和主要用法也比较容易理解和识记;加上这一阶段还承担着语音、汉字的入门学习以及较重的语法项目学习,因此词汇教学占用的时间相对不多,教学词汇量相对不大,但要求学生所掌握的程度更高(基本上要求复用式掌握)。由于学习者汉语水平较低,教师可利用的词语不多,这一阶段的词汇教学应多运用比较直观的实物、图片或图画、身体动作或表演以及举例等方法来解释词义,并尽可能提供可理解的语境对词语进行操练。

中级阶段是一个连接初级阶段和高级阶段的重要过渡阶段。此时学习者已掌握了2000~3000的词汇,大多可运用汉语进行简单实用的表达,但同时也面临着更大的困难与挑战。一方面,他们不满足于基本交际,但一旦进入更深层次的交际,又苦于词汇量的限制而无法自由表达;另一方面,他们对初级阶段词汇的学习和掌握并不十分理想,加上所学课程增多,要学习的词汇增多,词汇学习的难度也增大,学习者往往会感到难以应付。于是这一阶段的学生常常会出现自我感觉汉语能力停滞不前或进步缓慢的"高原期"现象。能否有效地开展词汇教学,迅速扩大学生的词汇量,是

第四节 词汇教学的任务和基本原则

这一阶段教学的关键。在词汇教学中,教师要注意以下几点:

第一,在讲练生词的同时要帮助学生复习巩固已学旧词。如选用学生已学词汇来讲解生词;利用汉语词汇的系统性,将生词跟已学旧词联系起来。同时关注易混淆词语特别是近义词在语义用法上的差异及辨析对比,尽量减少和避免受已学词语的干扰而造成的词语使用偏误。

第二,这一阶段词语的意义和用法更为复杂,词语的讲解较少运用比较直观的形象释义法,而是更多地利用例句和情景引导学生理解词义并掌握词语的语法特征和使用条件。同时由于词汇教学任务重,教师要特别注意教学词汇的选择和控制。

第三,以义项为单位进行词汇教学,及时归纳整理多义词的常用义项。学习者在初级阶段学习的词语,并没有学习词语的所有义项,如学生在初级阶段学习"欣赏",能理解"欣赏美丽的风景、欣赏球赛",但并不一定知道"我很欣赏你"的意思。进入中级阶段以后,教师一方面要在旧词旧义项的基础上补充新义项,扩展学生原有的知识;另一方面要直接以义项形式来对所学新词语进行释义讲解,注意义项的选择和控制。如课文中出现生词"勉强",意思是"能力不够,还要尽力去做",但在词典中"勉强"还可以表示"不是心甘情愿的""使人做他自己不愿意做的事""牵强;理由不充分""将就;凑合"等4个义项。教师首先应该结合课文内容讲解"勉强"的意思和用法,在此基础上再根据"勉强"其他义项的常用性和学生的接受能力等,适当补充其他义项,像后两个义项相对较少使用,就不宜在教学中补充。

第四,适当传授语言知识,开始有意识地培养学生的语素意识和构词法意识,帮助学生了解汉语词汇系统的特点以及词汇学习的一些策略,不断提高其自学汉语词汇的能力。

进入高级阶段,学生的领会式词汇量超过了4000,因此他们能在交际中使用较多的词汇,但还远未达到在各种交际场合能准确自由地使用的水平。这一阶段的教学词汇量进一步增大,学习者不仅要重点学习高级阶段的词汇,还要巩固、复习已经学过的旧词语,学习已学旧词的新意义和新用法;同时,成语、惯用语等固定短语和其他具有丰富的汉民族文化内涵意义的词汇也大大增加。因此高级阶段的词汇教学应在中级阶段词汇教学的基础上,继续复习巩固并深化所学旧词,注重易混淆词语的对比分析,加强利用汉语词汇的特点和系统性来讲练生词、归纳词汇,帮助学生尽快建立汉语心理词典,提高其语言学习能力。相对来说,高级阶段的词汇教学更强调在语段和语篇中理解和使用词语,注意通过具体语境引导学生了解词语所负载的社会文化意义,帮助学生熟练得体地运用词汇进行表达。

5. 教学对象的差异如何影响具体的词汇教学方法?

教学方法要因人而异。汉语教学的对象存在很多个体差异,如年龄差异、语言背景的差异、学习目标和学习能力的差异,还有性格、受教育程度等方面的不同,这些都会对教师采用的教学方法产生影响。其中,儿童与成人、汉字文化圈的学生与非汉字文化圈的学生,在习得汉语词汇过程中表现出来的认知规律和学习特点差异明显,在教学时如果不考虑这些差异,势必会影响词汇教学的效果。

(1) 针对成人与儿童的词汇教学

目前国内的汉语教学对象大都是成人。成人的思维活动、心理活动都已成熟,理解能力强,对自己的母语有着从感性到理性的科学认识,有的对语言学理论也有一定的了解。他们在学习汉语时,往往不满足于只是知其然,还要知其所以然。"他们善于类推,精于比附,故而难免把已知的语言规则的某些部分用于学习之中。"[①]因此教学时应适当给他们传授汉语词汇知识,帮助他们了解汉语词汇的特点和系统性,培养和提高汉语的语言意识与语言学习能力。

国外的汉语教学对象有很多是儿童或中小学生。儿童跟成人不同,他们的认知水平有限,思维能力尚待发展,缺乏独立学习的能力,母语的发展水平也尚未成熟。因此他们不擅长学习系统性和规律性的知识体系,在课堂上对教师及教学活动的依赖性较强,而且自控能力差,注意力集中时间有限。但儿童在第二语言学习上具有先天的优势,他们性格外向,模仿能

[①] 赵金铭(2001:7)。

力强,容易接受新事物。针对儿童的特点,汉语词汇教学就要突出趣味性和形象性,避免抽象的理论学习,将游戏、娱乐跟有计划、有组织的课堂教学有机结合起来,着重培养他们的听说读写等语言交际技能。

(2) 针对汉字文化圈和非汉字文化圈的学习者的词汇教学

汉字文化圈包括使用汉字或曾经使用汉字,并承袭汉字文化的民族与国家,代表国家主要是日本和韩国。目前日语中还保留着为数众多的汉字和汉语词汇,其中有一些跟汉语词汇存在着同形同义或近义的关系,如"千、万、感謝、太陽"等;韩语中也有大量来源于汉语的词汇,虽然书写上基本不再使用汉字,而改用韩文字母,但仍有部分韩语词汇跟相应的汉语词汇发音相近意义相同,如"산(山)、준비(准备)、방문(访问)"等。这为日韩学生学习汉语词汇提供了有利的条件,相对于欧美学生,日韩学生在汉语学习的初级阶段理解和掌握生词并不费力。但是日韩语言中存在的汉字词对日韩学生学习汉语也会产生不利影响,因为这些汉字词跟汉语里相对应的词语并不完全相同:

意义相同,词形不同。如"紹介(日)—介绍(汉)、食器(日)—餐具(汉)"等。

词形相同,意义不同。如汉语的"便宜"在日语中表示"方便、权益"的意思,汉语的"放学"在韩语里表示"放假、假期"。

词形相同,但语义异同交错。如"借",汉语既表借出又表借入,日语只表示借入,汉语"借"的意义范畴大;"時候"在汉语和日语中都表示时间、时刻,但日语的"時候"还有"季节、时令、气候"的意思,日语的"時候"意义范畴大;"不便"在汉语和韩语里都可以表示不方便、不适宜,但汉语的"不便"还可以表示缺钱用,韩语的"不便"还可以表示不舒服,词义部分重叠。

以上这些同中有异、异中有同的情况容易对日韩学生造成干扰,导致他们在理解和运用汉语词语时出现偏误,并影响他们汉语水平的进一步提高。因此,针对日韩学生的汉语词汇教学就要注意扬长避短,充分发挥日韩学生学习汉字和汉字词的优势,一方面鼓励他们借助汉字词迅速掌握大量汉语词汇,另一方面要有针对性地比较汉语词语与日韩语言中汉字词之间的差异,避免汉字词造成的"负迁移"。同时要将词汇教学重点放在词语用法的讲解和训练上,在教学中多给学生设计词语可能出现的语言环境,而不仅仅局限于对单个词语词义的讲解。

相对日韩学生来说,欧美等非汉字文化圈的学生在汉语词汇学习方面困难更多。汉字是表意文字,汉字的形音义之间存在着密切关系。而以英语等拼音文字为母语的欧美学生熟悉的是用字母拼写单词的思维模式,在他们的心目中,字母与单词之间只有声音上的联系,字母的形体与单词的意义毫不相关。他们很难像中国人那样,看到一个汉字,就能马上联想到它的声音和意义,他们不习惯将汉字的形体和它的声音以及所表示的意义联系起来。汉字因此成为他们学习汉语词语的一大障碍。与此相关的是,欧美学生对汉字及汉语词汇的构成缺乏理性的了解,因为他们母语中的词一般是多音节的,"所以他们在学习汉语中以双音节词为主的多音节词时,就容易采取整体理解、整体记忆的方式,他们不甚了解也不习惯汉语复合词的可分性,一般不会再把组成词的几个字拆开记忆"[①]。如,他们认为"农民"就是 peasant,而不会拆成"农+民"。这种认知特点使本来有理据的词语在学生的头脑中完全成为无理据的组合,增加了汉语词语的学习难度。

针对欧美学生的特点,汉语词汇教学首先应加强汉字知识的教学。这种教学不是简单的理论讲解,而是将相应的知识融入识字、书写汉字的训练中,引导学生逐步养成部件意识,正确认识汉字的特点,了解汉字结构内部的理论规律。由于词语的意义往往和字义有着密切关系,讲解汉字的结构规律有利于学生学习和掌握词义。

其次,加强词语的理据教学,培养学生的语素意识。在讲解词语时,要将那些理据性强的复合词拆开来讲,让学生明白具有整体意义的合成词是由两个或多个有独立意义的语言单位(语素)按一定的语法规则构成的。这样,由整体词义到构词语素的意义,由语素义再到整体词义,学生不仅对词语的认识更加深入和理性,而且还能逐渐形成语素意识,降低词汇学习

---

① 参见陈绂(1996:104)。

的难度。

再次,加强词汇对比教学。汉外词汇对比在汉语词汇教学中是十分必要的,对欧美学生来说显得尤为重要。目前的很多汉语教材对生词的解释往往采用汉英对译方式,这容易使学生产生英语和汉语的词汇存在一一对应的观念,在汉语学习很长一段时间里都难以摆脱母语词汇的影响,经常出现"见面他、开你的嘴、漂亮的歌"等受母语干扰引起的偏误。因此在教学中,我们要加强英汉对应词语在语义、搭配、语用等方面的比较,引导学生深刻地认识到不同点,逐步摆脱对母语的依赖性。

思考与练习

1. 词汇教学与词汇学习之间有什么关系?
2. 以下是一篇初级精读课课文的生词,请你从词汇的特性方面来分析这些词汇的学习难度,确定词汇教学的重点,并说明如何在教学上降低词汇学习的难度:

好吃(形)	味道(名)	北方(名)	节(名)	客人(名)
南方(名)	米饭(名)	面食(名)	对……来说	种(量)
重要(形)	食品(名)	麻烦(形)	少(形)	馅儿(名)
花(动)	超市(名)	速冻	想(动)	的话
袋(量)	偷懒		大家(代)	热闹(形)	有意思(形)

3. 举例说明口语课和听力课的词汇教学的不同。
4. 以不同学习阶段的综合课(精读课)课文为例,说明不同阶段的词汇教学内容和教学要求存在哪些不同。
5. 从词汇教学的角度来看,你认为是否有必要根据汉字背景的有无对初学者进行分班教学?
6. 在汉语词汇教学中如何开展语素教学?请举例说明。

深度阅读/参考文献

陈绂（1996）谈对欧美留学生的字词教学，《语言教学与研究》第 4 期。

方绪军（2008）《对外汉语词汇教与学》，北京师范大学出版社。

洪炜（2011）语素因素对留学生近义词学习影响的实证研究，《语言教学与研究》第 1 期。

胡明扬（1997）对外汉语教学中语汇教学的若干问题，《语言文字应用》第 1 期。

胡晓清（2001）《对外汉语教学与教材研究论文集》，华语教学出版社。

刘富华（1998）HSK 词汇大纲中汉日同形词的比较研究与对日本学生的汉语词汇教学，《汉语学习》第 2 期。

刘珣（2002）《汉语作为第二语言教学简论》，北京语言文化大学出版社。

柳燕梅（2002）生词重现率对欧美学生汉语词汇学习的影响，《语言教学与研究》第 5 期。

陆俭明（2001）对外汉语教学中要重视词汇教学，戴昭铭、陆镜光主编《语言学问题集刊》第一辑，吉林人民出版社。又见陆俭明著《作为第二语言的汉语本体研究》，外语教学与研究出版社，2005 年。

吕文华（2000）建立语素教学的构想，《第六届国际汉语教学讨论会论文选》，北京大学出版社。

孟柱亿（2006）韩汉两语中的误导词——蝙蝠词，孙德金主编《对外汉语词汇及词汇教学研究》，商务印书馆。

彭小川（2003）论"精讲活练"，《语言教学与研究》第 1 期。

全香兰（2006）韩语汉字词对学生习得汉语词语的影响，《世界汉语教学》第 1 期。

万艺玲（2010）《汉语词汇教学》，北京语言大学出版社。

杨捷（2006）对外汉语语素教学的实施策略，《语言文字应用》第 2 期。

张捷鸿（1996）对外汉语高级阶段的词汇教学，《山东师范大学学报》（人文社会科学版）第 5 期。

赵金铭（2001）对外汉语研究的基本框架，《世界汉语教学》第 3 期。

赵金铭（2004）《对外汉语教学概论》，商务印书馆。

周小兵（2009）《对外汉语教学入门》（第二版），中山大学出版社。

I. S. P. Nation（2004）Teaching and Learning Vocabulary（《英语词汇教与学》），外语教学与研究出版社。

第五节　课堂上的词汇教学

【内容简介】　一般来说,课堂上的词汇教学环节通常包括生词的展示、生词的讲解和生词的巩固。教师需要结合课文内容和语法点的教学,科学灵活地安排一课书的词汇教学。教材是教师组织教学、学生进行学习的基础和依据,在对外汉语教学中,教学词汇的选择和控制主要通过教材来实现。但教材内容和教学内容并不是等值对应,在具体的课堂教学中,教师还要从多方面对教学词汇进行选择和控制。教师要根据教学内容和教学对象等灵活运用各种技巧方法对生词进行展示、讲解和巩固。

一、课堂上的词汇教学环节

(一) 课堂上的词汇教学包括哪些环节?

一般来说,课堂教学是以教材中的一课书为一个教学单位,词汇教学是其中一个重要的教学环节。而一课的词汇教学又包括一个个小的教学环节或教学步骤,这些小的教学环节有:生词的展示、生词的讲解和生词的巩固。

生词的展示就是把要教的词语通过适当的方式介绍给学生,并让学生认读,从而使学生对所要学的词语的书写形式、读音、意义有所感知和了解。

生词的讲解包括对其词义和用法的讲解,这是词汇教学中最重要的一个环节。

生词的巩固是在学生初步了解词汇的音形义和用法的基础上进行的,它是词汇教学必不可少的环节。在这一环节,教师从不同的角度对所学词语进行归纳和练习,让学生反复操练,反复实践,以强化记忆,加深学习者对词语的理解,最终达到熟练掌握并运用自如的目的。

当然,在实际的教学实践中,我们不可能将这三个小环节截然分开,而是交叉进行。可以逐个生词展示,并进行讲解和练习;可以几个词一起分组展示,然后讲解并练习;也可以将整课生词综合展示,再逐一讲解和练习。初级教学多使用逐一展示和分组展示,中高级阶段则较多使用分组展示和综合展示。

(二) 在一课书的教学中如何安排词汇教学?

课堂上的词汇教学并不等于生词表的教学。由于综合课承担的词汇教学任务最重,这里就主要以综合课为例来谈谈这个问题。

汉语综合课既要对学生进行听说读写等各项技能的综合训练,又要教授汉语的语音、词汇、语法、文化等知识。具体到综合课的一课书,通常包括引入新课、学习生词(生词表)、讲练语言点、讲练课文、归纳总结、练习等教学环节。其中初级阶段的语言点以汉语的基本句型为主,语言点的讲练一般在课文讲解之前进行,也可以与课文讲练结合起来进行;中高级阶段的语言点主要包括重点词语、句式、语法结构等,一般与课文讲解结合起来进行,有的也可以在学习课文以后单独讲练。总的来说,综合课的教学内容复杂,生词、语言点和课文的学习很难截然分开,词汇教学不限于对生词表的专门学习,还包括结合句型(或语言点)、课文的学习复习生词并讲练重点词语,以及利用课本中的练习帮助学生进一步巩固所学词汇。

1. 生词表的讲解

生词是学生接受新的语言知识,接受新的语言技能项目训练的起点。

生词表较为集中地展示出学生学习过程中可能遇到的生词障碍，因此有必要在课堂上根据课文内容和生词的特点进行针对性地讲解，并提供有效的记忆方式，让学生熟悉生词，对一个个看似一盘散沙的词语有一个基本的认识。

　　初级阶段综合课生词不太多，课文也不长，一课书的教学时间通常为4课时，生词表的学习基本上可以在一课时内通过生词的展示、讲解和巩固三个环节来完成。由于初级阶段的词语大都是常用的基础词汇，基本上要求复用式掌握，学生仅仅依靠生词表的学习还不能全面掌握所学生词。因此教师还要结合语法点和课文的学习展开词汇教学，以加深学生对词汇的理解和记忆，并引导学生正确使用词汇。个别意义比较抽象、学习难度较大的生词如果在课文语境中清楚地显示出其意义和用法，也可以放在课文的串讲环节中进行讲解和操练。

　　中高级阶段的综合课课文长，一课书的教学时间多为6课时甚至更多。教学时，教师通常根据教学时间以及语言点、词汇量等因素，将课文切分成意义相对完整的两三个部分进行教学，生词表的学习也可相应地切分为两块安排在不同的课时内完成。这样整课书的教学内容就切分为：生词1→课文1及语言点1→生词2→课文2及语言点2……，其间穿插对所学内容的归纳总结和练习。当然，生词1和生词2的学习也可以合并在一起完成，但要注意的是无论怎么安排，每次两课时的教学时间，生词表的学习都宜控制在一课时内，总的教学时间不宜超过两课时。因为，从"识词"到"用词"是一个词汇知识不断发展的连续过程，词汇教学内容太多，过于集中，学习者难以在短时间内掌握词汇，同时也会感到课堂学习单调枯燥。

　　由于教学任务重，在生词表的教学过程中，教师一般不逐个讲练生词。教学时，教师展示词汇，带领学生朗读，指导学生正确地辨识生词的形和音，同时通过多种方式让学生大致了解生词的意义。一些意义和用法相对简单的常用词语，可在生词表的学习中进行讲解和扩展搭配，如果生词同时也是本课书的重点、难点，则在生词表的教学环节里只讲基本意思，在课文中再进一步讲解、练习或单独讲练。

在生词表的学习中,要注意避免以下几种教学方式:(1)让学生课前预习,课堂教学基本不涉及生词表的学习;(2)教师带读、学生跟读,如同"走过场";(3)教师从意义到用法逐一讲解生词。这几种方式都存在弊端。这是因为目前教材中的生词表大都采用对译形式,如果不讲解或处理方式过于简单,很容易形成汉外词语一一对应的印象,诱导偏误的产生。虽然有些中高级教材用汉语直接解释生词,但也存在释义语言较难或不准确、学生不易理解的问题。另外,如果不分主次逐条讲解生词,既不符合学生认知的层次性和词汇习得的特点,也不能有效利用课堂教学时间。

2. 结合语法点的学习进行词汇教学

一般来说,语法点的学习也包括展示、讲解和练习等三个环节。展示语法点时,教师要尽量使用学生已经学过的旧词来组织例句,帮助学生在没有生词障碍的情况下了解语法规则;练习语法点时,教师要注意由易到难,引导学生使用所学生词进行表达。

初级阶段语法知识的学习是综合课的重要教学内容,教师要充分利用语法教学环节帮助学生练习和巩固所学词汇。中高级阶段的语法点多为虚词、常用的固定格式等,这些语言点的讲练实际上也涉及词语的搭配扩展,由词语组成句子、语段直至语篇的训练。

3. 在课文的学习中进行词汇教学

课文的学习一般包括朗读、课文的串讲、课文的练习这三个环节。在这些环节中,教师要注意指导学生利用课文提供的语境进一步理解生词并运用生词。

朗读过程中需要对生词的形和音进行辨认,教师要注意纠正学生的发音错误,中高级阶段还要引导学生对同音字、多音字加以辨别。

课文的串讲环节,教师一般使用提问的方法引导学生进一步了解课文内容,检查学生对课文内容的理解情况,自然会涉及语法点和词汇的学习。就词汇教学而言,在这一环节,教师应注意围绕课文,紧扣生词特别是重点词语向学生提出问题,启发引导学生在句子中理解词义,并进一步正确使用词语。

第五节 课堂上的词汇教学

初级阶段综合课课文短，学生词汇量不多，教师精心设计的问题，学生通常要运用到所学生词才能回答。而中高级阶段的综合课课文较长，再加上学习者已有一定的词汇基础，教师如果不注意引导，学习者回答问题时可能不一定会使用所学生词。因此教师在设计问题时要注意区分理解性问题和细节性问题。理解性问题需要学生用自己的话总结概括课文内容，不一定使用本课的生词；细节性问题基本上都需要学生用上课文的生词甚至课文的原句进行回答，针对的是课文中的语言点，教师一般要将这些问题展示出来，并给出能用上的生词。如：

① 当她看到罐子里装满了水，有什么反应？（喜出望外　一口气　喝个够）（回答：她喜出望外，真想一口气喝个够。）

② 妈妈让小姑娘喝水，小姑娘最后喝水了吗？（过路人　犹豫　忍住）（回答：有个过路人想要水喝，小姑娘犹豫了一下，忍住渴，把水送给了过路人。）

在师生之间的一问一答中，教师还应对涉及的重点词语进行讲解和操练，或边讲边练，或以练带讲。如上面的问题②，学生用所给生词回答后，教师可以针对"犹豫"追问："小姑娘为什么犹豫？""你什么时候会犹豫？"让学生在运用中理解和掌握生词。

在课文的练习环节，教师一般要求学生复述课文内容，这也是对生词的一次集中练习，教师要注意结合课文内容引导学生运用所学生词进行成段表达。

总之，在语法点和课文的讲练环节所进行的词汇教学，侧重于对所学词汇的练习、巩固和深化。在教学时教师要注意词汇的学习不能占用太多时间，不能喧宾夺主，要保证语法点和课文学习的完整性。

中高级阶段词汇教学任务重，意义和用法复杂的难点词汇则应安排在课文学习之后单独进行讲练。

当然，词汇的教学并不仅限于上述内容。为强化学习者记忆，加深学习者对词语的理解，帮助学习者学会运用所学的复用式词汇，教师还要精心设计和组织专门的教学环节对所学词汇进行练习和归纳。这将在后文进行详细论述。

二、课堂上对教学词汇的选择和控制

(一) 一堂课教多少词语比较合适?

这是一个难以准确回答的问题,因为这涉及多方面的因素。这里只谈谈我们目前已有的一些认识。

以综合课为例,目前的汉语综合课教材,初级阶段每一篇课文(教学时间一般为4~5学时)的生词量一般在30个以下,多在15~30个之间;中级阶段每一篇课文(教学时间为4~6学时)的生词量一般在40~50个之间;高级阶段每一篇课文的生词数多在50~60个之间。在实际的教学过程中,教师还会根据教学内容适当补充教学词汇,所以在课堂上完成的教学词汇量都会多于教材所编排的词汇量;加上完整地教授一课书,除了讲授生词外,还需要讲练语言点(如基本句型)、讲练课文、完成练习等,真正用于词汇教学的时间是非常有限的。如果教师不能科学合理地安排每堂课上的教学词汇量,词汇教学的效果就会大打折扣。

有经验的教师常会根据生词的特点和具体的教学内容,将生词的学习分散在各个教学环节中,以保证每节课上几乎都能保持一定数量的词语教学,从而更好地帮助学生理解和掌握词汇。特别是中高级阶段,词汇教学任务重,课文中出现的生词数量多,课文篇幅长,教师常把课文内容切分成意义相对完整的两个部分来讲练,生词表也相应被分成两大块,放在不同的教学时段进行专门的教学,其中复用式词汇或重点词汇在生词表的学习时只讲基本意思,在课文的讲练中再进一步讲解、练习或单独进行讲练。

至于一堂课学习多少生词为宜,目前尚无明确的标准和共识。有人认为,低年级的学生一堂课只能接受10多个生词,中年级的学生一堂课可接受20多个;也有人认为在不同的情况下,平均一课时的教学词汇量可以在

2~6个之间浮动①。之所以会出现这样的差异,主要是因为这个问题比较复杂,它涉及大脑短时记忆的储存容量和大脑的加工量等认知方面的因素,而目前还缺少从认知心理学角度进行的科学而细致的研究。此外,它还受到词汇学习难易程度以及教学中的许多变因等复杂因素的影响,比如,一堂课上学生要学习的生词是"一月、二月"等表示月份的词语以及"春天、夏天"等表示季节的词语,另一堂课上要学习的生词是"会、能"等助动词以及"才、就、刚、刚才"等副词,即使两堂课上所教的词语数量相同,但由于词语的难易程度区别较大,词汇教学效果也会大相径庭。

根据教学经验,我们认为在初级阶段的读写课中,生词数量不超过20个的课文,可以在一堂课内专门学习这些生词的形、音、义,其中重点讲练的词语大概为5~10个,其余课时则可以利用语言点和课文的学习来巩固所学生词,并进一步讲练重点词语或复用式词汇。中级阶段的精读课,生词表上的生词一般安排在两堂课上完成,每堂课大概要教20~30个生词,要求学生掌握其形和音及基本的意思;在课文的讲练环节,每堂课可以安排5个左右的复用式词汇进行讲练;专门的语言点教学环节,讲练的难点词汇不宜多于5个。到了高级阶段,课堂上的教学词汇量可以在中级阶段的基础上适当增加。

至于其他单项技能课,由于侧重某项技能的训练,所承担的教学词汇量不多,一般来说,一堂听力课的词汇教学量大致为10~15个,口语课的词汇教学量最好控制在10个以内。以上所说只是一个大致的定量,教师在教学中要综合考虑多种因素,以确定能为学生所接受并能满足学生需要的教学词汇量。

(二) 课堂上的词汇教学怎样做到重点突出?

重点突出在中高级阶段的词汇教学中显得尤为重要。这要求教师在

---

① 参见周小兵(2009:248)。

备课和编写教案环节要做到"心中有数",要明确哪些是词汇教学的重点。

教师要根据教材的编排、课型的特点、词汇学习的难易程度以及自己的教学经验和专业知识等区分复用式词汇和领会式词汇。复用式词汇又区分为两类:意义用法复杂的复用式词汇和学习难度不大的复用式词汇,前者要精讲活练;后者可以少讲解,多操练。领会式词汇还要区分为:需要掌握其音形义及常用搭配的词语;只需在课文中看懂或听懂的词语等。

对教学词汇进行区分后,教师要结合一课书和一堂课的教学设计将这些词汇合理地安排在不同的教学环节、教学步骤中进行教学;要学会从复用式词汇中选出需要着重讲解和练习的词语来,分散在各节课上加以解决。一般来说,除了专门的生词表的学习外,学习难度不大的复用式词汇还可以结合课文的学习进行操练,个别意义用法复杂或容易跟其他词汇混淆的复用式词汇可以在课文的学习完成后作为一个语言点专门进行讲练。

通常来说,中高级阶段词汇教学的重点和难点主要包括:

(1) 使用频率高的虚词。如"并、而、凭、却、为、以、由、于、毕竟、不妨、不管、不免、除非、从而、对于、关于、何况、既然、简直、况且、免得、宁可、甚至、随着、未免、无论、一连、一向、一再、以便、以免、以至、以致、与其、至于"。这些词语没有实在的词汇意义,学生难以理解,在教学中需要利用语境边讲边练,讲练结合。

(2) 近义词的辨析特别是用法方面的辨析。如"拜访—看望、表现—体现、匆匆—匆忙、答复—回答、赶忙—赶快、耐烦—耐心、培养—培育、漂亮—美丽、注重—重视"。中高级阶段的学生会接触到大量近义词,混用近义词是此阶段最常见的错误。在教学中,教师要抓住近义词之间主要的、区别性的差异,利用比较法、举例法来帮助学生体会、分辨和掌握近义词特别是用法方面的差异。

(3) 多义词和多音词。多义词如"打、嫩、深、刺激、规矩、难怪",多音词如"差、处、担、调、恶、好、落、中"。随着学生词汇量的增多,遇到的多义词和多音词也越来越多,这些词语或意义存在一定联系,或书写形式相同,学生极易混淆。许多词兼属不同词类,表示不同的意义。如"勉强"既可做形容词,又可做动词,分别表示"能力不够,还尽力去做""心里不是愿意的""理由不充足""将就;凑合""使人做他自己不愿意做的事情"等多项意义,学习起来难度很大,教学中应当用举例法和归纳法重点讲练。

(4) 用法特殊的词语。这指的是那些在用法上与同类词不同或使用上限制比较多的词语。如动词"难以、加以"后面要带双音节动词做宾语;"见面、散步、操心、叹气"等离合词都不能带宾语,中间可以插入其他成分;"着想、感兴趣"等动词不能带宾语,使用时要用介词引出宾语;"碧绿、绿油油"等形容词只能作定语,前面不能受"很、太、不"等副词的修饰;"缘故"一般只使用于"由于……的缘故、是……的缘故"等结构,等等。在教学中,教师需利用大量的例句来突出这些词语在用法上的特殊性。

(5) 成语、惯用语等固定短语。如"成千上万、取长补短、一言为定、众所周知、走马观花、出洋相、开夜车、铁饭碗、走后门"。这些固定短语是词汇中的特殊成分,往往反映着一定的民族文化和社会背景。教学中既需要解释其意义,还需要利用语境说明它们的使用条件,否则学习者难以理解和运用。

(三) 如何在课堂教学中提高生词的重现率?

目前有些教材在生词重现方面是做得比较好的,但也有很多教材生词重现率很低,教师就需要在课堂教学中采取多种方式、方法帮助学生复习已经学过的生词。

首先,在教学安排上:(1)要注意将生词的教学分布在生词表的学习、课文的讲练和专门的语言点学习等各个教学环节中,使复用式词汇或某些重点词、难词能在不同的教学环节中得到重现。(2)要增加与词汇相关的教学环节,如生词预习、生词复习、生词练习等,注意在一课或一单元的学习结束后对所学词汇进行归纳总结,使得词汇在不同的教学时段多次重现。

其次,在重现方式上要注意利用汉语词汇的系统性,将学生以前学过或刚刚学到的词语系联在一起,达到多角度重现词汇的目的。我们可以利用词的同音关系重现生词,如由"花(钱)"重现"鲜花",由"人士"引导学生回忆"人事、人世";可以利用词汇成分在词形方面的类聚重现生词,如由"增进"重现其同素词"增长、增加",由"处长"重现其逆序词"长处",由"重(量)"重现其同形词"重(复)",由"推"重现其同形旁词"扶、拉、提、抬"等;可以利用词汇成分在语义方面的类聚,让学生说出近义词、反义词、类义词、整体—部分关系词等,如由"说不定"重现"不一定",由"不由得"重现"忍不住",由"味道"重现"酸、甜、苦",由"季节"重现"春天、夏天、秋天、冬天"等;还可以利用词汇成分在结构方面的类聚归纳学过的生词,如由动宾式词语"无情"联想到学生刚刚学习的、与其构词方式相同的词语"用心、偷懒、发财、算账"。

在利用词的形、音、义等重现词汇时,不能只是简单孤立地就词论词,还要注意根据词语的特点,为学生提供一定的语境,让学生在一定的语境中使用词汇,达到重现生词的目的。如要重现学过的动词,教师可以提出问题"你喜欢做什么",让学生回答,学生的回答可以重现"打球、看电视、运动、爬山、睡觉、做菜"等表示动作行为的词语;要重现学过的食物类名词,可以提问"你喜欢吃什么",这样学生的回答就可以重现大量"饺子、面包、包子、牛肉、巧克力"等表示食物的名词。这样既能提高学生的记忆效果,又能避免教学上的单调。

(四)在课堂上需要补充教材之外的词汇吗?

教材是教师进行课堂教学的主要依据,而教材内容需要通过课堂教学得以实施。但教材内容和教学内容并不是等值对应的,在具体的课堂教学中,教师除了完成课文生词表中的词语教学,重点讲练教材中所出现的常用词语外,还必须充分发挥自身的创造性,根据学生的当前需求、词语之间的联系、词语的难易程度等对教材中的词汇教学内容进行调整和安排,适当补充教材之外的词汇,扩充学生的词汇量。

一方面,教材选取生词所依据的词汇大纲还存在一些不足和问题,如《等级大纲》完全依据词频的词语等级划分有时不尽合理,汉语学习者的一些生存词语在语料库中不一定是高频词;基于书面语语料库统计词频的时效性的原因,《等级大纲》未能收录那些能够反映时代特色又较为稳定的口语词和新词语;完全依据词频确定词语等级在一定程度上忽视了词语的聚合关系,会造成词语等级与词语类属的矛盾,如"饺子"与"包子"、"哥哥"与"大哥"、"自行车"与"摩托车"、"高兴"与"难过"均不属于同一级词汇,等等[①]。这些或多或少会影响到教材编写中选择和控制教学词汇的科学性和合理性。

另一方面,目前对外汉语教材对生词的编排较为常见的是随文出词,即从每一课所学的对话或课文中选出生词,按照出现的先后顺序展现在生词表中。这样就会出现属于同一语义场或同一类属的常用词分散在不同课文的生词表中的情况,这样不利于词汇的系统性学习;此外,一些最常用、学生应该掌握或最需要掌握的词语,因为课文内容的限定,学生学了很长时间甚至学完一个学期还不能在课堂学习中接触到。

因此,教师就有必要在课堂教学中有意识、有控制地选取一定量的补充词汇进行教学。如根据课文内容增加相关词汇,利用汉语词汇的系统性,根据词语在语音、词形、语义和构词等方面的特点补充跟生词有关的词汇。另外,所补充词汇的构词语素最好是学生已经学过的,语义简单易懂,教师一点就通,不会喧宾夺主,占用太多的教学时间。

三、课堂上的词汇教学方法和技巧

(一) 如何展示词汇?

展示词汇就是把要教的词语通过适当的方式介绍给学生,并让学生认读,从而使学生对所要学的词语的书写形式和读音有所感知和了解。

首先要将生词按一定顺序排列好。生词排列的方式主要有两种:按顺

---

① 参见张和生(2005:153~154)。

序排列和归类排列。目前教材中生词表的排列方式基本上都是采用按照生词在课文中出现的先后顺序排列的,按顺序展示就是根据生词在生词表中出现的顺序,即在课文中出现的先后顺序来向学生介绍生词。归类展示就是根据教学需要,教师重新调整生词表中的生词顺序,并按新顺序进行听写、认读、讲解等教学活动。归类的依据,可以是词的语法特征如词类、组合规则,可以是语义上的相关性,还可以是汉字特点如偏旁或部件类别等。

1. 按词的语法特征排列生词

这种展示从词的语法特征出发,主要按不同词性将课文中的生词归类排列,便于教师根据不同词性的特点,进行词语搭配和练习,并有利于学生建立和巩固对汉语词类的认识。

如《博雅汉语·起步篇Ⅰ》(李晓琪主编,北京大学出版社,2014年。下同)中的第二十课有23个生词,在生词表中的顺序如下:

1. 看　　2. 病人　　3. 别　　4. 无聊　　5. 睡觉　　6. 做梦
7. 幸福　　8. 背　　9. 生词　　10. 考试　　11. 累　　12. 死
13. 换　　14. 医院　　15. 住　　16. 得　　17. 问　　18. 医生
19. 对了　　20. 炒　　21. 菜　　22. 面条　　23. 身体

教师可以按照词性将以上生词归类,重新排列:

N. 身体　病人　医生　医院　生词　菜　面条
V. 看　背　换　住　问　炒　死　考试　睡觉　做梦
A. 无聊　幸福　累
adv. 别
aux.v. 得
phrase 对了

这样排列,整齐醒目,利于讲授、复习各类词的有关特点。如第一行名词,教师可以介绍它们常用的量词搭配;第二行动词,可以重点操练它们所搭配的名词,其中的两个离合词"睡觉"和"做梦"教师需提醒学生注意它们

"离"的特点;第四行副词,教师可将它跟第二行的动词组合起来让学生操练,加深学生对副词语法特点的认识。

2. 按词在语义上的相关性排列生词

也就是根据词与词之间意义上的联系或共同性对生词进行组合排列。这种排列可以帮助学生把孤立的、彼此没有什么关系的生词,组织成相互联系的语言材料,便于学生记忆,同时进行了造句和语段表达的训练。

如《博雅汉语·起步篇Ⅰ》中的第十一课有以下25个生词:

1. 冬天	2. 比较	3. 冷	4. 天气	5. 怎么样
6. 不太	7. 风	8. 雨	9. 度	10. 晴天
11. 秋天	12. 热	13. 舒服	14. 最	15. 季节
16. 差不多	17. 零下	18. 常常	19. 下	20. 雪
21. 常	22. 喜欢	23. 夏天	24. 游泳	25. 春天

根据以上词语在语义上的联系,我们可以将它们分成以下几组词语:

季节——春天 夏天 秋天 冬天 最舒服的季节 喜欢 游泳
天气怎么样——比较热 不太冷
常常下雨 不常下雪 晴天
(有)风 差不多零下(五度)

这样的设计将生词的学习纳入到一个有联系的整体中,对学生理解、记忆生词都很有好处,也便于课堂上对生词的复习巩固。如教师可以用提问的方式让学生复习所学习的生词:"一年有几个季节?""你喜欢哪个季节?""哪个季节最舒服?""你冬天去游泳吗?""昨天的天气怎么样?""冬天你们那儿冷不冷?""秋天的天气怎么样?"等等。

3. 按字的部件类别排列生词

这种方法一般适用于初级阶段的生词教学。有的课文生词相对较少,而且同一部件的字出现了多个,我们就可以将它们排列在一起集中学习。这样可以充分利用形旁表意的功能,通过分析对比,加深学生对所学生词的理解和记忆。

如《现代汉语教程读写课本》（李德津、李更新主编，北京语言学院出版社，1988年）第四十一课的生词：

爱人　讲话　错　　完　　玻璃　收拾　信封　地址
清楚　商量　迎接　打扫　椅子　整理　衣柜　地板
放　　棵　　树　　满意　好听　啊

我们发现这课生词偏旁为"木"旁和"扌"旁的不少，把这些词语重新排列如下：

一棵　　树　　椅子　　地板　　衣柜
打扫　　收拾　迎接　　整理　　放

在教学时，可以让学生观察这两组词的特点，引导学生了解有"扌"旁的字一般都与手的动作有关，"收"和"放"中的反文旁也与手的动作有关；带"木"的汉字则跟树有关。然后再具体讲解这几个生词的意思。教完这些生词后，再运用其他方法把剩余的生词展示出来。

以上生词的排列方式都不是孤立的，在教学中可以结合起来运用。

接下来是课堂上生词的展示。常用的手段是朗读，也可以听写生词，让学生在黑板上展示出将要学习的生词；或教师利用PPT直接展示生词，然后让学生认读。还可以利用实物或图片、卡片将生词展示给学生。

朗读的方式灵活多样，可以是教师领读、学生跟读，全班齐读，或请单个学生朗读（点读）等。领读就是教师对生词作示范朗读，学生跟着读。领读之后一般应给学生一些时间自己练习，之后可以用全班同学齐读、男生或女生齐读、分小组读、点读等方式帮助学生熟悉生词。读了几遍生词或生词讲解完毕之后，可以给学生几分钟时间快速准备一下，然后用打乱顺序认读的方式检查学生对生词的记忆，可以起到巩固、强化记忆的作用。

用听写方式展示生词需要控制好时间和生词的书写难度。时间太长，会占用教学时间，也会让学生感到乏味；如果生词中所包含的汉字是学生以前没有学过的，就不适合用听写的方式来展示。听写时，可以让一位学生到黑板前来，也可以请多位学生上来，其他同学则在座位上写；听写可以是全部生词,也可以是部分生词;可以是教师念一个词让学生写一个词,也可以是教师说一个词的意义,让学生写出该词。形象性比较强的生词,教师可以用实物、图片等来展示。

教师还可以在教学前准备好卡片,卡片的一面写上生词,另一面写上拼音。教学时,可以让学生先读拼音,再认读汉字;或直接让学生读生词,读得不对,再看拼音读。这种方法适合初级阶段的学习者使用,认读的生词不宜过多。

(二) 如何讲解生词?

生词的讲解包括对其词义和用法的讲解。

目前初级汉语教材的生词表基本上是用外语(主要是英语)来释义;中高级汉语教材,有的仍用英语释义,有的则大部分用汉语解释,部分难以用汉语解释清楚的词语则用英语释义。这些释义或多或少都存在一些问题,如词语的英语释义大部分采取的是只用一个英语对应词来注释的方法,有的用多个处于不同层面的英语对应词来解释一个汉语词,这可能造成词语意义解释得不够准确,容易引起学习者在词义理解和运用上的偏误;有的教材用汉语来解释生词,但只是注释出词语的理解意义,对词语的色彩意义和使用场合未作说明,这也会影响学生对词义的准确理解。[1] 因此在课堂教学中,我们还要利用课堂教学的有利因素,用恰当的方式将生词的意义和用法传授给学生。只要学生比较容易理解和接受,即使我们的解释可能不如词典里的周密准确,也是无关紧要的。

最容易让学生明白的方法是形象释义法,这种方法适用于那些所指具体可感的词语,如"牛、马、花、衣服、拿、关门、开灯"等词语,就可以使用实物、图片或图画,用身体动作或表演等方法,而不需要通过言语来解释。但形象释义法所能解释的词语很有限,许多词语表示的意义比较抽象,无法

---

[1] 参见李明(2011:146~172)。

或者很难用图画、动作和实物来展示词义,需要教师通过言语来解释。主要方法有:

(1) 以旧释新法

就是用学生已经学过的词语来解释生词的意义。如:

习俗:风俗和习惯。

举世闻名:很有名,全世界都知道。

聚精会神:注意力非常集中。

铁饭碗:比喻稳定可靠的工作。

还可以借助学生已经学过的、与新词意义相近或相反的词语,帮助学生理解新词的意义。如用"但是"解释"却",用"天气"解释"气候","间接"就是"不直接","迷信"的反义词是"科学","冷清"的反义词是"热闹"。

具体的操作程序可以是:先展示生词,接着引出该生词的反义词或近义词,通过对比分析指出生词与其反义词或近义词相同和不同的地方,再对生词的意义和用法进行总结。

以旧释新法适用于各种课型,它可以激活学生储存在记忆中的旧词语,达到温故知新的效果。特别是成语、俗语、习语等,很难用外语解释,用这种方法解释很有效。

(2) 利用语素释义

一些双音节复合词,其构成语素的意义能显示整体词义,我们就可以根据需要逐一解释其中的语素或只解释其中的个别语素,帮助学生正确理解词义。如:

用品——→用(使用、用得上)+品(东西)——做事情时要使用的东西。

教师通过对构成"用品"的语素意义的分解和组合,让学生理解"用品"的意思,然后再启发学生说出"食品、商品、产品"等同语素词,并对"用品"一词进行扩展:

生活用品　学习用品　办公用品　结婚用品

有些语素常用，构词能力强，在讲授由这样的语素构成的生词时，可请学生一起回忆以前学过的同语素的合成词或联想推测出其他同语素词。如学习"当代"，可以回忆"现代、古代、近代"等词；学习"高速"，可以扩充出"低速、中速、快速"等词。这样既可以加深学生对所学生词意义的理解，又可扩大词汇量。

我们还可以利用新词中已学过的语素帮助学生推测该词的意义。如学习"深度"一词，学生在此之前已学过"难度"，教师可引导学生回顾"度"是学过的语素，表示"程度"的意思。"深度"就是"深浅的程度"。由此，还可列举出别的同语素词"长度、高度、厚度"等。

（3）利用上下文释义

就是不直接提供词语的意义，而是引导学生根据上下文的语境来理解词义。运用这种方法时，通常要向学生提供一段话，这段话中含有要解释的生词，学生通过理解这段话来理解生词的意义。如，在解释"预习"的时候，可以提供这么一段话：

今天我们开始学习第6课，第6课是新课，同学们昨天晚上自己学习这一课的生词了吗？也就是说，同学们预习没预习第6课的生词？

有时上下文是互为解释或补充说明的，所以根据上下文就能弄清生词的大致意思。如：

他对别人挺热情，但对我却很冷淡。

这个句子中的"冷淡"是学生未学过的生词，可以根据句中表转折的连词"但"和副词"却"，推测前后句子的意思是对立的，前句的"热情"和后句的"冷淡"意思应该是相反的，由此，可以得知"冷淡"就是"不热情"。

以上方法有利于培养学生猜词的能力、跳跃障碍的能力，提高阅读速度和理解的能力，特别适合于阅读课和听力课的词汇教学。

此外，我们还可以在教学中通过例句和词语搭配关系来显示词义。这个方法适合于那些意义比较虚、不太好解释的词语，特别是虚词。如连词"从而"，在句中连接分句，表示结果或目的，意义较虚，不好解释，可以通过

例句来帮助学生理解其意义和用法:

老师改进了教学方法,从而提高了教学质量。(表示结果)
他没有解释清楚,从而造成了误会。(表示结果)
你应当合理安排时间,从而提高学习效率。(表示目的)
我们学院准备开展各种活动,从而丰富同学们的生活。(表示目的)

针对一些意义不太复杂的词语,我们还可以利用生词之间在语义的相关性,将属于同一主题的生词组织起来,形成一段话,引导学生在语段中理解生词的意义。比如某篇课文有很多跟教育有关的生词,如"重点中学、功课、习题、分数、家教、家长",教师可利用它们的关系组织学生进行表达:"重点中学功课多,学生要做各种各样的习题,很辛苦。对学生来说,考试分数很重要,因此很多家长花钱请家教帮助孩子学习。"

运用上下文释义不能使用学生没学过的词,更不要用生涩的术语,而且语句内容要尽量贴近学生的日常生活,以加深学生印象。

(4) 利用情景释义

有的词语意义比较抽象,教师可以利用课堂情景或根据学生熟悉的、亲身经历的事情来设定具体的情景,让学生从词的实际应用中体会理解词义。

比如教"纪念品",其中的"品"表示东西,学生已经学过。"纪念"在词典中的释义是"用事物或行动对人或事表示怀念"。如果照搬词典释义,学生很可能听不懂。教师可以先提问:

大家出去旅游,会不会买些特别的东西带回来? 以后看到这些东西你就会想起旅游时的情况。

待学生回答后,教师接着说:

这些东西就是纪念品,因为它能让你想起你曾经去过的地方。那你们回国前会买什么东西做纪念品呢?

第五节 课堂上的词汇教学

在此基础上,教师引导学生生成句子:

　　他去云南旅游,买了很多纪念品回来。
　　我要买纪念品带回国。
　　这些东西不适合做纪念品。

这种释义方法,既利用了情景,又给出了词的组合,避免了解释抽象义的麻烦和尴尬。但要注意情景的设置不能占用太多的时间。

(5) 举例法

举例法就是通过列举一些生词所表示的概念意义的特例,使学生通过具体的实例或现象感知抽象的词义。又叫特例法。

有的实词如"国家、城市"很难用语言来解释,它们表示的语义范畴是上位概念,其下位概念比较容易理解,教师就可以提供或列举一些表示其下位概念的词来让学生明白。我们可以说"中国、韩国、日本和美国等 4 个国家"、"上海、北京、广州、东京和巴黎等 5 个城市"。

还有一些意义抽象的实词,教学时教师可通过列举这些词语的多种使用情况,帮助学生进一步领会词义。如针对"传统"一词,教师可以提供多个具体实例:"中国人结婚,新娘要穿红衣服。中秋节,中国人要吃月饼。中国人吃饭要用筷子。这些都是中国的传统。"接着教师再问学生:"你还知道中国有哪些传统?""你们国家有什么特别的传统?"通过这样的问答,学生自然能更好地领会"传统"的意义。

运用举例法来解释词义时,要注意所列举的特例最好都是学生了解和熟悉的,也应该尽可能多列举例子,这样才能帮助学生更好地理解词义。

在运用以上种种方法解释词义的过程中,教师可以引导学生进一步了解和掌握重点词语或复用式词语的用法。如通过句子让学生明白词语的句法功能和使用条件,像前面所列举的使用"从而"的句子,教师可组织学生朗读,引导学生进一步观察"从而"在句中的位置以及后接成分的特点,总结出"从而"要用在复句中后一个分句的句首,后面要带动词性短语。有时,教师也可以通过介绍词语常用的组合搭配,让学生了解词语的用法,如教"珍惜"时,可引导学生将"珍惜"跟名词搭配成"珍惜幸福、珍惜友谊、珍惜健康、珍惜感情",让学生明白"珍惜"的对象一般是抽象的、美好的事物。对一些有明显感情色彩和语体色彩的词语,教师在讲解时应当直接说明这些词语的色彩意义。

(三) 如何帮助学生巩固词汇?

词汇的巩固是在学生初步了解词汇的音形义和用法的基础上进行的,它是词汇教学必不可少的环节。在这一环节,教师应从不同的角度对所学词语进行归纳和练习,让学生反复操练,反复实践,以强化记忆,加深学习者对词语的理解,最终达到熟练掌握并运用自如的目的。

1. 词语练习有哪些? 如何安排这些练习?

词语练习贯串于整个词汇教学活动,它是检查学习者是否真正理解词语意义和用法的有效途径,也是帮助学习者掌握和巩固词语的重要手段。只有通过科学、足量的练习,学习者才能温故知新,学会运用词语,特别是熟练运用所学的复用式词汇。

对外汉语课堂教学主要是依据教材进行的,教材所设计的有关词汇练习为教师在课堂教学中针对所学词汇组织学生进行操练提供了丰富的材料和多样的练习形式。这些练习主要分为机械性识记词语的练习、理解词语的练习和应用词语的练习。识记词语的练习主要训练学习者识读和记忆词语的能力,如朗读词语、词语连线、根据意思写出词语等。理解词语的练习主要利用一定的上下文或提供多个词汇让学习者进行辨别、分析,考察其对词义的理解是否准确,如选择合适的词填空、给多义词选择合适的义项、修改病句、给词语分类等。应用词语的练习就是通过词的实际运用来帮助学习者掌握词语的具体用法,如词语的搭配练习、用指定的词语改写句子或完成句子、用指定的词语造句或回答问题、用指定的词语说一段话等。

在课堂上,教师应根据具体情况灵活安排教材中的词语练习内容、练习方式和练习时间等。完成教材中的练习,最忌讳的是让学生看着课本一题一题来做,将练习跟词语的展示、讲解截然分开。实际上,练习的方式方法多种多样:

有的练习,像"给形似字注音组词""给多音字注音"等,可以在生词的展示环节将与生词相关的形似字、多音字展示出来,引导学生辨别。

有的练习如"选词填空"可以作为上一次课所讲生词的复习材料,教师展示在PPT上,点名让单个学生完成。

像"近义词辨析"之类的练习,难度大的可以安排在教师对比分析之后,给学生一点儿时间在课堂上独立完成,然后再集体检查;比较简单的近义词辨析题,可以让学生先做题,再引导学生总结出近义词在意思和用法上的不同。

有的综合填空题与课文内容有关,就可以在课文讲解完之后作为课文内容的复习环节在课堂上集体完成。

有的练习,如"用括号里的词改写句子""把括号里的词放在句中合适的位置"等主要针对的是复用式词汇或本课的重点词汇,就可以一个一个或一组一组地拿出来穿插在这些词的讲解环节中进行,待课文或语言点的学习全部结束后,再让学生课后独立完成书上的这些练习题。

有些练习,如"用括号里的词完成句子""用所给词语写一段话"等,如果在课堂上做,会占用很多时间,就应该留在课后做并要求学生上交作业,教师批改;学生在做这些练习时会出现各种各样的错误,教师要给予修改,同时还要根据错误的性质采取不同的处理方法,如果是共性问题,说明某个知识点学生普遍掌握不好,教师就应该在课堂上展示出来,并以提问的方式一步步启发和引导学生自己发现和纠正错误,加深他们的理解和记忆。

要注意的是,在课堂上所进行的词语练习并不是专指完成教材所设计的练习,教师还可利用课堂教学环境,自己设计各种有针对性的词语练习。听写就是在课堂上练习词语、检查词语学习情况的一种常用方式。听写可以在生词学习之前进行,目的是检查学生的预习情况,这里的听写是在生词学习之后进行,不只是听写词语,可以先听写课文中的生词,再写相关的量词、宾语或修饰语,写生词的反义词和近义词,还可以听写由生词构成的短语以及一些能体现生词用法特点的简明而实用的句子,等等。此外还有很多口头练习词语的方式,特别是识记词语的练习方式,如:

教师利用具体实物、图片或体态动作启发学生说出词语,像"桌子、黑板、推、拉"等形象性强的词语,就可以采用这种方式。

教师说出一个词,让学生迅速说出其近义词或反义词,说出名词的量词,说出动词的宾语,说出修饰语等:

  教师:我们吃什么?

  学生:吃苹果,吃面包……

  教师:怎么吃?

  学生:慢慢吃,很快地吃,大口大口地吃……

教师用汉语说出词语的意思或者讲述一个情景,让学生说出相应的词语:

  教师:鸟身上长的毛叫什么?

  学生:羽毛。

  教师:你去朋友家吃饭,那你就是他的……? 他是……?

  学生:我是客人,他是主人。

  教师:如果你心情不好,你会……?

  学生:叹气,皱眉头。

汉语中很多成语、惯用语等都可以用这种方式来练习。如:

  教师:老师要求严格,才能教出好学生。

  学生:严师出高徒。

  教师:杭州是风景优美的地方。

  学生:上有天堂,下有苏杭。

  教师:晚上很晚了还在学习和工作。

  学生:开夜车。

第五节　课堂上的词汇教学

也可以是教师说出一个词,让学生用汉语解释它的意思：

教师：我想喝饮料。"饮料"是什么东西？
教师：他送给我一件礼物。"礼物"是什么意思？
教师：他的行为很恶劣。"恶劣"是什么意思？

也可以是把学过的词语放在问句里,让学生回答。这时要注意所设计的问句要能测试出学生是否掌握了某个词语,如,练习生词"护士",教师可以问："护士在哪儿工作？护士要做什么？"练习"为难",教师可以提问："什么事会让你觉得为难？为什么？"

教师还可以在课堂上组织学生对重点词语进行应用性练习。如"多词连段",可以是在学完一篇或一部分课文后,要求学生用上指定的词语复述课文或针对课文内容回答问题,以帮助学生熟悉和正确使用新学的词语,同时加深对课文内容的理解。比如在学习课文《暗恋》[①]时,可以针对课文内容提问：

她认识了一个什么样的男孩儿？（优秀　忠厚　家庭）
她为什么不敢向男孩儿表示爱？（失败　抛弃　另外　竞争）

也可以将那些属于同一主题的生词或可以出现在同一个语境的生词集中起来,引导学生用这些词语进行成段表达。比如复习课文《虎猫对话》[②]的重点词语,可从语境和语义的相关性角度出发,选择以下词语引导学习者说出一段话来：

摇晃　似的　犯（病）　告辞　要死　为难　忍心　想来想去

在具体操练时,教师应充分利用课堂教学的有利条件,采取灵活多样的形式引导学生用目标词语说话。教师最好先提供一定的情景或话题："昨天我跟罗曼去朋友家玩,因为有事,我就先……"让学生用目标词语完成这个句子。然后教师继续："走在回家的路上,突然有个人……"引导学

[①] 参见鲁健骥主编《初级汉语精读课本》,北京语言大学出版社,2008年。
[②] 参见赵新、李英主编《阶梯汉语·中级精读1》,华语教学出版社,2004年。

生使用目标词语说话。这样的练习不仅可以让学生有思考的方向,避免出现因找不到话题而无话可说的冷场局面,而且也有利于学习者在一定的情景中领会和把握词语的意义和用法。

此外,在课堂上教师可以将需要练习的重点词语展示出来,然后提出问题,让学生从中选择合适的词语回答。如教师先展示词语"不妨、妨碍、慎重、孤独",然后依次提出以下问题让学生回答:

你汉语说得这么好,有什么好的学习方法吗?(我常常看中文电影,我觉得看电影可以学到很多词汇,也可以提高我的听力水平。你不妨试试。)

你能不能把车停在前边?(我的车停在这里又不妨碍交通,为什么要停在前边?)

听说这里的房子卖得很快,我们先付定金吧。(买房是件大事,还是慎重一点儿好,再看看吧。)

你一个人住这儿,习惯吗?(刚开始觉得很孤独,现在已经习惯了。)

2. 为什么要归纳词语?如何归纳词语?

词汇是一个开放的系统,而词汇教学很多时候就是一个一个地教,一个一个地学,这样不利于学习者记忆和扩展词汇。因此,在完成一篇课文或一个单元的教学后,教师还应组织学生按照一定的规则对所学生词进行整理和归类,以帮助它们系统地学习和掌握汉语词汇。

(1)利用生词在语音方面的共性归纳词语

主要是同音词的归纳。包括两类同音词:一类是同形同音词,如"花钱"的"花"和"花朵"的"花";另一类是异形同音词,如"在—再、带—戴、年轻—年青、反映—反应、必须—必需"等。异形同音词是导致错别字产生的一个重要原因,教师应注意收集学习者容易混淆的同音词,在教学中从字形、词义等方面进行对比分析。可以采用选词填空、组成短语等形式进行练习。

(2) 利用生词在字形方面的共性归纳词语

比如,同语素词的归纳。学完一课或几课后,教师组织学生将包含有同一汉字(语素)的词语集中起来,如课文中出现的有"欢"的生词"狂欢、欢乐、欢笑、欢喜",有"心"的生词"真心、心中、心里、开心",继而引导学生说出这些词语的常用搭配或例句。

此外,教师可引导学生对所学生词里带有相同部件或字形上十分相似的字词进行归类。如让学生归纳某课生词中含有部件"日"的字词"明(天)、晚(上)、时(间)",某个单元中含有部件"氵"的字词"浅、深、漂(亮)、酒(吧)",含有"木"的字词"(学)校、校(园)、(车)棚"。

利用字形归纳生词时,要特别注意帮助学生区分同形字和形近字,这些字词由于字形相同或相近,极易引起学生辨识和书写上的混乱。

(3) 利用生词在语义方面的相关性归纳词语

不同词语在语义上的相关性主要包括近义或反义关系、上下位关系、类义关系、整体—部分关系,还可以包括顺序排列关系、同一主题关系等。教师组织学生按照这些语义类别将某一部分或某一单元所学的词语进行归纳,建立词语之间语义上的联系,可以加深学生对词义的了解,强化对词语的记忆。

比如,教师和学生共同回忆某一课中出现的近义词和反义词,然后通过例句重温近义词之间的用法差异;学习了很多水果的名称后,教师可说出上位词"水果",让学生归纳出其下位词"苹果、香蕉、梨、西瓜"等;学习了表示季节、天气的生词后,教师可先说出"季节",让学生补充其组成成分"春季、夏季、秋季、冬季",然后再引导学生说出这些季节的天气特点;学习了时间名词"年、月、日"后,教师可以利用词语的顺序排列关系引导学生归纳所学生词,如"星期一→星期日""前天→昨天→今天→明天→后天""上午→中午→下午→晚上"等等;有些词语可以出现于同一主题或与某一主题相关,如某课生词中的"感冒、发烧、咳嗽、看病、开药、请假、请假条、休息"都与"生病"相关,教师可让学生根据这一主题将生词归类集中。

（4）利用生词在语法上的共性归纳词语

学完一课后，教师可以让学生将相同词性的词语集中在一起，如属于动词的归入一类，属于名词的归入一类，属于形容词的归入一类，属于虚词的归入一类，以加深学生对词语语法特点的认识，增强学生对生词的熟悉度。那些具有特殊功能的词在教学中应引起注意，如兼类词"研究、充实、活跃"，状态形容词"雪白、冰冷、碧绿"，离合词"见面、叹气、结婚"等。

还可以引导学生根据词语的构词方式归纳某课或某几课的生词，在复习生词的同时使学习者熟悉汉语词语的构词方式，更好地理解词语意义，也给他们遇到新词时猜测词义提供一定的依据。

思考与练习

1. 在课堂教学中扩大学生的词汇量需要注意哪些方面的问题？
2. 汉语词汇教学环节包括哪些？如何操作？
3. 举例说明初级阶段与中高级阶段的汉语教学在词汇教学的安排上有何不同。
4. 举例说明词汇教学需讲解词汇用法的原因。
5. 给下列生词设计练习（填空、选择、改写句子或完成句子），并说明在课堂上如何讲解这些词语，如何安排这些词汇的教学：

长辈	别扭	同龄	狂欢	为难	吞吞吐吐	脸色
几乎	微不足道	欢乐	叹气	沉默	丰盛	欣赏	不安
烟消云散	欢笑	相册	围巾	兴高采烈	爆发	一口气
拥有	打招呼	忍不住	盼	欢喜	愣	眨

6. 以下是中级阶段的词汇，请分析这些词语哪些只需要领会式掌握？哪些需要复用式掌握？哪些是词汇教学的难点？并说明理由。

精明(形)	商人(名)	千里迢迢	遥远(形)	引进(动)	名贵(形)
价钱(名)	亲朋(名)	向来(副)	大方(形)	舍不得(动)	等到(连)

出售(动)	赠送(动)	万紫千红	明媚(形)	夸(动)	灰心
竟然(副)	赚(动)	退化(动)	请教(动)	为止(动)	甚至于(连)
之类	沉思(动)	根源(名)	所在(名)	急切(形)	相(副)
种类(名)	花粉(名)	四处(名)	沾(动)	阻止(动)	要(连)
上市(动)	发财	高尚(形)	无私(形)	自身(代)	

深度阅读/参考文献

崔永华、杨寄洲(1997)《对外汉语课堂教学技巧》,北京语言文化大学出版社。

高　燕(2008)《对外汉语词汇教学》,华东师范大学出版社。

李　明(2011)《对外汉语词汇教学与习得研究》,中国大百科全书出版社。

柳燕梅(2002)生词重现率对欧美学生汉语词汇学习的影响,《语言教学与研究》第5期。

罗青松(1998)课堂词语教学浅谈,《汉语学习》第5期。

彭小川(2003)论"精讲活练",《语言教学与研究》第1期。

张和生(2005)关于对外汉语词汇教学大纲建设的一点思考,《汉语教学学刊》第1辑,北京大学出版社。

周　健(1998)《汉语课堂教学技巧与游戏》,北京语言文化大学出版社。

周小兵(2009)《对外汉语教学入门》,中山大学出版社。

第六节 难点词汇的教学

【内容简介】 在对外汉语词汇教学中,近义词语之间的异同,虚词等抽象词语的意义和用法,一直以来都是学生学习的难点。这些难点词汇的教学值得研究和探讨。就近义词的教学而言,对比法和语境法是比较有效的教学方法,但并不是所有的近义词都需要进行辨析,教师的处理方式可以多样化。虚词的教学则常通过典型例句,以提问的方式启发引导学生发现并归纳这些词语的意义和用法。而那些意义比较抽象的实词,常采取汉语直接释义,或运用搭配法、特例法等进行教学。

一、如何进行近义词的教学?

近义词是第二语言词汇学习的难点之一。就汉语二语学习而言,当学习者掌握了 1500 个左右的常用词语以后,也就是从准中级阶段开始,就会遇到许多有关近义词意义和用法方面的问题。他们常因弄不清近义词之间的差异而产生理解和使用上的困惑,就希望教师在课堂上说清楚一对对近义词存在的相同和不同的地方。因此如何在课堂上进行近义词的对比,帮助学生正确使用近义词,是每位汉语教师经常要面临的问题。下面将举例说明课堂上如何开展近义词的教学。

（一）教学中遇到的近义词是否都要进行辨析？

近义词的辨析是词汇教学的一项重要内容,也是中高级阶段词汇教学的重点和难点。特别是在中高级阶段的汉语综合课上,学习者接触到的近义词更多,他们对近义词的关注也更多。

一般来说,一组近义词不会全都作为生词同时出现在一篇课文中,这就为用一个词语去解释另一个与之意义相近的词语提供了可能,如用"请"解释"邀请",用"天气"解释"气候"。二语词汇习得研究表明,一个词在与其语义相关词语的促进下,其语义信息更容易被激活,因此通过已掌握的近义词来学习生词对于词汇学习具有积极作用,特别是使用同素近义词来解释生词会使得生词的学习相对更为容易[1]。但是,词语之间意义和用法的相似性也会给学习者带来困难,有研究表明,近义词之间的共同语素会产生干扰作用,容易造成词义误解[2]。大量的中介语词汇偏误事实也反映了这些词语的习得困难。有的教师因此在教学中将大量的时间花在近义词的辨析上,但教学效果却适得其反。那么我们究竟该如何处理教学中所遇到的近义词呢？这就要根据近义词辨析的难易程度、词汇习得的规律及教学对象的特点等情况采取不同的处理方式。

1. 利用近义词释义,通过旧词来学习新词

学习生词表中的某个生词时,如果其近义词是学习者已经学过的常用词,而且意义相近的新旧词语间的差异比较明显,容易区分,教师可借助这个常用词来解释生词,并在复习旧词的词义、用法的过程中指出新旧词的异同,最后再对生词进行相关的说明或操练。如"邀请"与"请"都可以做动词,表示有礼貌地约人到某个地方去,其差异主要表现在三个方面：第一,语义范围不同。"邀请"只用于请人做客、参观访问或参加活动；"请"还可以用于让人做某件事、某个动作等。第二,语法功能不同。"邀请"可以作

---

[1] 参见洪炜(2011:34～40)。
[2] 同上。

定语,组成"邀请信、邀请函"等短语,还可以作宾语,如"接受邀请";而"请"没有这些用法。第三,语体色彩不同。"邀请"较为正式,多用于书面语;"请"在书面语、口语中都能使用。以上这三点差异,教师不需要花费太多时间就能讲清,而且"请"的学习要早于"邀请"。因此学习生词"邀请"时,教师就可以先引入其近义词"请",启发学生回忆"请"的意义和用法,如"请坐、请喝茶、请朋友到家里吃饭"等,在复习过程中比较生词"邀请"跟"请"的异同之处,最后让学生进行操练,进一步深化学生对"邀请"的理解和掌握。

类似的例子还有很多,如用"但是"带出"却",用"问"带出"询问",用"相信"带出"信任",用"舒服"带出"舒适",用"快乐"带出"欢乐",用"味道"带出"气味"等。

但是,如果所学生词的近义词本身意义和用法复杂,或与生词之间的差异比较细微,学习者难以把握,就不能用这个近义词来解释生词,否则会增加学生的负担,既达不到释义的目的,同时也容易造成误导。如用"宝贵"来解释"珍贵",用"表示"来解释"表达",用"区别"来解释"辨别",就有可能引起学生的误解,造成使用上的偏误。

2. 安排专门的近义词辨析环节,通过讲练帮助学生区分近义词之间的异同

像上面所说的词语,如"宝贵"与"珍贵"、"辨别"与"区别"等,在意义和用法上存在非常细微的差异,如果以词释词,学生容易出现偏误。因此在讲解生词时,就要抓住这些词语的语义焦点进行解释,如"珍贵"表示"价值高,很难得到或意义深刻","辨别"表示"根据事物的特点把很接近的事物区分开来、弄清楚";或者利用情景、例句等帮助学生理解这些词语的意义。在学生对这些生词有了一定了解之后,教师再结合课文的讲练或在单独的语言点讲练环节对生词及其近义词进行对比分析,在对比分析中凸显生词的意义和用法,同时复习已学旧词。

有时,一组近义词可能同时作为生词出现在一篇课文中,如有的教材将"随后"与"随即"、"亲密"与"密切"等列入同一课书的生词表中,学生在

第六节 难点词汇的教学

生词表的学习环节就会针对这些词语提出疑问,教师可通过例句或短语对这些词语的主要异同稍作讲解。如"亲密"与"密切":

他俩关系密切/亲密
两家公司最近来往密切　联系密切
亲密的朋友　亲密得像一家人

可以看出,"亲密"和"密切"都可以表示人与人之间关系近,但"亲密"强调感情好;"密切"强调来往多,联系多。这是两个词在语义上的主要不同,需要在生词的学习中加以说明。至于"密切"的动词用法,以及这两个词具体的适用范围等,可以结合课文的学习进行讲练,而不宜在生词表的学习中作过多的对比分析。

3. 通过练习,让学生在对比中体会并掌握近义词的意义和用法

在近义词的辨析过程中,教师往往会利用教材所设计的有关练习来检查学习者是否真正能将近义词区分开来,同时帮助学习者巩固和掌握近义词语。如[①]:

分析下列近义词的异同,并选择恰当的词语填空(匆忙　急忙):

1. 快迟到了,_____之中竟然忘了带手机。
2. 他一见我,就_____问道:"你看见张伟了吗?"
3. 我走得太_____了,来不及跟你打招呼了。
4. 听到外面有人叫我,我_____跑出去一看,原来是大力。

教师可在对近义词进行辨析后让学生独立完成这些练习,也可结合这些练习进行近义词的辨析等。

不过,在一课书的教学中,像这样进行专门讲练的近义词数量不宜过多,毕竟语言教学不等于词汇教学,词汇教学也不限于近义词的辨析。在中高级阶段的词汇教学中,有的近义词间的对比可以在生词的复习环节通过练习形式出现,目的是通过对比性的练习检验学习者是否正确掌握

[①] 参见赵新、李英主编《中级汉语精读教程》(第二版),北京大学出版社,2010年。

所学生词的意义和用法。如"灭亡"和"死亡"都是某课的生词,意义和用法比较简单,彼此之间的差异较为明显,容易为学习者所理解,教师在讲解生词时不必将它们放在一起对比,而是突出它们各自的语义重点:"灭亡"就是国家、民族或某种生物等不再存在;"死亡"指人或动物等失去生命。在词汇的复习环节,教师可让学生完成教材中的相关练习及教师补充的练习:

  这种疾病的_____率非常高。
  罗马帝国,这个西方历史上最伟大的古代帝国是如何_____的?
  他躺在床上,静静地等待着_____。
  如果不保护环境,人类就会走向_____,像恐龙一样在地球上消失。

通过这样的对比练习,学习者可以进一步明确"灭亡"和"死亡"各自的意义和用法。如果学生对练习存有疑惑,教师再有针对性地给予解答。

总之,词汇教学难免会遇到近义词方面的问题,但处理方式可以多样化,教师不必将注意力过多地集中在近义词的辨析上,即使辨析,也要注意辨析的内容和范围,因为近义词之间的差异是多方面的,但却未必都是学生需要或能够了解的,过多的辨析未必能取得好的教学效果。当然,作为教师,我们应该十分清楚那些常用的近义词之间的异同,以备学生提出问题时能有针对性地进行解答。

(二) 为什么学生会说"我参观了一个农民""我家有一只很美丽的小猫"?怎样解决这些偏误?

1. 偏误原因

在二语学习过程中,对于新学的词语,学习者常常会很自然地联想到自己母语中相对应的某个词语,进而将二者对等起来。那些在学习者母语和汉语间存在一定对应关系的词语,学习者很容易根据其在母语中的对译词来理解和使用,偏误也就不可避免地产生了。汉语的"参观"在英语中的对应词是 visit,这两个词在意义和用法上有相同之处,但也有不同之处,英语的 visit 除了有"参观"的意思外,还有"访问、拜访、看望"的意思,英语可以说 visit a peasant,但在汉语中却不能说"参观一个农民"。母语为英语的学习者由于受到母语的干扰,很容易将英语 visit 的用法迁移到汉语中来,从而造成偏误。同样,英语的 beautiful 对应于汉语的"美丽",但英语可以说 a beautiful cat,而在汉语里,形容动物只能用"漂亮",而不能用"美丽",学习者受母语的影响,就会将 beautiful 的搭配关系迁移到汉语中来。

2. 教学策略

要解决以上这些偏误,我们在教学中应做到以下几点:

(1)首先采取一定的措施消除学生心中"不同语言词语之间存在简单的对应关系"的观点,引导学生花更多的精力去学习每一个词语的具体意义和用法。

如,在教学时,除了音译词、专名或术语等这些用对译词解释就能使学习者准确明白意义的词外,大部分汉语词语应尽量不用或少用学生母语的对应词进行简单解释,以免造成误导;确实需要给出对应词的,还应在对应词外加上有限制性、解释性的说明,如汉语的"问"与其英语对应词 ask 都是多义词,在解释"问"时,不能只给出 ask,而应补充"put a question to (someone),or call for an answer to(a question)"之类的注释[①],以明确"问"与 ask 所对应的义项。

此外,也可以对一些比较常用的词语进行汉外对比,显示不同语言间的对应词语在意义、搭配对象等方面的差异。像汉语的"开"在英语中的对应词是 open,但英语的 open 可以和 book、mouth 等词搭配,而汉语的"开"却不能直接跟"书、嘴"等词搭配。

(2)在课堂上运用对比分析的方法来显示学习者由于受母语干扰而容易混淆的汉语近义词的差异。

拿"漂亮"和"美丽"来说,这两个词在学习汉语的初级阶段就会遇到,

---

① 参见张博等(2008:118)。

它们之间的差异主要表现在搭配对象不完全相同,教师在教学中就要根据学习者的汉语水平,将这两个词常用的搭配对象展示出来。如:

美丽的姑娘　美丽的花朵　美丽的城市　风景很美丽　(漂亮√)
漂亮的小孩　漂亮的汽车　漂亮的小猫　房子很漂亮　(美丽×)

教师可以让学生反复朗读以上这些短语,并将它们扩展为句子,如"这里的风景很美丽、他养了一只漂亮的小猫"等。待学生熟悉后,再引导他们从这些例子中归纳出"美丽"和"漂亮"的异同:"美丽"和"漂亮"都可以形容风景、地方,"漂亮"还可以形容物品、衣物、建筑;"美丽"和"漂亮"都可以形容女性,"漂亮"还可以形容男性。

(三) 如何帮助学生区分"我了解他"与"我理解他"?

"了解"和"理解"是同语素近义词,都有"明白、懂"的意思,都可以用于人和事物,但在使用中不能互换。在汉语教材中,这两个词常被译成英语中的 understand。因此学习者难以区分这两个词在意义和用法上的不同,使用时很容易出现偏误。

——教学准备:抓住相异语素进行辨析

针对这类常用的同素近义词,教师在教学准备时应抓住相异语素的语义差异来具体详细地对比它们的异同:"了(liǎo)"表示很清楚地知道,"理"表示事物的规律、道理。所以用于事物时,"了解"强调知道事物的情况和过程;"理解"则比"了解"更进一步,强调懂得事物的意义和内容,明白这种情况产生的原因。用于人时,"了解"表示对此人知道得很清楚,知道此人的情况、性格、爱好等;"理解"表示懂得此人的心,明白此人这样做的原因,能谅解、宽容此人。另外,"了解"还有"打听、调查"的意思。

——课堂教学:通过例句显示词义差异

教学时,语义上的差异并不需要一条一条地讲给学生听,这是因为语义上的细微差异是学习者最难以把握的,而且教师过多地解释分析容易引起学生的畏难和烦躁情绪。教师应注意选用大量的例句,将词义的辨析和

第六节 难点词汇的教学

例句的学习结合起来,通过例句来显示近义词的异同,帮助学习者理解它们各自的意义和用法。如下面两组例句:

> 我刚来,对这里的情况不了解。
> 这句话是什么意思?我不太理解。

> 他们刚认识,互相不了解。
> 他这样做是有原因的,大家要互相理解。

教师可组织学生朗读例句,并对比每组例句的语义内容,引导学生发现"了解"和"理解"用于人和事物时语义上的差异。教师还可通过问题加深学生对这两个词的认识:"你了解他,了解他什么?""你理解他,理解他什么?"在此基础上,教师再通过精心设计的练习题帮助学生巩固所学知识。如:

用"了解"和"理解"填空:

1. 我很久没见过他了,我真的不_____他的想法。(了解)
2. 虽然我们是好朋友,但我真的不_____为什么他会有这样的想法。(理解)
3. 这件事我不能帮你,希望你能_____。(理解)
4. 他看了很多中文书,对中国的历史和文化非常_____。(了解)
5. 这篇文章的内容太深,我_____不了。(理解)

也可以是应用性练习,教师说前半句,让学生用"了解"和"理解"说后半句:

他俩早就认识了……
虽然我们是好朋友……
这些词语的意思差不多……
我不能随便发表意见,因为……

在学生对"了解"和"理解"的差异有比较清晰的认识后,教师可直接说明"了解"还有"打听、调查"的意思,并通过例句来显示这一语义内容:

我向他了解这里的情况。

事故原因,我已经了解得很清楚了。

最后,教师可组织学生对"了解"和"理解"的语义差异进行总结。

(四)如何帮助学生掌握"表达""表示"与"表现"?

这三个词属于同语素近义词,也是常用词汇,其中"表示"和"表现"是多义词。它们作动词时,都有"显示出来、让人知道"的意思,《现代汉语词典》(第5版)对此的解释为:

【表达】动 表示(思想感情)。

【表示】动 用言语行为显出某种思想、感情、态度等。

【表现】动 表示出来。

可以看出,"表达"和"表现"都是用"表示"来释义。在语言应用中,"表达"与"表示""表现"有时还可以互换,语义差别不明显。如:

我已经向他表达/表示了我的歉意。

我们用这束鲜花表达/表示对老师的感激之情。

画家用绘画来表达/表现自己的思想。

这首歌表达/表现了人们对祖国的热爱之情。

此外,"表现"做动词,还有"有意地显示自己"的意思,带贬义。"表示"和"表现"还可以做名词,"表示"指显示出思想感情的言语、行动或神情,"表现"指人的行为或作风;"表达"可以作宾语和定语,如"他不善于表达、小王的表达能力很强"。总之,这三个词语义差别很小,各自的意义和用法都比较复杂,学习者学习和区分这些词语往往感到很困难,使用时就会出现混用偏误。如:

* 我们俩不知不觉有好感了。可是他和我都说不出来,也表示不出来互相的感情。(表达)

第六节 难点词汇的教学

　　* 他喜欢通过描写周围的环境、人的外表、表情<u>表示</u>主人公的心情、感情。(表现)

　　* 因此他就写了这篇文章来<u>表现</u>自己的感情。(表达)

因此,教师就有必要针对这组近义词进行对比分析。

1. 这三个词的意义和用法是同时教给学生吗?教学时要注意什么?

　　这三个词都是初级词汇,学生在初级阶段的汉语学习中一般都会接触到,其中"表示"会较早学习,其他两个词后学习[①]。但初级阶段的学生并不会学习这些词语的所有义项,教师在教学时只需结合生词在课文中的意义和用法进行讲解。随着学生汉语水平的提高,所接触到的词语意义和用法越来越多,他们就会对这三个词产生困惑。据我们的经验,在中级阶段的汉语教学中,学生常常会找机会向老师提出辨析这些词语的要求。如一道选择填空题[②]:

　　　　中国的教育管理和教育方法,_____了中国的教育思想。
　　　　　A. 体现　　B. 表现　　C. 表达　　D. 表示

　　学生在完成练习时就会请老师讲解"表达、表示、表现"三个词的区别。这时教师就有必要对它们进行对比分析了。

　　在教学时,教师要注意展示这些词语之间不能互换的典型例句,帮助学生明确这几个词各自的语义焦点,如提供三个词通用的例句只会更加让学生摸不着头脑。

　　此外,由于受教学时间的限制和学生接受能力的影响,教师的讲解内容也不能过多,不能面面俱到,像"表现"带有贬义色彩的义项("太好表现")就可以不用特意介绍,因为这一义项学生接触相对较少,与其他词的区别也比较明显。

　　[①] 在《汉语水平词汇与汉字等级大纲》中,"表示、表现"是甲级词,"表达"是乙级词。据考察,很多初级汉语综合教材并未将这三个词全部列为生词,多数只收"表示"(表示感谢),有的只收了"表达"或"表现"。

　　[②] 参见赵新、李英主编《中级汉语精读教程》(第二版),北京大学出版社,2010年。

2. 如何在课堂上对比分析这组近义词?

(1) 启发学生回忆、归纳,引出教学内容

考虑到学习者在之前的学习中并不一定全面掌握了这三个词的意义和用法,在对它们进行对比分析时,教师首先可通过与学生之间的问答,展示一些典型的例句,启发学生回忆、理解这三个词的意义和用法。如:

教师:有的人很会说话,我们可以说他——
→表达能力很强　表达很流利(板书)

教师:你爱一个人,可以给他写封信——
→用语言表达你的爱(板书)

教师:你爱一个人,你会关心她,愿意帮她做很多事——
→用行动表现你的爱　你的爱表现在行动上(板书)

教师:你爱她就送她玫瑰吧,因为——
→玫瑰表示爱情(板书)

教师:朋友帮了你的忙,你会说"谢谢"——
→向朋友表示感谢(板书)

(2) 通过例句引导学生明确词语之间的差异

学生朗读板书的例句,教师再引导学生进一步明确并体会这三个词在意思和用法上的差异:

教师:"表达"强调用语言文字把人的思想感情说出来或写出来。如果别人不明白你说的是什么或写的是什么,那很可能是因为你——

学生:表达不清楚,表达能力差。

教师:"表示"主要是通过行动、表情或语言让别人知道你的态度和意见。你看见朋友脸色不好,你会问他"怎么了",表示你对他的关心。朋友来你家,你会——

学生:表示欢迎。

教师:你跟朋友握手,这是为了——

学生：表示友好……

教师：我们的态度和意见可以通过行动或语言来表示。有时某个具体的事物或符号也能表示特定的意思（教师板书"A 表示 B"）。比如我们刚才说的"玫瑰表示爱情"。我们在马路上经常看见红灯和绿灯，它们表示什么意思呢？

学生：红灯表示停，绿灯表示可以走。

教师：最后，我们来看看"表现"。"表现"出来的常常是人的能力、特点、思想感情等，主要通过人的神情、行为、作品或某件事情等让别人感受到。比如，我们班参加排球比赛，大家都很积极，赢了比赛，老师会说大家在比赛中——

学生：表现得都很好，大家表现出很高的水平。

教师：老师希望这个学期大家能参加各种活动，好好儿表现自己。

（3）进一步归纳总结近义词之间的异同

接下来，教师跟学生一起总结这三个词的同中有异：

"表达"、"表现"和"表示"的对象都可以是思想感情，但意思有些不同。"表达"强调用语言文字直接说出或写出，有时我们的思想感情很难用语言表达出来；"表示"强调通过某种方式让别人清楚地知道你的感情或态度，如"鼓掌"表示欢迎，"点头"表示同意；"表现"强调通过行动或某件事情让别人感受到，常常说"表现在……""……表现出来"，如"我心里不高兴，但没有表现出来"。

（4）补充其他义项和用法

教师还可以根据需要再补充"表示"和"表现"的名词用法。如：

教师："表示"还可以做名词。如果你帮了一个人，他连一句"谢谢"都不说，我们可以说——

学生：我帮了他，可他一点表示都没有。

教师："表现"也可以做名词。我们常听老师说，你最近在学校——

学生：在学校表现不错。

教师：你参加工作以后你的能力、态度等让人满意。我们也可以说——

学生：我在工作中的表现很好，大家很满意。

(5) 通过练习加以巩固

最后，教师可以提供一些填空练习题帮助学生巩固所学知识：

① 我的汉语水平不高，还不能用汉语准确_____自己的意思。（表达）

② 我代表全家向你_____感谢。（表示）

③ 说比较容易，但用文字来_____就比较难了。（表达）

④ 你应该多参加这些活动，把自己各方面的能力都_____出来。（表现）

⑤ 他帮了我们这么大的忙，我们应该要有点儿_____。（表示）

⑥ 老板根据大家平时的_____发奖金。（表现）

⑦ "P"_____可以停车的地方。（表示）

⑧ 一个人的性格特点可以_____在哪些方面？（表现）

总之，在中级阶段对"表达、表示、表现"这类学生在初级阶段就已学习或接触、但并没有完全掌握的近义词进行辨析时，首先要启发学生回忆归纳它们各自的常用义项或容易引起混淆的义项，然后通过情景或例句帮助学生进一步明确并体会这些近义词在意义和用法上的差异，最后再总结它们之间最细微的差异。至于这些词语的其他义项和用法，教师要根据其常用性和学生的需要有选择性地进行教学。

二、怎样进行抽象词语的教学？

抽象词语指的是意义抽象的词语，包括虚词以及一些意义比较抽象的名词、动词、形容词和量词等。由于这些词语表示的是抽象概念，难以形象化，在教学中，其语义教师难以进行描述，因而学习者也不太好理解。其中，虚词是抽象词语中意义最为抽象的，在句法上又具有一定的特殊性，一直以来都是对外汉语语法教学和词汇教学的重点和难点。其他如"代价、刺激、繁荣"等意义抽象的实词,他们的意义和用法的讲解也值得进行研究和探讨。

(一) 学生说出的"他平时不努力,从而考试成绩不好"之类的句子如何纠正?

1. 分析学习者出现这类偏误的原因

"从而"是连词,连接复句中的分句,表示因果或目的关系。这个词语的学习一般要晚于与之意义相近的词语"因此"和形式接近的词语"而"。在教学中我们发现,学习者在表达某一意思时倾向于使用比较简单或较早学习的词语,从而造成偏误。如:

* 你就能获得成功,因此得到更多人的尊重。(从而)
* 这样一来我们可以战胜挫折,而建立更美好的东西。(从而)

学习者也容易将已学的目的语规则过度类推。"因此"是典型的表示因果关系的词语之一,如"他乐于助人,因此深受大家的喜爱""这几天都是大到暴雨,因此运动会延期举行"。"而"的意义和用法相对要复杂些,它连接分句时,可以表示转折关系或对比,如"南方春暖花开,而北方还是大雪纷飞""我喜欢的是古典音乐,而不是流行音乐"。可以看出,使用"因此"和"而"的句子,前后两个分句的主语可以相同,也可以不同。这样,学习者在使用"从而"时,就会将"而"和"因此"的用法泛化,造出以下句子:

* 他平时不努力,从而考试成绩不好。
* 我发现我对美容方面有兴趣,从而我就上美容大学学习。
* 女性也可以学字了,从而老百姓的文盲率越来越少。

在以上例句中,"从而"连接的都是表示原因和结果的分句,从语义上看没有问题。但"从而"在使用上有一定的限制条件,它后面的分句必须是动宾短语或"使/令"短语,上面三个例句如果分别改为"他平时不努力,从而导致他考试成绩不好""我发现我对美容方面有兴趣,从而决定上美容大学学习""女性也可以学(写)字了,从而使老百姓中的文盲越来越少",那句子就符合语法要求了。

2. 通过典型例句展开对比分析

针对这样的偏误,教师应该有未雨绸缪的意识,在"从而"的教学中,要注意通过实例的展示,让学习者在正确例句和错误例句的比较中,在"从而"跟"因此"的比较中体会"从而"的意义和使用条件。如教师先展示以下例句:

① 由于他没有解释清楚,从而引起了大家的误会。
② 三十年来,中国坚持改革开放,从而取得了巨大成就。
③ 我们要做好各种准备,从而保证这次活动能顺利进行。
④ 教师要了解学生学习的难点,从而帮助他们更好地学习汉语。

通过以上例句,教师帮助学生理解"从而"可以表示结果(如例①和例②),也可以表示目的(如例③和例④)。同时,通过提问引导学生发现"从而"后面的成分具有的特点。在此基础上,教师进行以下对比:

⑤ 他没有解释清楚,从而引起了大家的误会。
⑥ 他没有解释清楚,因此大家误会了他。
⑦ *他没有解释清楚,从而大家误会了他。

在对比中,学习者进一步明确"从而"在使用中的限制条件。之后,教师再组织学生进行操练,操练时,可以提供一些变换性练习。如:

他努力学习,因此汉语水平有了提高。→
他努力学习,从而提高了汉语水平。
他乐于助人,因此大家都很信任他。→
他乐于助人,从而得到了大家信任。

当然,表示因果关系时,"从而"与"因此"还存在一些不同。使用"从而"时,前后分句所表示的情况要有时间上的先后关系,"因此"没有这样的限制。这些语义上的差异,可以在前面的例句展示中引导学生认识和理解,为加深印象,还可以在前面的对比环节,加入以下例句进行对比:

杭州风景美丽,因此吸引了大批游客。(从而×)
他符合条件,因此可以参加这次比赛。(从而×)

(二) 介词"就"怎么教?

"就"是一个多义词、兼类词。在对外汉语教学中,不同意义和用法的"就"一般会被分开安排在不同的课文或教学阶段里。通常情况下,在教介词"就"时,学习者已经学习了副词"就"的以下用法:

① 表示对事实的肯定:那就是三号楼│我就是朴志云。
② 表示事情发生得早、快或顺利:我早上六点就起床了│半个小时就到了。
③ 表示在短时间内,立刻:我马上就到│就要下雨了,快走。
④ 表示前后的事情紧接着发生:看完电视就睡觉│下课就回家。
⑤ 表示在某种条件或情况下出现的相关情况:只要努力,就一定会成功│如果下雨,就不去了。

这样,介词"就"的教学就可以利用学生已知的旧知识来引入,将新义项、新用法的学习跟旧义项、旧用法联系起来,这样既能帮助学生复习巩固已学知识,又便于学生理解和掌握新知识。那么具体的教学应该如何展开呢?

1. 如何引出介词"就"的教学并进行讲解?
(1) 利用归纳法引出介词"就"的教学

由于学习者已经学习和掌握了副词"就"的多个义项和用法,教学时,教师可先通过师生之间的问答启发学生说出使用副词"就"的句子,并将其中的典型例句展示出来。然后引导学生观察这些例句,并通过问答归纳出副词"就"的意义。

在这之后，教师要进一步引导学生明确副词"就"的用法,包括"就"在句子中的位置和经常跟它搭配的词语。这样教师可以归纳得出:这些"就"都在句子中间,用在动词前面;但意思不同,跟"就"搭配的词语也有不同。如前面例①中的"就"后面的动词多为"是";例②中的"就"前面有表示时间的词,句子末尾一般有"了";例③中的"就"常跟"马上、立刻"等词或"要……了"格式一起出现;例④中的"就",其前后都有表示行为动作的词语;例⑤中的"就"用在复句中后一分句的动词前边,前一分句常出现"只要、如果、因为"等词语。教师再板书"就"所在句子的结构:

人/事物＋"就"＋动词

在此基础上,教师直接展示使用介词"就"的例句(包括课文中出现的句子):

就这个问题,同学们曾争论过很久。

大家就这个问题发表了自己的意见。

学生朗读以上例句,教师引导学生观察这些例句中"就"后面的词语是否为动词,学生可能会说出"就"的后面不是动词,而是"这个问题"。教师在"'就'＋动词"下面板书含有介词"就"的结构:

"就"＋名词

这样可以让学生了解到,这个"就"跟动词前面的"就"是不一样的,从而激发学生学习的兴趣。

(2) 采用发现法讲解介词"就"的意义和用法

教师通过提问进一步引导学生观察例句,分析"就"所在句子的结构,了解"'就'＋名词"可以放在一个句子的前面;也可以放在句子中间,后面接动词短语。这时教师可以将已板书的结构改为:

("就"＋名词),人＋动词……

人＋("就"＋名词)＋动词……

在此基础上,教师结合例句引导学生发现这类句子中的动词跟"就"后面的名词的关系,学生有可能说出:"争论"的就是"问题","发表"的是有关这个问题的意见。这样教师就可以归纳:"就"是一个介词,后面接名词,这个名词多为某个问题、事情、情况等;它后面的动词常常是"讨论、争论、谈判、发表、进行、谈"等;常用于比较正式的场合。

2. 如何对介词"就"的意义和用法进行操练?

介词"就"的意义很抽象,在用法上也跟副词"就"有着很大不同。教师要注意设计各种练习,由浅到深,帮助学生进一步理解和掌握介词"就"。

(1) 变换练习

让学生将黑板上的两个例句进行变换。如:

就这个问题,同学们曾争论过很久。→
同学们曾就这个问题争论过很久。
大家就这个问题发表了自己的意见。→
就这个问题,大家发表了自己的意见。

教师口述句子,让学生进行变换。如:

就这次考试的事情,他谈了自己的一点看法。→
他就这次考试的事情谈了自己的一点看法。
同学们就老师提出的问题进行了热烈的讨论。→
就老师提出的问题,同学们进行了热烈的讨论。

教师展示句子,让学生用"就"进行变换:

在这次会上,代表们讨论了环境问题。
今后公司将如何发展?请大家发表意见。
我们公司打算跟他们谈合作的事情。

(2) 归类练习

教师展示例句,让学生找出其中意思相同的"就":

① 他一坐下来就想睡觉。　② 有钱,就一定能成功吗?
③ 下个星期就要考试了。　④ 别急,饭马上就好。

⑤ 张老师就开学的准备工作提了一些意见。
⑥ 就市长的工作报告,代表们进行了热烈的讨论。
⑦ 他就是晓东。　　　　　⑧ 电影10点就结束了。
⑨ 那就是我们的教室。　　⑩ 我从小就喜欢运动。

(3) 表达练习

教师可以有意设置情景,如提问学生班上组织聚餐的地点。学生可能会为此进行争论。这时,教师可以引导学生说出:"刚才,同学们就聚餐的事情产生了争论。"

也可以是教师提供情景,让学生根据情况使用介词"就":

① 公司开会讨论明年的工作计划,领导想听听大家对工作计划的意见,可以怎么说?

② 公司举行一个记者招待会,记者提出问题后,会议主持人请公司的张总回答问题,他会怎么说?

上面简单介绍了介词"就"的一些教学步骤和教授方法,以及相应的练习形式。实际上在教学过程中,这些内容并不一定能在一节课里全部讲完,其教学顺序也可以适当调整,因为一节课或一篇课文里还有其他的教学内容。教师要根据整课书的语言点和教学内容灵活安排"就"的教学。如,在通过归纳法引出介词"就"后,教师可以让学生先完成归类练习,然后再讲解介词"就"的意义和用法。用"就"改写句子的练习可以跟其他语言点的相关练习放在一起进行。如果"就"不是课文中重要的语言点,那么根据情景用"就"表达的练习就可以不必安排学生完成。

(三)"至于"怎么教?

关于"至于"的词性,学界争议较大。吕叔湘先生定为动词和介词,有的辞书定为副词和连词。其语义,各家说法也不一,一般的看法是"至于"表示发展到了某种程度,还可以表示另提一事。这个词语一般会出现在中级阶段的汉语教学中。下面结合"虎猫对话"[1]这篇课文来谈谈这个词的教学。

1. "至于"的词性目前存有争议,那么教学时该教什么呢?

教材是我们教学的重要依据。教学时我们要结合生词表和课文,确定具体的教学内容。

首先我们要分析"至于"在生词表中的释义及在课文中的上下文语境,明确相关的教学内容和重点。

该课生词表将"至于"界定为连词,表示另提一事。课文中相应的句子为老虎对猫说的话:"你死后,我只要你的骨头,你的皮肉我会好好埋在土里。至于你的妻子儿女,我会照顾到底。"教师在教学时应重点讲解这一用法,指出"至于"的使用条件,即:使用"至于"的整句有两个分句,"至于"要放在后一个分句的前面;前一个分句谈某个人、某件事、某个问题,后一个分句谈另外一个人、另外一件事、另外一个问题,但它们之间有一定的联系,或者都属于同一个话题、同一个事件,或者都是跟某个事情有关联的人。语境法是讲解这类词语的一种有效方法。教师不必纠缠于至今尚无定论的词性问题,让学生学会如何使用这个词才是教学的最终目标。

此外,教师还要清楚"至于"的另一语义和用法"常用否定式'不至于'用于反问,表示到了某种程度",以备部分接触过这一语义的学生提问。

2. 应该在整课教学的哪个环节教授"至于"呢?具体的步骤有哪些?

在明确了"至于"的教学内容后,教师就要考虑是在生词表的教学中讲解,还是在课文的学习过程中进行讲练,抑或是在课文学习之后作为一个语言点单独讲练,等等。

像"至于"这样的虚词,其意义和用法一定要放在上下文语境中才能明确。因此在生词表的教学中,不需要讲解其意义和用法,而是通过朗读,让学生感知词语的音和形,产生一定的印象,为继续深入理解和运用词语打下良好的基础。

具体的讲练是在课文学习过程中进行还是在课文学习之后单独进行,

---

[1] 参见赵新、李英主编《阶梯汉语·中级精读1》,华语教学出版社,2004年。

就要根据整课书语言点（包括重点或难点词汇、句型句式、固定结构等）的数量、难易程度及其对课文内容的理解是否重要等因素来决定。如果一课书的语言点数量多，教师要注意千万不要将这些语言点集中起来教学，而是要从有利于学生理解和掌握的角度进行分散教学。一般来说，意义和用法相对简单或对理解课文很重要的语言点，宜结合课文的讲练进行教学；反之，复杂的语言点，特别是其中对理解课文不太重要的语言点，宜在课文讲练结束之后单独进行教学。在"虎猫对话"这一课，重点学习的实词比较多，而且大多可以结合课文的学习进行讲练。相对来说，"至于"的语义和用法比较复杂，但对理解课文的内容并不重要，所以可安排在课文讲练结束后专门进行教学。

具体的教学步骤可以这样展开：

第一步：引入（展示）（约1分钟）

引入的方法有很多，但最好能结合课文内容。如在复述课文环节，教师要有意识地启发学生说出待讲解的重点词汇，并板书在黑板上，复述课文结束后再对黑板上的重点词汇进行讲解；或者教师直接将需要专门讲练的语言点展示出来，请学生回忆该语言点在课文中的句子，引导学生在熟悉的上下文中理解这些语言点；当然，教师也可以自己设计情景，将语言点引出，然后利用课文中的句子及其他例句作进一步的讲解。

在"虎猫对话"这一课，"至于"出现在课文的结尾处，教师在学生复述课文时可以将"至于"作为提示词之一展示出来，让学生使用。待学生复述完课文，教师将课文中包含有"至于"的句子展示出来，并让学生朗读，然后再进行讲解。

第二步：讲解（约2分钟）

通过提问引导学生注意观察"至于"在句子中的位置以及前后句之间的语义关系，让学生初步认识"至于"的语义和使用条件。如教师可以问学生："'至于'在句子中的什么地方？它前面的句子告诉我们什么？后面的句子又告诉我们什么？这两个话题有关系吗？"学生回答之后，教师再引导学生总结：这里谈了两个话题，一个是老虎怎么对待猫，另一个是老虎怎么对待猫的妻子儿女。这两个话题有联系，谈的都是猫放心不下的事情，"至于"就要放在第二个话题的前面。

教师再设置情景,展示例句,进一步帮助学生明确"至于"的意义和用法:

再过几个星期就是国庆节了。刚才课间休息的时候有个朋友给我打电话,她想约我国庆节的时候一起出去玩儿,我答应了。她还想问我去哪里玩儿好,但我要上课了,所以我对她说:这事就这么定了,至于去什么地方,我们晚上再电话商量吧。"至于"用在第二个句子前面,前后两个句子都跟"出去玩儿"有关系。

在这一环节,教师对情景的描述一定要简单,描述过程中还可以有一些辅助性的提问或停顿,创造师生互动的机会。如说到"至于"和"地方"的时候,教师可以停顿一下,让学生思考或说话;教师也可以提问:"出去玩儿定下来了,那'去什么地方',该怎么办呢?"启发学生说出"晚上再商量、以后再决定"等句子。在学生完全了解意义的基础上板书例句。

第三步:操练(2~3分钟)

操练有多种形式,但要注意由易到难,由机械性、理解性逐渐过渡到应用性。教师应充分利用课文后设计的练习题,也可适当补充练习题型,引导学生操练词汇,掌握词汇。

针对"至于",课文后的练习只有一种类型的三个小题,即"给括号里的词选择合适的位置":

① A 我们 B 准备暑假去旅行,C 去什么地方,D 还没最后决定。(至于)

② A 我们一定帮你找,B 能否找到,C 我 D 也不敢保证。(至于)

③ A 我 B 只谈谈我的看法,C 是否正确,D 请大家讨论。(至于)

教师可利用以上练习题,先让学生明确"至于"出现的位置以及所表达的意义,然后引导学生说出这些句子应该在什么情况下说。

为帮助学生掌握词的具体用法,教师还应补充一些应用性练习。如提供尽可能贴近学生学习和生活的情景,启发学生在课堂上用目标词进行表达:

情景一:这个学期我们学校有个汉语表演晚会,有同学问我们班参加不参加,参加的话表演什么节目。那该怎么回答他:"(我们班要参加表演,至于表演什么节目,大家商量以后再决定吧。)"

情景二:你的朋友明天要参加一个比赛,他很紧张,你可以对他说:"别紧张,(这只是一次比赛,你努力了就行,至于结果,并不重要。)"

情景三:如果一个人总是为将来的事情担心,你可以告诉他:"(我们应该过好每一天,至于将来会发生什么,现在谁都不知道。)"

教师还可以说出前半句,请学生说出或写出完整的句子:

我们这次就坐飞机去吧,至于……

现在最重要的事情是复习考试,至于……

我只知道他住在留学生楼,至于……

一般来说,课堂教学不可能都按计划进行,因此在课前准备时,应多准备一些内容,上课时,再根据学生的反应或课堂情况适时做出调整。像上面补充句子的练习就可以视情况安排学生在课后完成,待下次上课检查,这也是对所学词汇的复习和巩固。

3. 在课堂上实施课前的教学设计时要注意什么?

课前的教学设计是我们进行课堂教学的重要依据。但设计中的安排并不是一成不变的,需要灵活运用,适时变通。

如教师在利用情景讲解生词并组织学生操练时,可以将已经准备好的情景提供给学习者,让学习者理解和运用生词。同时根据学生的反应,围绕给出的情景有针对性地提问或引导,以加深学生的印象,避免枯燥和单调的讲解。比如前面情景一的教学就可以这样展开:

教师:这个学期我们学校有个汉语表演晚会,今天有同学问老师,我们班参加不参加?你们说呢?

学生:参加,参加。

教师:好,我们班要参加汉语表演晚会。那表演什么呢?

学生:唱歌、小品……

第六节　难点词汇的教学

教师：大家的意见不一样。现在能决定吗？

学生：不能。

教师：所以我们可以说,我们班要参加表演晚会,至于表演什么节目——

学生：现在还不能决定。

师生：我们班要参加表演晚会,至于表演什么节目,现在还不能决定。

教师：那我们怎么办？以后能决定吗？

学生：大家商量,老师决定……

教师：好,我们也可以说,我们班要参加表演晚会,至于表演什么节目——

学生甲：我们班要参加表演晚会,至于表演什么节目,下课后再商量。（学生一起重复）

学生乙：我们班要参加表演晚会,至于表演什么节目,由老师决定。（学生一起重复）

学生丙：我们班要参加表演晚会,至于表演什么节目,大家商量以后再决定。（学生一起重复）

通过这样的操练,学生基本上能理解"至于"的意义和用法。教师接着展示情景二,稍作停顿,点名让学生说出句子。学生说出的句子并不一定准确,教师要注意给学生提示启发,从而引导出正确的句子,然后再让全班同学重复。某个情景下可以表达的句子也不是唯一的,如在情景二中就可以生成以下一些句子：

你要相信自己一定能行,至于成绩怎样,你不用想太多。

你能参加这次比赛已经很厉害了,至于比赛结果,你不用太在意。

你现在需要的是放松,至于明天的比赛,你就当是一次练习。

教师要充分利用情景,创造尽可能多的机会,引导学生生成各种句子。这里特别要强调的是,教师要善于捕捉和利用即时情景或课堂上的现场情景。像前面利用情景一的教学,教师就应尽量帮助学生进入情景,使他们有身临其境之感。笔者在讲解"至于"的意义和用法那节课,正好班长问举行排球比赛的具体日期和时间,笔者借此回答道:"排球比赛是星期六上午举行,至于具体的比赛时间,下课以后我再问问办公室。"这种真实可感的语言环境为教师自然展开"至于"的教学提供了一个好的契机。

(四)怎样解释"充满、刺激、纯洁、欲望"等词语的意思?

这些词语都是意义比较抽象的实词。在教学中,我们经常会遇到这些难以形象精确地解释其意义的词语。从词类上来说,这些抽象的实词包括了名词、动词、形容词和量词,如:

名词:爱好　本领　代价　待遇　道德　个性　贡献　欲望
动词:安排　摆脱　暴露　布置　采取　充满　处理　奋斗
形容词:悲观　薄弱　诚恳　纯洁　恶劣　繁荣　积极　寂寞
量词:番　副　伙　具　枚　批　丝　项

针对这些词语,我们该如何进行教学呢?

1. 解释这类词语的方法主要有哪些?

在教学中,用学生已经学过的简单易懂的词语来直接说明这些抽象词语的意义和用法并辅之以实例,是较为常用的有效方法。如"爱好"就是一个人很感兴趣或很喜欢的活动和事情,可以是看书、爬山、看电影、打网球等。"本领"就是工作方面的能力、技术或需要专门训练才能学会的技能,如修理汽车、开飞机、设计服装等。"欲望"就是特别想得到某个东西或达到某个目的的愿望,如金钱的欲望、购买名牌的欲望、对权力的欲望。

有时,一些抽象词语的意思很难用汉语词语来解释清楚,或用汉语解释后学生还是难以明白,这时就可以灵活采用其他一些教学方法。像我们在前面章节所介绍的情景释义法就常用于抽象词语特别是其中的重点词语和难点词语的教学。如教授"寂寞"这个词语时,教师可以先设置情景:"刚来中国的时候,很多同学不习惯,因为没有朋友,不能跟自己的家人在一起,回到宿舍时都是一个人,汉语也不好,不能跟人聊天。"接着问学生:"为什么不习惯呢?"学生可能回答:"身边没有朋友、家人,一个人……"教师继续问:"这是一种什么感觉?"由此引导出"很寂寞",启发学生说出"刚来中国的时候,没有朋友,没有家人,感觉很寂寞"。

此外,以下三种方法也常用于抽象词语的教学:

(1) 搭配法

在用旧词直接解释新词的基础上,展示这个抽象词语常用的组合搭配,可以帮助学生体会词语的意义。如:

"摆脱"就是主动地离开不好、不喜欢或对自己不利的人、事情或情况等,如"摆脱坏人、摆脱危险、摆脱痛苦、摆脱烦恼"。

"充满"就是在一定范围内到处都是,后面搭配的名词多是抽象词语,如"眼里充满泪水、教室里充满笑声、心里充满欢乐"。

量词是汉语中比较特殊的词类,也是学生词汇学习的难点之一,教师在讲明量词的使用范围的基础上,为学生提供常见的名量搭配形式,并要求学生朗读和记忆,也不失为一种积极有效的手段。如:

一丝希望　一丝微笑　一丝感谢　一丝感动　一丝凉风
一番努力　一番好意　一番景象　一番话语　一番冲动
一项运动　一项工作　三项冠军　各项任务　几项工程

(2) 特例法

列举一种或几种与被释词语意义相符合的情况,使学生通过比较具体的实例体会抽象词义,也可以称之为"以偏概全"法。

如教"苦恼"一词,教师可以先解释:"心里很痛苦,心情很不好。"然后再补充一些特例:"女朋友要跟你分手,你会很苦恼。""工作中跟同事关系不好,你会苦恼。""考试成绩不好,你也会苦恼。"最后提出问题:"同学们,你们遇到过苦恼的事情吗?"通过多个令人苦恼的现象的列举以及学生的思考,"苦恼"的意思也就不难领会了。

又如"刺激"也可以这样来解释:"去游乐场玩儿游戏,会让你情绪激动或兴奋,这就是刺激。去沙漠探险会让人感到刺激。有的人喜欢开快车,他觉得刺激。"接着问学生:"什么事情会让你觉得很刺激?"

(3) 问答法

通过师生之间一对一或一对多的问与答,让学生领会词语的意思。如教"纯洁"这个词语:

> 教师:什么颜色你们觉得最干净?
> 学生:白色。
> 教师:结婚时,新娘要穿白色的婚纱,为什么?
> 学生:白色代表纯洁。
> 教师:什么人最纯洁?
> 学生:小孩儿。

当然在实际的教学中,以上方法的运用并不是完全孤立的,像情景法、特例法的教学就常通过师生之间的问答来进行,有经验的教师常常会根据教学需要综合运用两种或多种教学方法来展开重点或难点词汇的教学。如教师在运用问答法使学生对"纯洁"的意思有所了解后,可以给出一些常用搭配"纯洁的小姑娘、纯洁的爱情、纯洁的心",然后再让学生扩展这些短语。

2. 举例说明如何在一课书的教学中展开这些抽象词语的教学。

下面以"刺激"为例,结合课文《奇特的食物》①,进一步说明在教学中如何展开复杂的抽象词语的教学。

——教学内容分析

在《奇特的食物》这一课的生词表里,"刺激"的释义为"外界事物作用于感官,使生物体发生反应或变化",课文中相应的语句为"大致说来,凡是能刺激人的东西都是好的。湖南人的辣椒,广东人的苦瓜,其妙处全在那辣和苦"。该课的"重点词语学习"部分将"刺激"列为重点词语,对该词的三个义项进行了说明,并都给出了相应的例句。首先说明了"刺激"在课文中的意思和用法:

---

① 参见赵新、李英主编《中级汉语精读教程Ⅱ》(第二版),北京大学出版社,2010年。

第六节 难点词汇的教学

"刺激",动词,表示外界事物作用于感觉器官,使生物体起反应或发生变化;可以作谓语、宾语和定语。如:

① 这类药物会刺激人的肠胃,不宜过多服用。
② 这种疾病患者受到光的刺激,病情就会加重。
③ 实验证明,人的大脑若不加以刺激就会退化。
④ 医生说我喉咙疼,应该少吃那些刺激性食物。

然后指出"刺激"的另两个义项:"刺激"还常表示使人激动,使人精神上受到打击或挫折;还表示推动事物,使起积极变化。

前一义项相应的例句,如:

⑤ 去沙漠探险一定很刺激。
⑥ 你别拿这些话来刺激他,他已经够难受的了。
⑦ 这次失败对他刺激很大,最近情绪都很不稳定。

后一义项相应的例句,如:

⑧ 政府应该采取有效措施刺激消费,促进经济增长。
⑨ 这些水果适合餐前食用,可以刺激食欲。

该课书设计的有关"刺激"的练习有两个,第一个出现在练习四"选择合适的词语填空"中,针对的是"刺激"在课文中的意思:

经常用冷水洗头会_____神经,容易引起头痛。
　　A. 滋补　　B. 勉强　　C. 循环　　D. 刺激

第二个练习出现在练习七"用括号里的词语完成句子"中,针对的是"刺激"表示使人精神上受到打击或挫折的意思:

_____,你多陪陪她。(刺激)

教材对"刺激"的处理是有一定合理性的。因为"刺激"在课文中的意思就是其本义,本义与引申义之间关系比较密切,而且各义项的常用程度差异不大,相对来说,"使人激动"这一义项似乎更为常用。因此,放在一起教学便于学生理解,分开教学反倒不利于学生学习。

——教学设计

教学时要善于利用教材对"刺激"的解释说明,并根据整课的教学内容灵活安排"刺激"三个义项的教学,先教"刺激"在课文中的义项,再教其他两个义项。

(1) 在生词表的教学环节,简单讲解"刺激"在课文中的意思。

根据课文内容和各生词间意义上的联系,教师可将"辣椒、苦瓜、榴莲、喉咙、辣、刺激、呕吐"等生词放在一组进行教学。前5个生词意思简单,在认读生词环节,教师稍加提示和说明,学生就可以明白其意义。认读生词结束后,教师可通过提问自然引出"刺激、呕吐"的教学。如:

教师:刚才我们说辣椒很辣,苦瓜很苦,榴莲呢?

学生:很香,很臭,很怪……

教师:有的人喜欢榴莲,有的人不喜欢。不喜欢榴莲的人闻到榴莲的气味,就会——

学生:觉得不舒服,恶心,呕吐……

教师:这是因为榴莲的气味比较刺激,它是具有刺激性气味的水果(教师板书"刺激性",并让学生重复"榴莲是具有刺激性气味的水果")。有些食物,我们吃了以后,也会有比较大的反应,这些食物就是刺激性食物。例如——

学生:辣椒、香菜、姜……

教师:老师今天喉咙疼,所以不能吃——

学生:辣椒,辣的东西,刺激性食物……

在此基础上,教师再引导学生说出:"喉咙疼应该少吃辣椒,因为辣椒很辣,是刺激性的食物。辣椒吃多了,刺激肠胃,肚子会不舒服。""榴莲有刺激性气味,会让人呕吐。"通过这些例子,学生可以大致了解"刺激"的本义及其作定语和谓语的用法,同时还能及时复习新学的一组生词。

(2) 在课文的讲练环节,练习和巩固"刺激"在课文中出现的意思和用法,并展开其他义项的教学。

第六节　难点词汇的教学

为不影响课文学习的完整性,"刺激"的教学宜穿插在两个小的环节中进行:

第一个小环节,串讲课文时,教师可针对"刺激"提出问题:"作者认为辣椒、苦瓜、榴莲是奇特的食物吗?它们有什么特点?"引导学生用"刺激"回答。

第二个小环节,串讲课文完毕,教师引导学生总结归纳课文内容时,注意让学生再次使用"刺激",并在归纳总结之后展开"刺激"的教学。在这一过程中,教师要善于利用教材所提供的例句来设置情景,由易到难引导学生用"刺激"进行表达。如:

> 辣椒对肠胃有刺激,所以不能多吃。喉咙疼,应该少吃——
> (引导学生说出"喉咙疼应该少吃那些刺激性食物"。)
> 生病了,我们要吃药,但有的药——
> (引导学生说出"有的药会刺激肠胃,不宜过多服用"。)
> 有的病人眼睛有问题,所以他们——
> (引导学生说出"他们不能受到光的刺激,否则病情会加重"。)

可以看出,以上表达内容实际上来源于教材所提供的例句,但相对要简单一些。因此,在启发学生自由表达后,教师还可将教材中的相应例句展示出来,让学生朗读,以进一步理解并深化刚刚练习的内容。

在学生基本掌握"刺激"在课文中的意思后,教师引出"刺激"的第二个义项。这一义项相对来说更常用,教材的应用性练习也有所涉及,所以应是教学的重点之一:

> 教师:光、气味、食物等都会刺激我们,让我们身体有反应。生活中也有很多事情会让我们特别激动兴奋,比如说去沙漠探险——
> 学生:非常刺激。(教师板书"非常刺激"。)
> 教师:那还有什么事情会让你觉得特别刺激?(让不同的学生做出回答。)

教师：不过也有一些事情带给我们的不是激动兴奋，而是痛苦，精神上的打击。这些不好的事情也会刺激我们。比如你朋友跟恋人分手了，情绪很不好，可以说失恋这件事对他——

学生：这件事对他刺激很大。（教师板书"对他刺激很大"。）

教师：如果有朋友精神上受到刺激，你会怎么办？（教师板书"受到刺激"。）

学生：安慰他，多陪他，不要刺激他……（教师板书"不要刺激他"。）

以上教学过程将"刺激"的用法通过师生间的问答展示给了学生。为加深学生印象，在展开以上教学后，教师还可让学生朗读短语，再启发他们将短语扩展为句子。

"刺激"的第三个义项在该课中没有涉及，不如前两个义项常用，可以视学生的接受情况决定是否讲练。如有学生问到，教师利用教材中的相应例句将这一义项的常用搭配如"刺激消费、刺激食欲"，教给学生，并稍作练习即可。

总的来说，在课文的讲练环节讲解"刺激"，并不是简单地将教材所提供的相关解释告诉给学生，或机械地让学生朗读例句，而是要结合课文的学习恰当安排有关"刺激"的教学内容，并综合运用各种教学方法充分调动学生的主动性和积极性，启发学生理解生词并加以运用。

（3）利用教材所设计的练习检查学生是否理解和掌握生词"刺激"。

如前所述，词语练习应贯串于整个词汇教学活动。以上针对"刺激"的教学基本上是通过课堂上师生间的互动来展开，边讲边练，但这种练习基本上是课堂上的集体练习，教师并不能确定每个学生都真正理解和掌握了所学生词。即使学生在课堂上听懂了，课后如不及时复习，也很容易遗忘。因此，教师还需安排学生独立完成一些针对性的词语练习，以检查教学效果，并强化学生的记忆，帮助他们熟练运用所学重点生词"刺激"。这些练习以教材中的为主，教师视情况适当补充。

就该课的练习来看，练习四是理解性练习，一共有12道选择填空题，针对的是该课的语言点,包括"刺激"等生词、近义词的辨析等。教师可在学生学完生词表里的生词后,布置学生课后完成该练习,有问题存疑,待练习所涉及的语言点讲解完后,再在课堂上评讲练习。教师也可以从中挑选一些只涉及生词意义理解的练习题,包括针对"刺激"的练习,在复习上一次课所讲生词的环节,将这些练习展示出来,给学生一点独立思考的时间,再点名让学生说出答案。

练习七是应用性练习,共有 10 小题。其中有 4 小题针对的是"刺激、勉强、滋味"等实词。这些词语的教学基本上能在同一次课上完成,教师讲解完这些词语后,可以给学生一点时间在课上独立完成这些练习题,然后再进行评讲。由于练习针对的只是"刺激"的第二个义项,教师还可补充针对"刺激"第一个义项的练习,如:

这些东西你最好少吃,＿＿＿＿＿＿＿＿。

教师也可以先讲解完某个词语,再将相应的练习题展示出来,让学生独立完成。当然,教师还可以布置学生在课后完成练习七,下次课上再进行评讲或要求学生上交作业给老师批改。

总之,让学生独立完成练习是词语教学特别是重点词语教学中一个不可缺少的环节。针对某个生词的练习不是孤立进行的,而是要跟其他词语的练习结合起来共同进行。

思考与练习

1. 在课堂教学中,如何处理近义词语的问题?
2. 如何进行多义虚词的教学?请举例说明。
3. 抽象词语的词义解释方法有哪些?请举例说明。
4. 课堂上如何帮助学生掌握以下近义词语:
   以为—认为　　或者—还是　　严厉—严格　　财产—财富
5. 学习"往往"时,学生可能想知道它与"常常"的异同,教师该如何在课堂上辨析这两个词语?

6. 在某中级精读课文中有这样一个句子:"十年前我被法国朋友强劝,勉强吃了一个蜗牛,差点儿没吐出来,现在想起来还不是滋味。"课文针对生词"勉强"设计了以下两类练习:

给下列句中画线的词选择合适义项:

① 他不想去就算了,不要**勉强**他。

② 这点儿钱**勉强**够用一个月。

③ 我本来不想去,可他一再要我去,我只好**勉强**同意了。

④ 他的英语说得很快,不过我还**勉强**听得懂。

⑤ 吃不完,就不要**勉强**吃了。

A. 不是心甘情愿的　　　　B. 能力不够,还尽力做

C. 使人做他不愿意做的事　D. 数量不充足,程度不够高

用括号里的词完成句子:

① 你身体不太好,_____。(勉强)

② 见他态度这么坚决,_____。(勉强)

请根据以上内容设计生词"勉强"的教学方案。

深度阅读/参考文献

高　燕(2008)《对外汉语词汇教学》,华东师范大学出版社。

洪　炜(2011)语素因素对留学生近义词学习影响的实证研究,《语言教学与研究》第1期。

彭小川(2003)论"精讲活练",《语言教学与研究》第1期。

万艺玲(2010)《汉语词汇教学》,北京语言大学出版社。

吴　琳(2008)系统化、程序化的对外汉语同义词教学,《语言教学与研究》第1期。

杨寄洲(2004)课堂教学中怎样进行近义词语用法对比,《世界汉语教学》第3期。

张　博等(2008)《基于中介语语料库的汉语词汇专题研究》,北京大学出版社。

张和生(2008)《汉语可以这样教——语言要素篇》,商务印书馆。

第七节　综合课和口语课的词汇教学

【内容简介】　综合课和口语课的词汇教学都重视训练学生在交际中使用汉语词汇的能力。相对而言,口语课作为一门单项技能训练课,更强调语言的口头输出,词汇教学侧重于提高学生的口头表达能力,课堂上教师通常不会对生词进行单独讲练,生词的教学大都结合句型或课文来进行,与交际生活的实例相结合。而综合课作为语言教学的主干课型,所承担的词汇教学任务更重。在课堂上,除了专门的生词表教学环节外,语法点的教学和课文的讲练环节都融入了词汇的学习。教师要善于根据整课书的教学内容和教学环节来合理安排词汇教学,并通过各种练习,指导学生掌握和运用所学词语。

一、口语课的词汇教学与综合课有什么不同?

在口语课、听力课等课程的教学中,一些教师常常像上综合课一样教生词,比如,用整整一节课甚至更多的时间逐一讲解生词,讲每个生词的意义和用法,不仅讲生词在课文中的意思,还讲生词的其他意思。这可能是因为综合课在对外汉语教学中地位非常重要,开设的课时往往最多,许多教材、论著在论述词汇教学时,也往往以综合课的词汇教学为例,一些教师也就把其中的教学原则、教学方法等照搬到其他课型的教学中了。特别是在初级阶段的前期,综合课很快由语音阶段进入句型阶段,课文多为对话体,跟口语课课文形式基本一样,教师在处理时很容易混淆这两类课程的教学。

事实上,作为语言课,口语课与综合课一样,教学的最终目的都是为了提高学生运用汉语进行交际的能力,因此都重视语言的输出,教师在课堂上要积极创造各种机会鼓励学生进行语言输出。但口语课和综合课毕竟是两类不同的课程,就词汇教学而言,口语课跟综合课无论在教学任务和内容,还是在教学环节和处理方式等方面都存在一些不同。

综合课是承担系统的语言能力教学任务的主要课型,是对学生进行听说读写综合训练的课型。综合课的词汇教学既要训练学生在交际中使用汉语词汇的能力,还需要通过各种方式使学生认识和理解尽可能多的词汇,扩大学生的词汇量。为此,综合课的词汇教学还要帮助学生在潜移默化中理解和掌握比较系统的汉语言词汇知识和多种词汇学习策略,培养其自学汉语词汇的意识和能力。

相对而言,口语课作为一门单项技能训练课,它培养的是学生在实际生活中运用汉语进行口头交际的能力,在教学中需强化语言的口头输出,突出"说"这一语言技能的训练。词汇教学是口语课的教学内容之一,但其重要性显然没有综合课的那么突出,所承担的教学任务也没有综合课那么重。口语课的词汇教学主要是为了提高学生的口头表达能力,帮助学生借助汉语词汇表达意义,使学生在口头交际中能比较顺畅地传递信息、表达思想。因此该课程所需要讲授的生词并不多,生词的教学大都要结合一定的上下文和情景来进行。它所教授的词汇也以口语词汇为主。

具体到课堂教学,口语课的生词部分大多已在综合课或其他课程中讲授过,特别是初级阶段的口语课,真正的生词并不多,教师通常不会对生词进行单独讲练,生词的学习主要结合句型或课文来进行,尽量放在交际生活的实例中。个别的难点词汇,教师会稍作解释,并进行适度扩展,最后再过渡到课文中的句子。而综合课则需要安排单独的生词讲练环节,包括生词表的学习、重点或难点词汇的讲练,除此之外,教师还要利用课文和语言

第七节 综合课和口语课的词汇教学

点的学习帮助学生全面理解所学生词的意义和用法,进一步巩固所学词汇。

综合课词汇教学内容和教学过程比较复杂,接下来我们会通过多个教学实例加以说明。在这里,只举例说明口语课是如何进行词汇教学的。

我们来看看初级阶段《汉语会话 301 句》[①]中的第十二课《我想买毛衣》。初级口语课一般包括复习、新课教学、练习等环节,其中新课教学又由话题导入、生词和基本句型的教学、课文教学三个环节组成。这一课的生词表共列出 21 个生词,包括:

想 毛衣 天 冷 件 怎么样 可以 试 大 小 ……极了
小姐 短 再 短信 饮料 生词 穿 衣服 长 少

以上生词,学生多数在读写课上学过,或在日常生活中接触过。教学时,教师不必像综合课那样将它们一起展示出来专门进行讲练。具体的处理可以是这样:

在话题导入环节,教师可以提问学生是否有在中国买衣服或买鞋子的经历,并请有此经历的人介绍买这些东西时需使用的句子和遇到的困难等等。由此引出本课的基本句型,如"这件衣服我可以试试吗""这件不大也不小"等,以及其他包含有生词的句子,如"我再试一下儿""太短了"等。由于有一定的情景,又来源于实际生活,学生会比较自然地习得句型以及生词。

生词和基本句型的教学环节,主要通过朗读的方式让学生熟悉基本句型和其中的生词。在这一环节教师可以引导学生使用生词。如针对基本句"我想买件毛衣",教师通过提问"什么时候你说这句话",让学生说出"你想买什么",并引出问题"你想做什么",让学生回答,这样就能引出"我想喝饮料、我想发短信"等使用了本课生词的句子。

课文的教学环节,教师一般会通过问答、复述、归纳提纲等方式来帮助

[①] 参见康玉华、来思平编著《汉语会话 301 句》上册(第三版),第 103～110 页,北京语言大学出版社,2006 年。

学生掌握课文内容。学生在课文语料所提供的交际情景中进一步理解和使用生词。

在练习环节,一般都有会话练习或自由表达。教师根据学生的表达需要,适当补充词汇。这一课的自由表达,要求学生介绍自己买的一件东西。教师可根据学生水平,补充在真实交际环境中所需要的词汇,如"鲜艳、衬衣、裙子、T恤"等,以扩充学生口语表达所需要的词汇量。

中高级阶段的口语课,生词量会相对增多。教师一般在课文教学之前讲解生词,有时也会结合课文的教学讲解生词,重点是常用的口语表达方式以及交际性强的词汇。在课文学习之前讲解生词,教师通常会给出情景让学生使用生词进行表达。在课文学习中讲解生词,教师多就课文内容提问,其中的回答包括需要讲解的生词;教师也可以直接回答学生提出的有关词汇方面的疑问。

总之,口语课的词汇教学基本上是隐性的,即词汇的学习跟口语交际训练融合在一起,使学生在一定的上下文和交际环境中,自然习得词汇,懂得在什么情景中使用什么词语,什么词语能够实现某个特定的交际功能。

二、初级阶段综合课的生词,怎么教?

在本章节,我们主要以《你学了多长时间汉语?》[1]这一课为例来讨论初级汉语教学阶段综合课的词汇教学。这一课的教学处于句型阶段。

目前,初级阶段综合课的教学一般分为语音阶段、句型阶段和短文阶段。语音阶段,就是通过词、短语和简短会话来进行语音教学,生词的学习主要是为语音教学(汉语语音的声、韵、调)服务。句型阶段,教学的重点是语法,课文以基本的语法结构为主线,围绕有关的语法点和一定的情景组织语言材料,多为对话体。短文阶段,主要是复句及语段表达的训练,句型、语法点依然是教学的重点,但其重要性排在词语教学之后。总的来看,

---

[1] 见李晓琪主编《博雅汉语·初级起步篇Ⅰ》,第161~166页,北京大学出版社,2004年。

第七节　综合课和口语课的词汇教学

初级阶段的综合课侧重于集中强化、编排有序的语法教学,词汇教学不是课堂教学的核心,但却是必不可少的环节。那这一阶段的综合课该如何进行词汇教学呢?

(一) 如何处理生词表?

《你学了多长时间汉语?》这一课一共有 22 个生词,它们在课文生词表的排序为:

1. 迟到(动)　2. 堵(动)堵车　3. 坏(动)　4. 轮胎(名)
5. 破(动)　6. 倒霉　7. 小时(名)　8. 平时(名)
9. 钟头(名)　10. 着急(形)　11. 用(动)　12. 写(动)
13. 作文(名)　14. 口语(名)　15. 看①(动)　16. 学(动)
17. 初中(名)　18. 语法(名)　19. 简单(形)　20. 翻译(名)
21. 下(形)②　22. 学期(名)

这课书的授课时数为 4 节课,生词表的教学时间宜控制在一课时内。教学前,教师应结合要学习的语言点和课文内容认真分析生词表中各个生词的特点,并合理安排词汇教学内容和教学时间。

1. 这一课生词的特点是怎样的? 如何有针对性地进行教学?

通过分析,我们可以发现,这一课的生词除"轮胎"外,基本上是常用词,需达到复用式掌握。其中,"坏、破、用、看、下、翻译"是多义词和兼类词,"倒霉"是离合词,"平时"意义比较抽象,"小时"和"钟头"是一组近义词,"简单"一词会让学生联想到以前学过的"容易",这些词语要引起教师的特别重视。

(1) 针对多义词

教师一般要遵循因文释义的原则,即根据某个词在课文中的意思和用

---

① 课文里"看"的意思是"觉得、认为"。
② 课文里"下"表示次序或时间在后的。《现代汉语词典》(第 5 版)里其词性标注为名词。

法做出相应的解释和说明；如果多义词的某个义项和用法,学生已经学习过了,教师就有必要引导学生归纳总结多义词的意义和用法。具体来说：

"坏、破、用、翻译"这四个词是学生以前没有学习过的,教师只需讲解其在课文中的意思和用法；不过"翻译"一词在生词表中标注为名词,课文中对应的句子是"简单的翻译也没问题",实际上是动词作主语,教学时教师应讲解其作动词的意思和用法。

"看"和"下"是学习者在之前的课文中就已经学过的词语,如"看电视、看病、看朋友"和"楼下、下雪、下课"；此外,"下车、下楼"虽然没在课文中出现过,但跟生活联系密切,所以学生经常接触。这些义项和用法有必要通过本课的学习进行归纳总结。但这两个词的处理办法略有不同。"看"在课文中的意思是"觉得、认为",跟学生以前接触过的义项联系不大,宜结合课文的学习进行讲练,在生词表的学习中只需启发学生说出以前学过的搭配；"下"可以跟该课另一生词"学期"组合,容易被学生理解,可以在生词表的学习中让学生了解其新的义项和用法,然后再结合课文的学习对其义项进行总结。

（2）针对意义抽象的词语

意义比较抽象的词语"平时",其意义和用法在课文语境中清楚地显示出来了,宜放在课文的学习中进行讲练。

离合词"倒霉"可以扩展为"倒了霉了、倒大霉了",教师应设置情景让学生练习。

（3）针对近义词

该课涉及两组近义词"小时—钟头、简单—容易"。前一组均在生词表中出现,其差异容易为学生理解和掌握,可以在生词表的学习中加以区分；后一组,"简单"是该课生词,在生词表的学习中,学生只需大致了解"简单"的形音义,两个词语的辨析可结合课文的学习进行。

（4）拟补充词汇

根据该课的生词特点,教师还可适当补充一些词汇：与"口语"相对的"书面语",跟"初中"有联系的"小学、中学、高中","作文"的量词"篇",跟

第七节 综合课和口语课的词汇教学

"破"经常搭配的"洞"(如"破了一个洞")。

2. 在课堂上,如何教授这一课的生词表?

一篇课文的学习基本上是从生词表的学习开始。一般来说,教学步骤如下:

(1)朗读生词。教师领读,学生看着课文中的生词表跟读;之后,学生自己练习朗读生词,进一步熟悉生词的形和音,教师个别辅导。

(2)教师按词的语义相关性和词的语法特征在黑板上或PPT上展示生词,让学生认读(如每人读5个左右,请12个同学完成,共读三遍),教师纠正发音:

学	写	看	用	翻译
语法	作文	口语	轮胎	
初中	下学期	小时	钟头	平时
迟到	堵(车)	坏	破	倒霉
着急	简单			

(3)教师再次领读生词。在领读过程中,教师不能让学生机械地跟读,而是尽量将学生比较熟悉或容易理解的生词(主要涉及上面第一行至第三行的生词)串起来念,并引导学生组词成语或组词成句,让学生在短语或句子中进一步明确这些生词的意义和用法。如:

学→学汉语　学口语　学语法→你想学什么?(让学生自由回答)

写→写汉字　写作文→(引导学生说出"写请假条[①]"……)

看→看什么→看电视　看作文　看——(引导学生说出"看足球比赛、看朋友、看病")

用→用汉语写作文　我能用汉语写作文→用笔写字(教师动作演示)

翻译→翻译英语　用汉语翻译→你能用汉语翻译这个英语故事吗?(让学生回答)

[①] "请假条"以及后面出现的"足球、比赛、能"等都是前几课学过的生词。

语法→汉语语法　英语语法　一本语法书
　　作文→一篇作文①　写作文
　　口语→书面语　口语→用书面语写作文　说口语→你的汉语口语怎么样？（让学生回答）
　　轮胎→汽车轮胎（图片展示）　自行车轮胎　一个轮胎
　　初中→初中　高中→小学　中学　大学→读初中　读高中　读大学
　　下学期→一学期/一个学期　这学期/这个学期　下学期/下个学期　上学期/上个学期（朗读时，教师要告诉学生"个"可有可无）
　　小时→一小时/一个小时　一小时是60分钟　一天有24个小时
　　钟头→半个钟头　一个钟头→一个钟头就是一小时（教师告诉学生"钟头"用于口语，要和量词"个"一起使用；"小时"用于口语和书面语，可以不跟量词"个"一起使用）

（4）教师讲解部分重点生词（前面展示的第四行和第五行的生词）的意义和用法。

这些生词除"简单"外，可归属于一个事件主题，用来介绍倒霉的事情。教师要利用生词之间的这种联系进行教学，帮助学生理解和记忆。如：

第一，通过师生问答讲解生词"迟到、堵车、坏、破、着急"。

教师可以问学生："今天我们班谁上课迟到了？""做哪些事情，我们可能会迟到？""为什么迟到？"引出句子："他很晚起床，上课迟到了。""老师希望大家上课别迟到。""路上堵车，他上班迟到了。"

教师继续提问："什么地方常常堵车？为什么堵车？路上堵车，你怎么办？"引出词语和句子："车坏了。""轮胎破了。""马路上堵了很多车，我很着急。"教师再问学生："堵车的时候，我们很着急。那还有什么时候你会很着急？"引导学生使用"着急"进行表达。

教师利用教室中的东西，引导学生练习"坏"和"破"："门坏了、窗户坏了、灯坏了、手机坏了，书包破了、杯子破了、衣服破了一个洞。"

---

① 这里教师需补充量词"篇"，并板书。

第七节 综合课和口语课的词汇教学

讲练完以上生词后,教师引导学生使用这些生词进行成段表达,由此引出生词"倒霉"的教学。

第二,通过情景讲解生词"倒霉"。

教师可以利用学生的成段表达,自然引出"倒霉"一词,让学生明白"倒霉"就是"遇到不好的事情,不顺利"。再设置情景帮助学生进一步理解和运用"倒霉":"朋友第一天上班,路上堵车,迟到了20多分钟。到了公司,发现手机又不见了。"引导学生说出:"他今天真倒霉。"

教师再让学生说出他们认为倒霉的事情,如"考试不及格、钱包不见了、工作没有了、刚买的新手机坏了",并引出"倒大霉了、倒了霉了"等短语,让学生练习。

第三,通过举例让学生大致了解"简单"的意思。

教师问学生:"刚才我们说了一些倒霉的事情,那'今天真倒霉'用英语怎么说呢?你们能翻译吗?"通过问答,引出:"这个句子很简单,所以很容易翻译。""快下课了,所以老师简单地说了一下这个词的意思。"启发学生了解"简单"主要表示内容少,不复杂。

(5) 重点词语讲完后,全班同学再齐声朗读一遍生词,以加深印象,教师也跟学生一起读,控制语音和速度。

总之,初级阶段的生词大多是常用词汇,要求复用式掌握。由于数量不多,在生词表的学习环节,教师要注意将"讲"和"练"紧密结合起来,"讲"中有"练",或以"练"带"讲",引导学生通过生词的组合搭配理解和记忆多数生词的形音义,并在一定的上下文和情景中学会使用一些重点词语。

当然,在初级阶段的综合课上,并不是所有的课文教学都需要从生词表的学习开始。教师也可以根据教学内容,先讲练语法点,在语法点的教学中导入部分生词,然后再指导学生学习生词表中的所有生词,并在生词的讲练中复习所学语法点。或者,先学习课文,在课文的学习中讲练语言点,同时让学生在上下文中理解生词的意思,然后再通过生词表的学习查漏补缺,并巩固所学知识。

（二）怎样结合语法点的教学进行词汇教学？

在初级阶段，为使学生尽快地了解汉语语法的特点，学会正确使用汉语，综合课课堂教学的重点是语法点的讲解和句型的操练。因此，在传统的汉语教学中，人们强调句法的重要性，重视句法规则的详细讲解，词语的教学则常常处于被忽视的地位。

随着对外汉语教学与研究的发展，人们已经认识到语法教学与词汇教学有着极其密切的关系。首先，汉语作为第二语言的语法教学不是理论的教学，而是教学语法，其主要目的是使学习者掌握用词造句以及连句成篇的技能，能用汉语进行交际。因此，语法教学必须以词汇为基础，没有词与词的组合，语法也就无从显示。其次，汉语词汇的教学不仅要使学习者理解词的形音义，更重要的是要讲清词的用法，也就是词与词的组合以及组合时要注意的问题，这必然会涉及词的句法功能特征、词在句中的位置以及词与词的组合规则等。离开语法的词汇教学是不完整的，也是难以存在的。

近年来，有学者提出语法教学词汇化，也就是把语法现象、语法结构通过词汇的教学方式进行，以词汇教学代替语法教学（语法说明），以词汇教学带动语法教学。也有学者主张在教学中要"强化词汇教学，淡化句法教学"。所谓"强化词汇教学"，就是说在整个对外汉语教学中，词语教学自始至终都应该放在语言要素教学的中心位置；所谓"淡化句法教学"，并不是取消句法教学，而是在对外汉语教学中不必自始至终强调句法教学，只教最基本的句型，句法规则介绍宜粗不宜细[①]。这都说明了经过多年的探索和实践，对外汉语教学界越来越注意到词汇教学的重要性，语法教学不能脱离词汇教学。

不过，对很多年轻教师来说，他们难以把握的是目前的初级汉语综合课特别是句型阶段的综合课，怎样才能将语法点的教学跟词汇教学结合起来呢？下面我们将举例说明这个问题。

[①] 参见杨惠元（2003：37~43）。

第七节 综合课和口语课的词汇教学

《你学了多长时间汉语?》这课的课文包括两段对话,有两个语法点:一个是"动词+了+时间(+宾语)",如"喝了一个小时(酒)";另一个是"时段+就+动词性词语",如"一个小时就能到"。

我们首先要考虑如何安排这两个语法点的教学:第一个语法点在两段对话中多次出现,如"换轮胎换了多长时间、走了一个半小时、已经学了十年了",这个语法点宜在课文学习之前进行讲练,教师可利用这一语法点的学习帮助学生巩固所学词汇。第二个语法点只出现在课文的第一段对话中:"平时一个钟头就能到,可是今天我走了一个半小时。"由于学生在此之前已经学习了"就"强调动作行为发生得早或快,因此语法点"时段+动词性词语"的学习难度不大,不需要教师作过多的讲解,可结合课文的学习进行操练,以练带讲,操练时教师要注意引导学生使用该课生词"平时"。

第一个语法点的教学可以这样展开:

该课标题为"你学了多长时间汉语",在学完生词后,教师可利用这一标题自然导入第一个语法点"动词+了+时间(+宾语)"的教学。在教学中,教师应先结合学生的实际生活情况提问,启发学生用熟悉的动词和时间词回答问题,引导学生认识和理解语法规则。如:

你什么时候开始学汉语的?你学了多长时间汉语?

你今天几点吃早饭的?你吃了多长时间?

你今天等车等了多长时间?

你和××认识多长时间了?

听过你上个星期去桂林了,你在那里玩儿了几天?

这样既有助于学生在没有生词障碍的情况下学习语言点,又可以指导学生正确使用已学旧词,如表示时段的词语"一会儿、×分钟、×天、×个月、×年"等等。

在学生初步了解语法规则的基础上,教师要让学生用上该课所学生词进行操练,从而将语言点的练习与生词的复习和运用结合起来。如让学生选择 PPT 上所展示的生词,用"多长时间"提问并回答;也可以直接板书"写作文、写汉字、换轮胎、堵车、迟到"(写在黑板左边)和"小时、钟头、分钟"

（写在黑板右边），让学生选择左右两边的词语生成句子。最后，教师再让学生完成教材中所设计的语法练习题（第三题"替换练习"和第五题"就画线部分提问"）。

第二个语法点的教学可以这样展开：

这个语法点可以安排在课文串讲、生词"平时"讲练（具体的教学过程见后面的问题（三））完成之后教学。教师带着学生一起朗读用"平时"生成的句子，包括"平时一个钟头就能到，今天走了一个半小时"，以引出语法点"就"的教学。

教师提问："'一个钟头就能到'，'一个钟头'这个时间是长还是短？你怎么知道？"引导学生回忆以前学习过的"就"的用法，如"他早上六点就起床了"，"就"表示动作行为发生得早。由此推导出"就"的新用法：表示动作在很短的时间内完成。

教师再给出情景，让学生模仿课文中的句子进行操练。如：

教师：你昨天牙疼，吃饭慢。平时——

学生：平时半个小时就能吃完，昨天吃了一个小时。

教师：昨天作业太多，你做作业做了很长时间，平时——

学生：平时一个小时就能做完，昨天做了两个小时。

这种操练就很自然地将生词"平时"的练习和语法点的练习结合在了一起。在此基础上，教师再抛开"平时"，引导学生进一步使用语言点"就"，如，教师说前半句"那儿不太远"，让学生说后半句"半个小时就能到"，等等。语言点的学习完成后，教师再将学生带入"课文练习"的环节。

总的来说，在初级阶段语法点的教学中，教师无需过多地解释新的语法规则，而是让学生通过模仿性的练习将一个个熟悉的词语组织起来成为符合语法规则的完整的句子，使语法规则的教学跟句子的生成、理解结合在一起。与此同时，教师要引导学生尽量将该课所学生词放入新学的语法结构中，使学生在运用中进一步理解生词的意义和用法，在词与词的组合中加深对语法规则的认识。

第七节 综合课和口语课的词汇教学

此外,语法点的教学也可以引入生词的学习。如,某课文标题"快考试了"[①],"快(要)……了"是该课的一个语言点,比较容易理解。教师可以在讲练生词之前,先引导学生理解课文标题,并让学生模仿造句,如"快下雨了,我们快走""快到周末了,你打算做什么"等等。待学生熟悉该句型后,教师再提供情景,指导学生运用该课的其他生词,如"努力、放假、假期、旅行、出发、圣诞节、新年、寄、贺卡"等,生成完整的句子,使学生在语法结构的练习中了解生词的意思和用法。如:

快考试了,我们得努力学习了。
我们快出发了,你在哪里?
圣诞节快到了,我想回国。
新年快到了,我得给朋友们寄贺卡了。
快放假了,我打算假期去旅行。

在以上句型和词语的讲练中,教师还可以引入课文中其他一些生词。如,由"寄贺卡"引出"寄信",再引出"信封、邮票"和"亲戚";由"旅行"引入"考虑、决定、可能"。这样,通过语言点"快……了"的学习这条明线,教师可以引导学生在句子和语境中认识并理解课文中的大部分生词,并有效地记住这些生词。

(三) 如何通过课文的学习讲练生词?

这个问题的提出很大一部分原因是因为在以语法教学为重点的综合课上,当生词表和语法点讲练完,特别是进行了大量的语法练习后,有些教师觉得课文就没有什么可讲的了,处理课文时,让学生读读课文,再正正音,提几个问题,就算解决了。课文教学因此成为可有可无或被忽视的部分。而在前面的论述中,我们知道课文的教学其实并不是这么简单。

就词汇教学而言,一课书的课文不但包含了这课书的全部生词,而且

---

① 见李晓琪主编《博雅汉语·初级起步篇Ⅰ》,第181~186页,北京大学出版社,2004年。

还提供了展示词语具体语义和用法的语境,能让学生在接近真实的交际场景中理解和掌握所学的知识。教师应尽量利用教材所提供的课文材料,通过提问拓展学生的思路,帮助学生在语境中较为全面地理解所学生词的意义和用法。一些重点词语的讲练,也可以结合课文的学习来展开。

我们还是以前面《你学了多长时间汉语?》这篇课文为例。

1. 在第一段对话的教学中如何讲练生词?

学习完语言点"动词+了+时间(+宾语)",就可以开始学习课文的第一段对话:

  玛丽:对不起,我迟到了。
  张红:没关系。路上堵车了吗?
  玛丽:没有。我坐的那辆车坏了,轮胎破了。
  张红:是吗? 真倒霉。换轮胎换了多长时间?
  玛丽:大概换了半个小时。平时一个钟头就能到,可是我今天走了一个半小时。你等了我多长时间?
  张红:大概四十分钟吧。
  玛丽:着急了吧? 真对不起。

这段对话使用了生词表中第1到第10个生词,其中生词"平时"宜在课文的学习中进行讲练。教师在教学中要注意将课文的学习和生词的复习结合起来,并通过课文的学习自然地导入重点词语"平时"的讲练。具体的词汇教学内容和步骤为:

在朗读课文之后的串讲课文环节,教师要有意识地引导学生运用所学生词回答问题。如教师提问:"玛丽为什么要对张红说'对不起'?"学生回答:"她迟到了。"教师再追问"她为什么迟到?"学生自然会使用"坏、破、轮胎"等生词进行回答。教师还可以问学生:"张红等了玛丽四十分钟,她生气①了吗?"引导学生使用"生气、着急"等词语。通过这些问答,教师可以检查学生对课文的理解情况,也能促使学生自然地使用生词。

----

① "生气"是前一课的生词。

第七节 综合课和口语课的词汇教学

待课文的串讲基本结束时,教师就应针对要讲练的生词"平时"提问:"玛丽今天去见张红用了多长时间?"学生回答后,教师再追问:"平时要多长时间?"教师将学生的回答板书出来:"平时一个钟头就能到,今天走了一个半小时。"同时补充两个例句:

平时这里没什么人,周末人很多。
我平时12点睡觉,昨晚很累,10点就睡了。

学生朗读例句,教师启发学生感知"平时"的意思和用法:"平时"表示一般的、通常的时候,跟某个具体的时间相对。教师再组织学生操练,如教师展示后半句,让学生用"平时"说出前半句:

_____,周末九点起床。
_____,可今天没迟到。
_____,这次考试一定能考好。

在练习时,教师还可以适当提问:"你平时几点起床?""我们班谁平时学习最努力?"这样可以活跃气氛,加强师生间的互动。

最后教师带着学生一起朗读以上句子,最好从后往前读,读完"平时一个钟头就能到,今天走了一个半小时"就可以引出该课第二个语言点"就"的教学(具体的教学过程见前面的问题(二))。

语言点的学习完成后,教师要尽快将学生带入"课文练习"的环节。教师让学生再次朗读"平时一个钟头就能到,今天走了一个半小时"这个句子,然后自然引出问题"为什么今天用了一个半小时",教师同时展示以下语言片段,帮助学生回忆课文内容。

今天玛丽真……,她坐车去见张红,路上没……,可是车……,换……,所以她……。

教师可点名让不同学生将句子补充完整,也可让学生集体回答。最后教师将以上提示性的语句去掉,让全班同学口头复述或写出问题的答案。这样的练习既加深了学生对课文内容的理解和掌握,也促使学生运用所学生词(如"倒霉、堵车、坏、破、迟到、小时、钟头")进行成段表达。

在此基础上,教师还可以给出适量的词语,如"堵、破、坏、倒霉、迟到、着急"等,让学生自行选择词语组织一段有内容和一定逻辑关系的语段,进一步训练学生脱离课文材料的成段表达能力,帮助他们消化、吸收所学词汇和语言点。

2. 在第二段对话的教学中如何讲练生词?

课文第二段对话的教学不涉及新语言点的学习,相对简单一些:

> 玛丽:你用英语写的作文真不错。
> 张红:谢谢。不过,我的口语还不行。
> 玛丽:我看挺好的。你学了多长时间英语?
> 张红:我从初中开始学习,已经学了十年了。
> 玛丽:十年?那么长时间了吗?
> 张红:是啊。我的语法还可以,简单的翻译也没问题,可是不太会说。你学了多长时间汉语?
> 玛丽:我学了半年了。
> 张红:下学期你还在北京学习吗?
> 玛丽:当然啦,我打算在中国学习两年呢。

这段对话可先以听的形式导入,要求学生大致了解对话所涉及的内容(张红的英语学习情况和玛丽的汉语学习情况)。然后让学生朗读,回答教师提出的问题,如"张红能用英语写作文吗?她的英语口语怎么样?她学了多长时间英语?"等,以进一步明确对话内容,并引导学生使用与对话相关的生词,如"用、写、作文、口语、语法"。在这一过程中,讲解"看"的新义项,归纳总结已学"下"的意思和用法:

针对"看":教师可由问题"你觉得张红的英语口语怎么样"引出课文中的句子"我看挺好的",启发学生理解课文中的"看"表示觉得、认为,再由问题"今天会下雨吗"引出"我看不会下雨,你看呢",组织学生进行操练,并引导学生发现这里的"看"用于第一人称(陈述句)和第二人称(疑问句)。

针对"下":教师要在复习"上学期、这学期、下学期"的基础上引导学生进

第七节 综合课和口语课的词汇教学

行扩展,说出"下(个)月、下(个)星期"等。然后再启发学生说出其他含有"下"的词语,归纳其义项,如"楼下、山下、下雪、下雨、下课、下班、下车、下楼"等。也可引出意思相对的"上",如"楼上、山上、上课、上班、上车、上楼"等。

最后,教师引导学生练习课文。可先集体复述课文:

> 张红从初中开始学习英语,已经学了十年英语了。她觉得自己的语法还可以,简单的翻译也没问题,可是口语还不行。玛丽觉得张红用英语写的作文很不错,口语也挺好的。玛丽学汉语学了半年了,她下学期还在北京学习。

然后教师给出提示性词语,点名让部分学生介绍自己学习汉语的情况,别的同学做出评价:

从……开始学习汉语,已经学了……
语法　口语　作文　翻译　写　用　简单
下学期

这样的成段表达训练既是对该课语法的复习,又是词语的应用性练习。教师还可视情况要求所有学生笔头完成这一练习并交给教师评改。通过这样的练习形式,教师能及时检验教学效果,发现问题,学生也能温故知新,加深印象,进一步巩固所学知识。

在这一教学环节,教师还可通过例句的对比讲解"简单"和"容易"的主要差异。如:

事情很简单/容易　语法很简单/容易　作文很简单/容易
"不"这个字很简单,我很容易就学会了。
这篇课文生词很简单,也容易懂。
我的晚饭很简单,一个青菜,一个炒鸡蛋。
老师简单介绍了学校的情况。

总之,在综合课上,课文的教学是跟词汇、语言点的学习融合在一起的,其中课文的学习是主线,其他内容是由这一主线带出来的。教师在教学时要注意词汇和语法的学习不能占用太多时间,不能喧宾夺主,以保证课文学习的完整性。

三、中高级阶段综合课的生词,怎么教?

中高级阶段的综合课是短文教学,不再强调语法的精密安排,课文多在自然语料的基础上稍作改写而成,篇幅明显加长,体裁多样,所涉及的社会文化知识也更为丰富。因此,中高级阶段的综合课,教学词汇量增多,词汇学习的难度也提高了,词汇教学成为课堂教学的核心,教学侧重于训练学生连句成段、连段成篇的表达能力,直至能熟练得体地运用词汇进行交际。

我们以《每天问自己十个问题》[1]为例,说明如何在完整的一课书的教学中有效开展词汇教学。该课共有45个生词,整课书的课时安排为6课时[2],每次2课时。

(一)生词表的生词太多,两节课都讲不完,怎么办?

进入中高级阶段,综合课的词汇学习难度增大。一些学生还习惯于初级阶段教师对词汇的处理方式,希望老师详细讲解每个生词的意思和用法。有的教师在处理生词表时,往往要花两节课甚至更多的时间来逐一讲解生词,其结果是学生纠缠于每个生词的意思和用法,教师也欲罢不能,一课书的教学时间因此而延长,但效果却不尽如人意。

我们知道,学生从"识词"到"用词"是一个词汇知识不断发展的连续过程,学习者不可能在短时间内掌握所有生词的意思和用法,过于集中的生词讲练只会加重学生的负担。就一课书的教学来说,如果生词表的学习花费太多时间,不仅会影响其他教学环节的教学安排,而且也达不到帮助学

---

[1] 为显示一课书完整的词汇教学内容和过程,我们后面尽可能展示一课书的整体教学设计。与词汇教学无关的内容将简略说明。

[2] 见赵新、李英主编《中级汉语精读教程Ⅱ》,第1~18页,北京大学出版社,2010年。

第七节 综合课和口语课的词汇教学

生循序渐进地理解和运用生词的目的。要想在较短时间内完成生词表的教学,就要特别注意合理安排词汇教学内容和教学步骤,并运用恰当的教学方法讲解生词。

《每天问自己十个问题》这篇课文一共有 45 个生词。教师在第一节课生词表的教学中可先安排前 35 个生词的教学,以保证生词的学习能在一课时内完成。后 10 个生词可安排在下一次课结合课文的讲练进行教学。

此外,为减轻生词表的学习压力,教师可充分利用"新课导入"这一教学环节,在师生问答中自然引出部分生词。

第一节课的教学可以这样展开:

1. 导入新课的学习

(1)教师提问:大家每天的心情怎么样?心情不好时,你怎么办?通过师生问答,教师可引出生词并板书"悲伤 苦恼 抱怨 喜悦"。

(2)教师总结:生活中遇到同样的事情,有的人喜欢抱怨,苦恼悲伤;有的人则积极乐观,心情愉快。这是因为人们看待问题的角度不同,心态不同(教师板书"心态 看待 角度",并对这三个词稍作解释)。

(3)教师导入:这篇课文将告诉我们如何快乐地过好每一天。

2. 生词表的学习

(1)展示生词:教师让学生先看课文中的生词表,然后集体认读 PPT 上的生词(主要按语义相关性和词性来展示生词)。在认读生词时,引导学生区分多音字"挑、当",还可以让学生找出有偏旁"扌、心"的词语:

善于	看待	角度	心态	悲伤	喜悦
抱怨	苦恼	过后	可笑		
敢于	面对	挑战	尽力	设法	
抛	卸	迈	包袱	负担	
游戏	伙伴	启示	当天	自我	
自豪	崭新	陌生			
回顾	借鉴	意味着	提问	放松	
时常	统统				

(2)讲解生词:点名让单个学生认读以上生词,教师正音。在认读过程中,指导学生进一步认识生词的形音义。

第一步:让学生认读并说出他们知道意思的词语,教师运用多种方式进行确认,如让学生用汉语解释、说出生词的组合搭配、回答教师的提问等。这样可以更好地调动学生的积极性,也便于教师了解学生的掌握情况,使教学更有针对性。如教师可以通过提问"你会为什么事情苦恼?朋友约会迟到,你会抱怨吗?你会因为什么事情而抱怨?"等,来检验学生是否真正理解生词"苦恼、抱怨"的意思。在这一过程中,教师还可以利用生词之间的语义关系启发学生使用多个生词来表达,在句子中进一步明确生词的意思。如:

我们要善于从不同的角度看待问题,要有乐观的心态,悲伤和喜悦只是因为看待问题的角度不同。

有的人喜欢抱怨,很容易生气苦恼。过后,又会觉得很可笑。

我们要敢于面对各种挑战,尽力做好每件事情,遇到困难,要设法克服。

以上这些例句实际上跟课文内容密切相关。这是因为课文内容总是会涉及一定的主题,围绕这一主题,可以帮助学生将一个个看似孤立的词语联系在一起。这不仅便于学生记忆生词,也为理解课文内容打下基础。

第二步:教师解释学生不懂的生词,并给出他们的常用搭配。如动作演示"抛"和"迈"("抛掉、迈出一步");利用图片解释"包袱"("一个包袱、沉重的包袱");利用情景解释"放松"(你和同屋学习了两个小时,很累,这时你可以说:"我们听听音乐,放松放松吧。"口语考试的时候,你很紧张,老师会说:"不要紧张,放松一点儿。");用已学旧词解释"陌生、借鉴、启示"(陌生:不认识,不熟悉的。如"陌生人、觉得很陌生"。借鉴:从以前或别人的事情中学习经验教训。如"借鉴别人的经验、值得借鉴"。启示:从某件事、某句话或某个故事中明白、理解的道理。如"这个故事给了我们很多启示、得到很多启示")。

第七节 综合课和口语课的词汇教学

（3）巩固生词

第一步：PPT展示以下生字，让学生认读并组词（教师要注意引导学生说出课文中的生词以及这些生词的常用搭配）：

袄　恼　悦　怨　善

抛　迈　陌　启　崭

第二步：PPT展示以下形近字，让学生区分并组词：

豪—毫　鉴—监　负—贡　卸—却　设—没

第三步：展示下列短语，在朗读中指导学生将短语扩充成句子（这里的生词不是本课的重点词语，但相对简单且常用）：

积极乐观的心态	心态很好	一种心态
看问题的角度	换个角度	从不同的角度
喜欢抱怨	抱怨别人	抱怨天气不好
向他提问	请大家提问	
向他挑战	一个挑战	敢于迎接挑战
很苦恼	苦恼了好几天	
放松一下	好好儿放松自己	放松学习
一件可笑的事	太可笑了	

在这一步骤中，教师还可以引导学生由"可笑"扩展出"可恨、可悲、可爱"等词语。

以上生词表的教学大约能在35分钟内完成。在接下来的课文教学中，教师要尽量利用教材所提供的课文语料，帮助学生在语境中进一步理解所学生词的意义和用法，并结合课文的学习展开重点词语的讲练。一些难点词汇则作为语言点单独进行讲练。

总之，生词表的教学不是将所有生词的意义和用法一股脑儿地教给学生，而是要有选择、有针对性地进行教学。其教学目的主要是让学生初步感知生词的音形义，形成一定的印象，为继续深入理解和运用词语打下良好的基础。教学时要注重通过多种方式调动学生的主动性和积极性,并努力建立生词与生词之间、生词与已学旧词之间的联系。

(二) 教材中的"重点词语学习"部分如何进行教学？

目前在大部分中高级综合课教材中,每课书都设计有"重点词语学习""语法学习"或"注释"之类的板块,详细举例说明一些重点生词或语言点的意义和用法,帮助学生达到复用式掌握。不过,这样的安排也让一些新教师产生了困惑,以为这些内容需要一个一个地进行重点讲练,教学时深感单调枯燥。实际上这一部分的教学内容有的宜穿插在课文的讲练环节进行教学,有的则在课文讲练完成后单独学习或结合练习进行教学。

下面我们主要通过展示《每天问自己十个问题》这篇课文第二节课的教学设计与第三节课的部分教学内容,来探讨一下如何进行"重点词语学习"的教学。

这课书第二节课的教学内容主要是课文第1段到第5段的讲练,其中涉及的重点词语是"自我、意味着、陌生"以及近义词组"自豪—骄傲","语法学习"部分有副词"统统"①、"时常—经常"和介词"对—对于"。这么多词语要在一节课内讲练完,势必会影响课文的教学进度,学生也一时难以理解和掌握。因此教师就要根据这些词语的特点分散教学:

"自我"在课文中的用法是作状语,如"自我提问",这也是它最常见的用法,学生比较容易理解,可在课文中学习。而其作定语、宾语的用法,学习难度相对较大,可利用教材中相应的练习进行补充教学。

"陌生"一词,意义和用法相对简单;"时常—经常"的意义不复杂,形式上的区别较明显。它们可在课文的学习中进行讲解。

动词"意味着"和副词"统统",学生不是很熟悉;"自豪—骄傲"的对比相对复杂。它们宜在这部分课文内容学习完后单独进行讲练。

---

① 在教材中,"统统"等词语安排为课文"语法学习"的内容,实际上这些词语也是词汇教学的内容。

第七节 综合课和口语课的词汇教学

介词"对—对于"是初级阶段的词汇,教材设计有相应的辨析练习,这组近义词教师不必在课堂上进行辨析,而是让学生独立做题,在对比中把握两个词的区别。

1. 如何在课文的学习中穿插进行重点词语的教学?

课文的学习一般从朗读课文开始,然后进入课文的串讲环节。

第一步:针对课文内容提问,以检查学生对课文内容的理解(此处讲解"自我"一词)。在这一步骤,教师可以让学生复述课文中的 4 个问题:

① 我拥有什么?
② 我应该为什么感到骄傲自豪?
③ 我应该对什么心存感激?
④ 我怎样才能充满活力?

• 讲练"自我":

教师通过问题:"怎样开始我们的每一天?"引导学生说出"自我提问",并扩展出"自我感觉、自我介绍、自我批评、自我保护"等短语,明确"自我"多用于双音节动词之前,表示自己对自己发出动作行为。

第二步:引导学生用所提供的词语回答上述 4 个问题(此处讲练重点生词"陌生")。

① 应该看到　　珍惜　　拥有　　不要　　统统抛掉
② 应该为……而感到高兴和自豪　　意味着　　迈
　 为……而感到骄傲　　为……而感到幸福
　 因……而露出笑容　　因……而感到高兴
③ 应该对……心存感激　　启示
④ 计划积极的事情　　充满活力
　 给……打电话　　对……说……　　对……微笑
　 陪　　做游戏

(引导学生使用生词"统统、苦恼、抱怨、抛、意味着、迈、自豪、挑战、陌生、启示、伙伴、游戏"等。)

- 讲练"陌生"

首先由"为……而感到幸福"引出"陌生人",对"陌生"进行简单讲练。

  陌生人 陌生的地方 感到陌生 很陌生(教师边说边板书)

接下来引导学生用"陌生"完成句子(学生说出完整的句子就行)。

  第一次来中国(觉得一切都很陌生)。
  他不喜欢(跟陌生人说话)。
  我18岁(来到这个陌生的城市)。

第三步:练习课文。师生总结4个问题的答案,教师引导学生进一步了解课文内容,并引出要单独讲练的词语"时常":

  每天都要计划好做一些积极的事情。
  要对生活中的很多事情、很多人心存感激。
  应该为自己取得的成绩而自豪/骄傲,因为这些成绩意味着自己又向前迈进了一步。(板书"自豪—骄傲 意味着")
  我们要珍惜自己所拥有的一切,将苦恼统统抛掉。(板书"统统")

- 讲解"时常"

由"将苦恼统统抛掉"引出问题"为什么会苦恼"及答案"有的人时常为自己没有的东西而苦恼"。教师可以问学生:"这里的'时常'可以换成哪个词?"引导学生明确"时常"与"经常"意思相同。但"时常"多用于书面语,"经常"还可以用于口语。"经常"是形容词,可以作定语,可以用于"是……的"结构中,还可以说"不经常"。"时常"不能这样用。

  从以上教学过程来看,中高级阶段综合课课文的学习跟初级阶段综合课一样,都要有意识地引导学生运用所学生词回答问题,使学生在一定的上下文中加深对生词的理解和记忆,词汇的教学跟课文的讲练是紧密结合在一起的。不过,由于教学词汇量增多,中高级阶段综合课的词汇教学更要注意合理安排词汇教学,不能让重点词语或语言点的讲解影响课文学习的完整性。在课文讲练环节应安排适量的、难度不大的重点词语

第七节 综合课和口语课的词汇教学

的教学。而相对复杂的重点词语或语言点则在课文讲练完成后单独进行教学。

2. 如何在课文学习完成之后单独讲练重点词语？

在讲练课文环节的最后，教师一般会引导学生复述课文或归纳总结所学课文内容。在这一过程中，教师可引出需要单独讲练的重点词语，并板书在黑板上。待课文教学完成后，再单独讲练这些重点词语。具体的教学可以这样展开：

（1）学生朗读板书在黑板上的重点词语，教师引导学生说出课文中的句子。

（2）讲练"统统"

先让学生朗读下面所展示的前两个句子，教师引导学生观察"统统"在句中的位置，然后让学生利用所给词语完成句子：

把问题统统解决了。

下班后，大家统统留下，要开会。

下课后　　　统统

统统　　　别在这儿影响他

（3）讲练"意味着"

通过朗读句子，引导学生理解"意味着"的意思和用法：表示可以理解为、含有某种意思，作谓语，后面带宾语：

每一次成功都意味着向前迈进了一步。

来到中国，意味着新的生活开始了。

这个机会对我来说，真的是太重要了，失去它，你知道意味着什么吗？

指导学生根据下面的提示词语说出完整的句子：

大学毕业意味着……

对很多人来说，汽车……

对女人/男人来说，结婚……

(4) 辨析"自豪—骄傲"

教师引导学生利用所给词语说出完整的句子,明确这两个词都可以表示感到满足和高兴:

很骄傲　很自豪
为……感到骄傲/自豪
自己的学生
家乡的变化

展示下面的内容,通过朗读引导学生体会"骄傲"的另一个意思以及其名词的用法,并用问题"为什么不能太骄傲"引导学生进一步理解"骄傲"的意思,然后把"祖国的骄傲"扩展成句子:

不要因为取得一点成绩就骄傲起来。
他太骄傲了,谁都看不起。
他很优秀,是父母的骄傲。
祖国的骄傲

让学生独立完成该课书练习五中有关"自豪—骄傲"的填空练习(可根据情况安排在课上或课后完成)。

待以上教学内容全部完成之后,教师要简单地总结本课内容,并布置学生课后完成该课书的练习一和练习三,下次课评讲。其中,练习一为形似字的辨析,练习三为"给下列句中画线词语选择适当的义项"。这两个练习可以帮助学生复习生词的意义,加深对生词的记忆。

3. 如何利用教材中的练习讲练重点词语?

在前面的教学安排中,我们还提到利用教材中的练习进行词汇教学。如"对—对于"的异同,以及"自我"作宾语、定语的用法。这种教学安排一般在第三节课中展开。

第三节课首先要复习上次课所学生词和课文内容。复习完成之后展开新课教学之前,教师可让学生在课堂上独立完成该课练习五中的1~8小题,即"对—对于、自己—自我"的选词填空练习,然后集体评讲。评讲

第七节 综合课和口语课的词汇教学

时,教师引导学生把握近义词之间的异同,更好地掌握该课生词"自我":

对—对于:都可以用于"对/对于……来说"结构,表示从某人的角度看,事情怎么样或有什么意义。但"对"后面的宾语还表示动作行为的对象。

自己—自我:这两个词虽然意思相近,但用法上有明显的不同。通过这个练习,教师应让学生明确"自我"还可以作定语、宾语,其常用搭配为"自我价值、以自我为中心、失去自我"。

为加深学生印象,在完成该课的练习后,教师再指导学生进一步操练生词:

用"对"或"对于"将下列词语组成句子:

看太多的动画片	孩子	好处
他	大家	挥手
老师	学生	负责

教师提供情景或上下文,引导学生用"自我"说出完整的句子:

开学的第一天,我们每个人要	(作自我介绍　自我介绍一下)
考试后,感觉自己考得还不错	(自我感觉很好)
到一个陌生的地方	(我们一定要学会自我保护)
我们要多听听别人的意见	(不要以自我为中心)
年轻人要有自己的人生目标	(不要失去自我)

总之,利用教材中的练习来讲练的重点词语应该是学习者已经接触过的、有一定印象的词语,只是他们对这些词语的意义和用法掌握得还不是很全面,有些知识还比较模糊,需要通过练习加以巩固和深化。教学时,教师要注意引导学生自己通过练习发现新的知识点,在此基础上再进行进一步的操练。

（三）如何在课堂上复习所学词汇，并指导学生运用？

课堂词汇教学效果如何关键要看学生是否掌握并准确运用所学词语。教师讲得再好，如果不及时复习巩固，不进行充分的练习，学生也很容易遗忘，也就更谈不上对所学词汇的运用。

在课堂上，生词的复习基本上是通过各种形式的练习来实现的。在前面几个问题的讨论中，我们可以发现，一课书前两节课对生词表的教学、课文的讲练以及对部分重点词语的讲解，实际上都包含有词语练习，也就是复习巩固的环节或步骤。这些练习大都侧重于生词的识记和理解，针对的是该课所有的生词；有的则是在识记、理解的基础上加以运用，针对的是重点学习的生词。但这些练习是远远不够的。首先，这些练习内容都是在一次课上完成，在学生大脑中还处于一个短时记忆阶段，容易遗忘，需要多次复现；其次，这些练习很多都是围绕课文内容来进行的，如用所学生词回答课文相关问题，具有一定的模仿性和机械性；有的则是在教师的提示和帮助下，在一定的上下文或情景中使用词语，学生并不能完全自如地运用所学词语表达意思。因此，我们还需要在之后的教学中继续通过各种练习帮助学生复习所学生词，并进一步把握其用法规则，以达到真正掌握、准确自由运用所学词汇的目的。当然，短短几节课的教学，不可能让学生能自由运用所学的所有词汇，所以教师在课堂上的讲解一定要有侧重，对生词的操练也要有针对性。

这里，我们通过展示第三节到第六节课跟词汇复习有关的教学安排，来具体探讨在课堂上如何指导学生复习并运用所学词汇。

1. 在第二次课上如何复习上一次课上所学生词？

第二次课是指第三节和第四节课，第一次课是指第一节和第二节课，依次类推。第二次课是在第一次课的基础上进行的，其主要教学内容为：复习所学课文内容，讲练剩余课文（第 6 段到第 11 段），讲练重点词语"敢于、面对、尽力、设法、包袱、辉煌"等。

第七节 综合课和口语课的词汇教学

一般先复习已学课文内容和生词，并引导学生运用所学生词进行成段表达。具体步骤如下：

步骤一：检查学生作业练习三的完成情况。

通过练习三，学生可以复习部分生词，并了解所涉及的两个生词"辉煌、往常"的意思。由于练习三未涵盖上次课所学的所有生词，教师还可以充分利用课堂教学环境，通过口头练习形式让学生复习其他生词。

步骤二：以所学课文内容为主线，引导学生使用生词。

（1）通过问题"应该怎样开始我们的每一天"引出句子"我们要以自我提问的方式开始每一天"。再由"为什么要这样"引出"放松心情、心态乐观"。

（2）根据 PPT 所提供的词语讲述怎样才能过好每一天。

第一组：珍惜　拥有
　　　　悲哀　抱怨　苦恼　抛掉
（先引导学生说出课文内容，然后用"抱怨、苦恼"自由表达。）

第二组：为/因……而自豪
　　　　成功意味着……
（可引导学生使用生词"迈、挑战、陌生"，并说出"一个挑战、一次挑战、向我挑战、迎接挑战"等组合搭配。最后，教师指导学生用重点生词"陌生、意味着"进行表达。）

第三组：积极　充满活力

第四组：对……心存感激　启示
（引出"一个启示、重要的启示、得到启示、给我们很多启示"等组合搭配及相应的句子。）

可以看出，以上复习环节主要还是结合课文内容启发学生使用生词，在上下文或一定的情景中加深对所学词汇的理解和记忆。不过，练习中，教师提示性的东西减少，词汇的练习难度较第一次课有所增强。

待复习环节结束后，教师继续进行课文的讲练，并讲解部分重点词语和语言点。

在此次课的教学最后,教师布置课后作业,要求学生课后完成练习四和练习十。练习四为"选择恰当的词填空",针对的都是该课生词;练习十为"综合填空",语段内容跟课文密切相关,涉及的词汇包括该课生词和以前学过的旧词。让学生课后独立做题,既可以督促他们复习,又可检查学生是否真正掌握所学知识。

2. 在第三次课上如何复习整课生词?

第三次课也就是第五节和第六节课,在这之前的第一次课和第二次课上,教师已完成全课书的生词和课文的教学。第三次课的主要教学内容为:复习整课生词和课文内容,在语段表达的练习中进一步巩固和深化所学生词;讲练难点语言项(主要是语法点);完成课文中的练习。

词汇的复习可以这样展开:

步骤一:讲评上一次课上所布置的练习,加深学生对该课生词的理解和记忆。

教师展示练习四"选择恰当的词填空"中的句子,点名让学生说出应使用的词语。在这一过程中,教师可利用练习引出其他相关生词。如由练习中的"取得了辉煌成就"启发学生说出"让人自豪",由"有好的心态"引出"抱怨少、苦恼少",等等。

讲评练习十,让学生进一步熟悉课文话题,更准确地把握词语的意义和用法。

步骤二:展示提示词,围绕"如何才能快乐地过好每一天"这一主题,引导学生接力式地概括课文的主要内容。在此基础上,通过话题"你或你的朋友在哪些方面做得比较好",引导学生自由表达,在表达中,学生自然会运用该课的一些生词。

人的每一天应该这样过:
珍惜　　　　拥有
为……高兴和自豪
对……心存感激
计划好　　　充满活力

第七节 综合课和口语课的词汇教学

尽力完成　　敢于面对
抛掉包袱　　保存　卸下
善于　　　　角度
把握今天　　探索　创新
拥抱
行动　　　　借口

步骤三：课堂上组织学生完成部分应用词语的练习，及时发现学生存在的问题。

完成练习八"用括号里的词语改写句子"。这个练习涉及"意味着、包袱、辉煌、回顾、借鉴、空话"等生词。教师可点名让学生说出改写后的句子，也可让学生集体回答。

通过练习十一复习重点词汇，指导学生正确使用。练习十一"选择下列一组词语写一段话"针对的都是该课的重点词语和常用词语，学生逐步脱离课文语境和教师的指引，在一定的条件限制下使用这些词语。可先集体朗读练习所涉及的三组词语，然后让学生分组选择一组词语说一段话。

第一组：放松　心态　自我　悲伤　尽力　抱怨
第二组：挑战　面对　敢于　抛掉　包袱　统统
第三组：自豪　意味着　苦恼　设法　时常　迟迟

以上复习环节不是重复以前所学内容，而是逐渐引导学生由理解性练习过渡到应用性练习，由结合课文和一定语境的表达过渡到较为自由的表达。应用性练习针对的不是所有词汇，主要是重点讲练的词语，以及部分常用词语。

不过，以上复习环节中，很多练习大都是在课堂上以集体参与、师生互动的方式完成。学生是否真正掌握并运用所学词汇，教师很难通过学生的课堂表现来评判。因此教师还要有目的地安排一些练习让学生独立完成并上交给老师评改。如练习十一在课堂上集体评讲后，教师还可以让学生在课后另选一组词汇进行书面的成段表达，并上交给老师评改。像"用括号里的词语完成句子"之类的练习也可以让学生独立完成后上交。

为了督促学生及时复习巩固所学词汇,教师还可以安排学生轮流在课后归纳总结自己所学到的生词或语言点,上课时板书在黑板上。

总的来说,在综合课的课堂教学中,教师要充分利用教材所设计的词汇练习以及课堂教学环境,在不同的教学时段灵活合理地安排生词的复习环节和练习形式、练习内容,由易到难,使学生在理解词语意义的基础上能结合课文内容或一定的语境使用所学词语,最终达到自由表达的目的。

思考与练习

1. 在初级阶段和中级阶段的综合课上,生词表的教学有什么相同和不同的地方?
2. 在语言点和课文的教学中进行词汇教学应该注意哪些方面的问题?
3. 请举例说明如何在课堂上通过练习帮助学生掌握并运用所学的词语。
4. 在口语课上要不要学习生词表?口语课生词的学习跟综合课的有什么不同?
5. 下面是《博雅汉语·初级起步篇Ⅰ》中第十七课的生词、课文和语言点,请设计出该课完整的词汇教学方案:

生词

做客	请进	真(副)	干净(形)
坐(动)	哎呀(叹)	客气(形)	一点儿(数量)
心意(名)	收下	茶(名)	果汁儿(名)
随便(形)	行(动)	路上	顺利(形)
上(名)	挤(形)	打车	空调大巴
地铁(名)	饿(形)	吃(动)	会(助动)
试(动)			

第七节　综合课和口语课的词汇教学

课文

刘老师：请进，请进！

大　卫：老师，您的家真干净啊！

刘老师：是吗？来，坐这儿吧。

大　卫：这是给您的礼物。

刘老师：哎呀！你们太客气了。

大　卫：这是我们的一点儿心意，请收下。

刘老师：谢谢你们。你们喝什么？茶还是果汁儿？

大　卫：随便，什么都行。

玛　丽：我喝茶。

刘老师：路上顺利吗？

玛　丽：不太顺利，车上有点儿挤。

刘老师：你们一般坐公共汽车还是打车？

大　卫：我喜欢坐公共汽车，空调大巴很舒服。

玛　丽：我喜欢坐地铁。

……

刘老师：你们饿不饿？中午在我家吃饺子，怎么样？

大　卫：太好了，我最喜欢吃的就是饺子。

刘老师：你们会包吗？

玛　丽：不太会，我们试试吧。

语言点

1. "是X还是Y"用于问句，表示选择。如：你是美国人还是英国人？
2. "会"用在动词前，表示能力。如：我会包饺子。
3. "就是"可以用来表示强调。如：我最喜欢吃的就是饺子。

深度阅读/参考文献

李　珠（1998）关于初级阶段综合课的词汇教学，《世界汉语教学》第3期。

罗青松（1998）课堂词语教学浅谈，《汉语学习》第5期。

吴勇毅（2002）汉语作为第二语言语法教学的"语法词汇化"问题,《暨南大学华文学院学报》第4期。

徐丽华、蓝蕊（2006）对外汉语口语课中的词汇教学问题,《浙江师范大学学报（社会科学版）》第6期。

杨惠元（2003）强化词语教学,淡化句法教学——也谈对外汉语教学中的语法教学,《语言教学与研究》第1期。

周小兵（2010）《对外汉语教学导论》,商务印书馆。

朱庆明（1999）试论初级阶段综合课教学规范化,《对外汉语教学初级阶段课程规范》,北京语言文化大学出版社。

第八节　阅读课和听力课的词汇教学

【内容简介】　词汇教学也是阅读课的重要教学内容。阅读课上的词汇教学受其课型特点的影响,"重理解,不重运用"。为培养学生猜测生词的能力,同时扩大词汇量,帮助学生顺利完成阅读,教师要注意结合阅读技能训练进行词汇教学,并在整个语篇阅读训练的教学过程通过不同的方式进行各类词汇的教学。生词教学在听力课上则不是重点,但如果不讲解生词,就会影响学习者对听力材料的理解。听力课上对生词的讲解一定要适量和适度,要侧重让学生以"听"的方式学习生词。同时,在听力训练中指导学生利用语境猜测词义,跳跃生词障碍,并促使学生将阅读词汇转化为听力词汇,扩大听力词汇量。

阅读和听的主要过程都是语言输入和理解,"读"和"听"因此存在许多相同之处。但由于输入方式的不同,二者之间又存在很多区别。这些异同使得阅读课和听力课的词汇教学既有相同之处,又有各自的特点。下面分别加以介绍。

一、阅读课上的词汇教学

（一）阅读课的词汇教学有什么特点？具体的教学内容是什么？

阅读课是为配合综合课的教学而设立的语言技能训练课，其目的是通过大量有效的课堂阅读训练，培养和提高学生阅读汉语书面语的能力。一般在初级阶段的后期和中高级阶段开设。

一般来说，阅读课的教学主要包括两方面的内容：阅读技能的训练和阅读实践。其中，阅读技能训练的主要内容之一就是语言知识的训练，如通过偏旁猜字、通过语素猜词、通过上下文推测生词、寻找标志词等，这实际上是对词语的集中学习，即直接学习。阅读实践则是通过通读、略读、查读等各种阅读方式阅读不同的语篇，获得各种信息；在这个过程中，学习者可以通过词汇在不同阅读材料或不同语境的重现学习词汇，扩大词汇量。但阅读中的词汇学习主要是伴随性学习，词汇知识不全不深，学生容易遗忘，教师要有意识地增加直接词汇学习，如组词、词语测试等，以促进学生的词汇学习效果。可见，词汇的学习和积累在阅读课中显得十分重要，词汇教学是阅读课的重要内容。

但阅读课的词汇教学跟精读课、口语课的不同，其最大特点就是阅读课的词汇教学"重理解，不重运用"。也就是说，阅读课上的大部分生词，学生只需要领会式地掌握，能在词形与词义之间建立联系，能理解所阅读的语言材料。学生通过阅读所增加的词汇量是"数量"而不是"质量"。

另一特点是阅读课上的词汇教学"重部分，不重全部"。也就是说，在阅读课上，并不是所有的生词都需要教师详细讲解。有的生词不太重要，学生只需要认识、大致理解即可，教学时可以忽略或稍作解释；有的生词，学生利用文中的上下文信息就能推测其意义，一般不需要专门讲解。只有那些对于理解文章内容十分关键或学生在交际中需要使用的生词，教师才需要讲解其在语篇中的意义及常用搭配。

最后,阅读课上的词汇教学"重实词,不重虚词"。虚词历来是精读课的教学重点,也是学生的学习难点,但这是就使用而言的。"就理解和记忆而言,词汇项目中最有效的区别不是实词和虚词,而是实词中的不同类别。"①因为虚词数量少,复现率高,容易记住。而那些"表示抽象概念的、不能形象化的名词、动词、形容词和副词"②虽然意义抽象,表达的内容却很丰富,对理解非常重要。因此,阅读课词汇教学的重点应该放在实词上。

基于以上特点,阅读课的词汇教学内容主要包括:

(1) 教师通过技能训练和阅读实践教授语素和构词法知识,培养学生猜测生词的能力;

(2) 帮助学生复习归纳已学词汇,并深化对已学词汇的理解;

(3) 有针对性地讲解和练习阅读材料中出现的常用词语或对学生有用的词语,以帮助学生顺利完成阅读,扩大词汇量。

(二) 如何在阅读技能训练中进行词汇教学?

教材是教学的依据。目前的阅读教材主要分为两大类,一类以技能为纲,每一篇课文基本上由技能和阅读训练两大部分组成,如《中级汉语阅读教程》修订版(徐霄鹰,北京大学出版社,2009年)。这部教材的技能部分包含多种阅读技能的讲解和训练,如猜词、句子理解、段落理解、全文大意概括、快速阅读等;阅读训练部分包含课文、练习和生词等若干内容,侧重阅读实践。另一类教材不以技能为纲,只有一般的阅读训练。每课通常包括生词、课文及练习,如《中级汉语阅读》(刘颂浩等,北京语言大学出版社,2002年),每课包括多个长短不一的阅读材料。

从教材来看,阅读课的技能训练或多或少会涉及专门的词汇学习,包括运用各种技能猜测生词的意思、通过关联词语理解长句和难句、利用标

---

① 参见刘颂浩(1999:14)。
② 同上。

志词来把握语篇的逻辑结构关系等。下面就以《中级汉语阅读教程》(修订版)为例来谈谈如何在阅读技能训练中进行词汇教学。

简单地说,在猜词技能的训练环节,词汇的教学主要通过词语练习和教师对练习的评讲或提问确认等来展开。教师可先利用教材中设计的"热身活动",让学生在操练中领会技能知识。然后以分组讨论、小组竞赛等形式完成有关猜词练习。最后教师评讲,或组织大家评议,或通过提问的方式重现生词并确定学生是否真正理解词义。

在标志词和关联词的训练环节,词汇的教学侧重于对已学词语的回忆、归纳,在此基础上教师带领学生一起总结某类关联词或标志词在句子或语段、语篇中的作用。然后通过关联词填空、在文中寻找标志词等练习巩固学生对相关词汇知识的记忆和理解,使学生能正确运用。具体来说:

1. 如何讲解与词汇学习有关的阅读技能?

(1) 例句展示

如第十八课的技能是"通过前边或后边的句子的意思推测生词"。教师可先展示课文"热身活动"中的例句:

① 朱大康家一贫如洗,破旧的房子里连件像样的家具都没有。

② 小王每天晚上学到十二点,星期六、星期天也不休息,非常勤奋。

学生阅读之后,教师提问:"'一贫如洗、勤奋'是什么意思?你是怎么知道这两个词的意思的?"这样,通过阅读例句和教师的提问,引导学生理解猜词技能。

有时还可以先后展示两个句子进行对比,如教师先展示:"他很死板。"然后提问:"这是什么意思?"学生摇头,表示不知道。这时教师可展示第二个句子:"他很死板,可他弟弟却很灵活。"教师问:"现在大家知道这个词的意思了吗?你怎么知道的?"通过这样的对比,引导学生意识到后面句子中的"可、却"能提示我们"灵活"跟前面的"死板"意思是相反的。教师在此基础上进行总结:在阅读中,会遇到一些较难的词语,它的前面或后面可能会出现与其意思相反的词语,也就是反义词,这个反义词会帮助我们推测生词的意思。

(2) 归纳法

对一些学生曾经接触过、但不熟悉其专业术语的技能,教师还可以采用归纳法进行教学。具体的处理办法有两种:

第一种是学生阅读后归纳。如第九课的技能是"利用偏正结构来猜词",教师先给出一些很简单的偏正式名词和一些简单的非偏正式名词,如"皮鞋、白菜、书店、寒风、学校、海洋、唱歌、说明"等,让学生将它们归为两类。学生阅读后一般可以将偏正式找出来。教师再让学生自己总结这类词被归为一类的原因和它们的特点。运用这种方法时,老师的讲解越少越好,尽量让学生在阅读中获得知识和语言输入。

第二种是问答式归纳,即先列举事实,再通过师生之间的一问一答引导学生归纳这种技能的特点。如同样是讲解偏正式合成词,教师可以先从学生熟悉的词语引入:

教师:老师今天穿的鞋是?

学生:皮鞋。

教师:那你们呢?

学生:拖鞋、球鞋、凉鞋、布鞋……(教师板书)

教师:这些词语有什么特点?哪一个字最重要?

学生:都有"鞋","鞋"字最重要,这些词都表示鞋子。

教师:"鞋"在这些词的后一位置,看到这个"鞋"字,我们就可以知道这是一种鞋子。这类词语就是我们今天要学习的"偏正式"词语。大家可以发现,这种偏正式词语,最重要的是——

学生:第二个字,后面那个字。

教师:是的,后面那个字会告诉我们这个词的大概意思,是主要的,是"正";而前面那个字不是最重要的,是"偏"。那我们来看看这些词是什么意思?(教师板书"菠菜、芥菜")

学生:都是菜。

教师：你们怎么知道这两个词都表示菜？
学生：以前知道白菜、蔬菜、香菜……（教师板书）
教师：这些词语后面都有一个"菜"，"菜"是最重要的。所以我们可以猜到"菠菜、芥菜"也是一种菜。

通过这样的对话，教师把"偏正式"及其特点教给学生。然后再组织学生阅读、分析教材中的例句，以进一步明确所学语言知识。这种形式可以吸引全班同学参与讨论，活跃课堂气氛。标志词的学习往往也通过这样的归纳式来导入。标志词是显示段落、篇章逻辑结构的词语，在阅读中，抓住文章的标志词能帮助读者理清文章的脉络层次，把握文章的逻辑结构和组织模式，有助于学习者对文章内容的理解。如表示重复和补充的标志词"换句话说、例如、打个比方"，表示原因的标志词"因为……所以……、之所以……是因为……、……的缘故"等等。这些标志词中的大部分对于中高级阶段学生来说都已学习过，但所学比较零散，缺乏系统性。因此，在阅读课上教师就需要引导学生回忆，进一步归纳总结各类标志词的意义和作用。如学习表示顺序的标志词"先、然后、接着、其次、最后"，教师可设计多个问题先引导学生用标志词回答：

你中午回家后一般先做什么？后做什么？
在地铁站怎么买票进站？
吃西餐的顺序是怎么样的？

在学生回答的同时，教师板书学生说出的表示顺序的标志词，并继续提问启发学生回忆并归纳：

我们什么时候会用到这些词语？
你还能说出别的表示顺序的词语吗？
在阅读时，这样的词有什么作用呢？

在问答中，教师跟学生一起归纳表示顺序的标志词，并总结这类词语在语篇中的作用——表示事情发展的先后顺序和步骤，帮助学习者理解和记忆。

第八节　阅读课和听力课的词汇教学

2. 如何操练与词汇学习有关的阅读技能？

技能讲解之后，还需要大量练习才能帮助学生真正掌握技能。《中级汉语阅读教程》（修订版）提供的练习非常多，教师一般不需要另行补充。

（1）猜词技能练习有哪些类型？

有关猜词技能的练习一般有两类题：

第一类主要是对猜词技能的操练，学生从中可以学到一些新词。如运用技能推测画线词语的意思：

　　医生让他打青霉素。（　　　　）

有的还要求在猜词的基础上使用被猜词，如先让学生猜测"精彩、鲜美、和睦"这三个词，然后填空：

　　_____的羊肉汤

　　讲课讲得很_____

　　_____的家庭

或用被推测词语回答问题。如：

　　听到这个噩耗，李芳饭也吃不下，觉也睡不着，伤心了三天三夜。

　　问题：对你来说，什么消息可以算是噩耗？

还有一些猜词题则是让学生根据偏旁、语素或构词方式等直接猜出词语的意义。如：

　　选择每句话所解释的词：

　　① 用刀自杀。

　　　A. 招　　B. 刎　　C. 稀　　D. 咱

　　② 不能说话的人。

　　　A. 兑换　　B. 愉悦　　C. 哑巴　　D. 搜刮

　　选出与画线部分意思接近的项

　　① 妈妈在剁饺子馅。

　　　A. 买　　B. 和　　C. 切　　D. 调

233

② 他得了痢疾。
A. 利益　　B. 丢失　　C. 一种工具　　D. 一种病

体会并说出下列偏正式合成词的意思：

象牙　白云　手球　眼镜　尖刀　壁画　旅客　深信

第二类是通过上下文语境启发学生运用已经学过的旧词，是对旧词的巩固和深化。如：

根据上下文线索填上最可能出现的词语：

张明得了_____，被送进医院治疗。

他是个乐观的人，看事情往往看_____的一面。

教学时，教师要注意把握练习节奏，包括练习时间的控制、练习内容的安排、练习形式的选择等，不要一味地让学生埋头做题。

(2) 如何进行猜词练习？

方法一：学生独立完成后进行评讲

有的练习题数量不多，难度不大，教师可先让学生自己完成，然后再评讲。有的猜词题数量较多，可能涉及 10 个小题，教师可以将这些小题分成两到三组，让学生在规定时间内一组一组地独立完成，每完成一组，教师再通过提问来检查学生的完成情况并进行评讲。检查评讲时，可以让学生集体作答，也可以请学生个别回答。对于有争议的答案，教师可组织学生通过讨论来解决。

方法二：集体做练习

有的练习如根据语素来猜测生词，可以在课堂上集体完成。先是教师朗读或学生集体朗读词语，然后是学生集体回答或单个学生回答。

有时也可以先将练习中的画线词语展示出来，让学生朗读，看看是否理解这些词语的意思。如果学生知道词语的意思，可以通过提问等方式让学生使用这个词语；如果学生不知道，教师再组织学生根据练习中的句子讨论词语的意思。如第十八课的技能练习，教师可以先将第一题涉及的 8 个生词展示在 PPT 上让学生朗读（因为对学生来说，这 8 个生词并不全是

第八节 阅读课和听力课的词汇教学

生词):

  犹豫 富豪 冷漠 弱智 差劲 马大哈 精湛 噩耗

  朗读过程中,教师正音,并提醒学生注意多音字"差"。然后教师提问:"这些词你认识哪几个?"学生可能回答说:"认识'犹豫'这个词。"教师追问:"你在什么情况下会犹豫?你犹豫什么?"引导学生说出使用"犹豫"的上下文。学生也可能回答:"认识'差劲、富豪'这两个词。"教师可以继续提问:"这两个词是什么意思?你怎么知道它们的意思?"至于回答得是否正确,教师不必马上给出正确答案,而是让学生看练习中的例句,引导学生通过阅读句子判断自己的理解是否正确。推测完一个生词,教师就利用教材所提供的问题追问学生,也可对问题作适当调整后提问。如针对被推测词"马大哈",教材中的问题是"你是一个马大哈吗?"教师可稍作修改:"我们班谁是马大哈?为什么说他是马大哈?"

  教师还可以根据教学完成情况将阅读实践中的部分猜词训练提前到这一环节进行,尽量使每个课时的教学内容达到均衡而且彼此有联系。如第十八课"阅读训练"中的阅读4有4个猜词练习。如果技能练习中的猜词训练完成得很顺利,教师可将这4个猜词练习或其中的两个猜词练习提前让学生完成。不过,教师要事先根据课文内容设计好词语的上下文语境。如"禁烟"这个目标词在文中的语境比较复杂,教师可将原文简化:

    法国、德国等国家将实施新的禁烟法案,从此以后,这些国家的烟民将不能在咖啡馆、餐馆和酒吧等公共场所随便吸烟了。

    (原文:2008年的元旦对法国、德国和葡萄牙的烟民来说,可能并不是一个愉快的日子。从这一天开始,新的禁烟法案开始在这三个国家实施。也就是说,从此以后他们将不能在咖啡馆、餐馆和酒吧等公共场所随便吸烟了。)

  要注意的是,在进行猜词练习时,即使有些词学生学过,也可以通过阅读来检查他们所理解的词义。阅读之后或核对答案的时候,教师再通过提问等方式进行讲解,目的是确认学生是否真正了解,同时强化巩固所猜生词。

(3) 如何进行填词练习？

这类练习一般让学生成对或分小组完成,小组之间可展开竞赛。对于难度不大的练习,教师可以直接点名让学生一个一个地完成。针对学生给出的不同答案,教师应让学生说出自己的理由,启发学生思考,引导学生自己找出正确答案。

如第十八课技能练习的第二题是"根据上下文线索填上最可能出现的词语",一共8题,可先以小组形式(每3～4人一组)让学生讨论完成,先完成的小组推选一人将答案写在黑板上。待一半以上的小组都完成以后,教师先暂停讨论。这时教师应利用学生的板书一题一题地组织学生评议,好答案保留,不准确的擦掉。对那些来不及在黑板上写出答案的小组,教师可让他们直接说出答案,其中的好答案教师可板书在黑板上。在评议过程中,教师也可根据练习内容复习新学的生词,或适当补充、扩展词语。如第二题的第1小题是："得知跟自己相亲相爱的丈夫在出差路上不幸发生了意外,马文英_____。"学生给出的答案是："非常悲伤。"教师可提出问题："马文英为什么悲伤？她听到了什么消息？"启发学生说出前面练习中猜测的生词"噩耗"。第4小题是："这个非洲国家的药品非常_____,很多病人买不起药。"很多学生只知道填"贵",教师可补充意思和用法比较简单的词语"昂贵"。评议结束后,教师还可组织学生看黑板朗读刚刚练习过的词语,进一步加深印象。

有些填词练习针对的是标志词的练习。这类练习要求学生在略读短文后,运用合适的标志词填空,其中的一些短文内容适合复述。教师在学生阅读时,可将文中的重要词语板书出来,作为运用标志词进行复述的提示词。学生阅读完以后,教师先让学生说出他们所填写的标志词,然后根据板书复述短文全部或部分内容。这样的练习既训练学生运用标志词进行成段表达的能力,又能有效调节课堂气氛。如：

略读以下段落,用表示顺序和分类的标志词填空：

雪花白菊

第八节 阅读课和听力课的词汇教学

原料:白菊花瓣 125 克,清油 1500 克(约耗 75 克),白糖 75 克,富强粉 75 克。

制法:(　　)把菊花洗干净,均匀地粘上面粉,炒锅加入油,用大火加热,油到五成热时,放入菊花花瓣,(　　)把炸脆的花瓣捞到盘子里,洒上白糖即可。

操作关键:(　　),粘面要均匀、合适,不能太多;(　　),油的温度要掌握好。

特点:色白如雪,甜脆香嫩,菊花香味浓郁。

这一练习主要针对的是表示顺序的标志词,难度不大。有关雪花白菊制作方法的文字说明部分,只要求学生填写两个标志词("先、然后"),但实际上,这段文字可练习多个表示顺序的标志词:"先(把菊花洗干净)、然后(粘上面粉)、(油到五成热)时、接着(把花瓣捞到盘子里)、最后(洒上白糖)。"教师可以这样组织学生练习:

第一步:学生略读并填写表示顺序和分类的标志词("先……然后……;第一……,第二……"),教师板书文中重要词语,如下:

洗干净→粘上面粉→油到五成热→放入菊花花瓣→把花瓣捞到盘子里→洒上白糖

第二步:让学生说出他们填写的标志词,确定答案。

第三步:合上书,引导学生根据板书说出新的标志词,然后复述雪花白菊的制作步骤。

第四步:教师带领学生一起总结这些标志词的作用(理清事物的发展顺序、步骤,帮助我们理解和记忆文章)。

(三) 如何在阅读实践中进行词汇教学?

语篇阅读是阅读课的主要教学内容,为帮助学生顺利进行阅读活动,教师有必要对语篇中的生词进行处理。一些教师处理生词时很容易出现

以下问题:

第一,在阅读前教授所有生词。为帮助学生扫清阅读障碍,保持阅读的连贯性,一些教师会在学生阅读课文之前先朗读与讲解生词表中的所有生词。这样做实际上有几个弊端:(1)生词的学习脱离语境,学生难以理解,印象也不深刻。(2)学生容易养成不好的阅读习惯——不挑出生词进行学习,就不能阅读文章。(3)学生提前获得生词的意思,阅读技能得不到有效训练,不利于培养根据上下文猜测生词的能力。

第二,在阅读后集中讲练生词。一些教师会在学生阅读后,把生词从课文中挑出来专门进行讲练。不仅讲生词在课文中的意思和用法,还把该生词的其他义项——列出来加以详细说明。由于教学时间有限,这样的教学既不能扩大学生的领会式词汇量,也因操练不够而不能实现对词汇的复用式掌握。可谓是事倍功半。

第三,在阅读教学中忽视对生词的讲解。有的教师过分强调阅读时的整体理解,片面追求通过上下文猜测生词,对学生难以理解的地方只作粗略解释。学生对词语的理解甚至对语段、语篇的理解是模糊的,长此以往,就会失去对阅读的兴趣和信心。

实际上,词汇教学贯串了整个阅读训练的教学过程,包括"阅读前""阅读中"和"阅读后"三个阶段。下面结合《中级汉语阅读教程》(修订版)和《中级汉语阅读》这两部教材加以具体说明。

1. 如何在阅读之前进行词汇教学?

在学生阅读语篇前,教师要注意对生词进行分类处理,扫清学生阅读中的障碍。

为了教学的需要,阅读课教材里的生词表一般只列出课文中的部分生词。有的生词可以训练学生的猜词技能,有的生词不影响对文章意思的理解,一般就不列在生词表中。因此教师在准备教学时应结合生词表和课文,对文章中的每一个生词进行归类。可以从不同的角度进行归类,如:

(1)主题词和非主题词。有的生词出现在文章标题中或者能由标题内容推导出来,它们通常与某一类事件主题或课文内容有关,对理解阅读材

第八节 阅读课和听力课的词汇教学

料很有帮助,是主题词;有的生词则难以用某个事件主题来推导归纳,是非主题词。

(2)关键词和可忽略词。有的生词对于文章内容的理解十分关键或对日常阅读很重要,是关键词;有的生词则不影响对文章内容的理解,学生在交际中也很少遇到,是可忽略词。

(3)可推测词与不可推测词。有的生词可以通过各种猜词技能就能推测出意思,是可推测词;有的则由于文中的上下文信息不足,难以推测。

以上词语的归类并不是截然分开的。有的生词既是主题词,又是关键词,也可能是可推测词。如一篇文章的标题是"孝敬父母","孝敬"是表示文章主题的词语,又在文章中多次出现,对于理解、把握全文的内容很重要,其意义也可以在文章中推测出来。

教师在对生词进行归类时,应该按照阅读的逻辑顺序,先确定主题,然后在主题词之外找出有助于理解整个篇章内容的关键词。最后,再确认这些关键词是否可以通过阅读语料本身得以理解。

不同类型的词汇,教师的处理方式不同。在阅读前需要教师讲解的词语一般为主题词和不可推测的关键词,特别是那些在日常生活中常用的关键词、难词。这些词语对学生阅读和理解语言材料很重要,如果不讲解,会构成学生阅读时的语言障碍,影响阅读的连贯性。具体来说:

(1)主题词的教学

这涉及对文章标题的讲解。就词汇教学而言,在阅读前讲解文章标题及其中的生词,可以激活学生大脑中与标题相关的心理图式,自然地引导出跟文章主题相关的生词,帮助学生建立有关语义场,以更好地理解和记忆词汇,扩大词汇量,也为学生扫除一些阅读障碍。有些教材中的阅读材料没有标题,对于其中篇幅较长、内容难懂的文章,教师可以根据教学需要先概括出文章的主题,再引导学生根据这个主题推导出其他词语。常用的教学方法有:

讨论法。针对学生较为熟悉的主题,教师常组织学生进行讨论,从而导入文中的关键词或复习巩固学生已学过的词汇。如留学生对办理签证和临时居留证都不陌生,因此阅读《外国人申请中国永久居留权的手续》

前,教师可先组织学生讨论办签证时需要提供的资料:护照、健康证明、无犯罪记录证明、照片等。然后讨论如何办理健康证明,引出生词"检疫、认证、签发、出具";再讨论照片,引出"免冠、正面"等词语。

联想法。即教师引导学生根据标题中的某个词语联想到其他词语,或由某个主题联想到跟这个主题有关的词语。如《赤道雪峰——乞力马扎罗山》,教师可利用教室中的地图通过"赤道"引出"南极、北极"等词语,扩大学生的词汇量;也可以由人的"头顶、腰、脚、身高"联想推导出"山顶、山峰、山腰、山脚、海拔"等课文中出现的词语。

形象法。即利用实物、图片或图画等来引出生词。如《早期自行车》这个标题中虽然没有生词,但跟其相关的主题词"链条、脚踏板、前轮、后轮、充气、轮胎"等则出现在文章中,教师可展示一辆自行车的图片,根据图片来说明这些生词。再如《旗袍》,通过图片可以引出"领、袖、开衩、开襟"等在文章中出现的主题词。

语境法。有的主题词可以让学生利用上下文来推测意思。如前面所说的"禁烟"出现在标题"也说禁烟"中,该词在文中也多次出现,对阅读理解全文很重要。因此教师可先利用上下文语境让学生猜测其意思,再由"禁烟"这个主题引出其他文中出现的主题词,如"烟民、烟瘾、被动吸烟、罚款"等。有的主题词的教学也可以利用情景。如有篇阅读材料介绍的是男人和女人的虚荣。教师可先告诉学生:"我们下面来读一篇文章,讲的是男人和女人的虚荣。"并板书"虚荣",然后提供情景让学生体会"虚荣"的意思;"你和朋友去买衣服,有件衣服很漂亮,价钱也不贵。但你朋友不愿意买,因为这件衣服不是名牌,她觉得穿上没面子。这时你可以说朋友有点儿虚荣。我们每个人都会有点儿虚荣,但不能太虚荣。太虚荣的人会……"教师引导学生说出"虚荣"的一些具体表现,并引出文中的一些生词,如"炫耀、表面"。

(2) 关键词的教学

关键词可分为两类,一类是不可推测的关键词;一类是可推测的关键词。在教学上要区别对待。

第八节　阅读课和听力课的词汇教学

不可推测的关键词,这是真正的生词。教师在阅读前通常会将这些词语展示出来,并借助一定的上下文语境呈现其在课文中的意义和常用搭配。如针对关键词"和睦、嘈杂、演奏",教师在阅读前先展示一组例句:

他们家庭和睦,一家人互相关心,互相照顾,从没吵过架。
我不喜欢去菜市场,那里人太多,声音嘈杂难听。
他在晚会上用钢琴演奏了一首中国乐曲。

以上例句充分提供了目标词的上下文语境。教师不要急着给出词语的意义,可让学生认真阅读句子,然后完成词语填空练习:

这栋楼就在马路旁边,周围环境太_____。
他性格好,喜欢帮助人,与同事的关系很_____。
这支乐队的_____水平高,很受人们的欢迎。

以上三个句子既可以检测学生是否真正理解了目标词,又可以深化学生对生词意义和用法的理解。在此基础上,教师展示这些词语的常用搭配,学生朗读:

声音嘈杂	环境嘈杂	嘈杂的地方
家庭和睦	关系和睦	与人相处和睦
钢琴演奏	演奏乐曲	演奏水平

朗读过程中,教师还可以用提问的方式强化词语学习的效果,如提问:"在嘈杂的地方你不能做什么?""乐队在哪里演奏?用什么演奏?演奏什么?""怎样才能跟别人和睦相处?"

当然并不是所有的关键词都需要提供上下文语境来学习,有些词语可以利用其反义词来解释,有的可以通过简单的汉语解释其意义,等等。这些都需要教师根据教学目的、词语的特点等有针对性地采取适当的教学方法。借助上下文语境来讲解的生词不能太多,一节课以 5～8 个为宜。

可推测的关键词,在文章中数量较少,一般都将其放在练习中让学生解释,不需要教师在阅读前讲解。但阅读前,教师一定要引导学生关注这些词语,如将它们板书在黑板上,提醒学生在阅读时注意这些词,鼓励他们通过上下文进行词义猜测。有的词可以通过汉字偏旁或构成词的语素来推测其意思,教师可在阅读前让学生猜测,阅读时再根据上下文确定其猜测是否正确。如"胳膊"一词,学生在阅读前可利用其偏旁推测它可能跟人的身体有关系,但推测是否准确,教师提醒学生在文中寻找线索。

(3) 非关键词的教学

非关键词不影响文章内容的理解,其词义有的可以推测出来,有的不能推测。

对于可推测的非关键词,阅读前教师要根据具体情况来决定是否板书以引起学生的关注。如果一课书中的猜词训练较多,或可推测的词语比较多,教师就要进行选择,看看哪些可推测词语要在阅读前引起学生的关注并在阅读时进行猜测,哪些词语可以忽略而无需猜测。

对于不可推测的非关键词,教师也不必讲解,但可以告诉学生:在阅读时还可能会遇到自己不明白的词语,要跳过它,不要纠缠于它,阅读完之后或课后,可以查词典或问老师。

2. 学生在阅读时,教师如何进行词汇教学?

学生在阅读时,教师应个别指导,点拨词汇学习策略,引导学生猜词悟义。

阅读课上,学生所看的阅读材料长短不一,难度也有差异。有时学生阅读一篇文章需要10分钟左右的时间,这段时间,教师不是无事可做,而应当巡视课堂,检查学生的阅读情况。就词汇教学而言,教师可在这一环节对个别学生进行指导,引导他们利用上下文线索或构词法知识来猜测词义或跳过生词障碍来把握句子的主要意思。如果有较多的学生猜测某个生词有困难或因生词原因不能理解句子的意思,教师就要在阅读中或阅读结束后把这个问题放在课堂上作集体指导。

另外还有一些词语意义难以推测,但不影响对文章内容的理解,学生在交际中也很少遇到,教学中可以忽略,学生有疑问时,教师再稍作解释。

3. 阅读结束后,教师如何进行词汇教学?

阅读结束后,教师应安排多种词汇练习,帮助学生巩固。

第八节 阅读课和听力课的词汇教学

学生在阅读中学习的词语大多是理解性词汇,如果不及时复习巩固,很容易忘记。而且学生对某些词语的猜测是否准确,还需要通过讨论、提问等形式来确认。因此,在学生阅读后,教师应通过多种方式帮助学生加深对词汇的理解和记忆。

针对要求学生在阅读中猜测的目标词,阅读结束后,教师应就词义向学生提问,并根据情况追问他们是如何推测出词义的,使用了哪些线索或阅读技能,此外还要通过词语练习帮助学生明确词义,加深印象。如下面一篇阅读材料:

人哪,只要一上年纪,这手脚就不那么利索了。年轻时,这样的山一眨眼工夫就到顶了。现在别说爬山了,平时就连多爬几级楼梯都吃力。

本文中"利索"可以解释为:
A. 灵活   B. 利害   C. 活动   D. 有利

阅读前,教师板书"利索",告诉学生读完这段话他们就能知道它的意思了。学生阅读后,教师再让学生做出选择,并说明选择的理由。在此基础上,教师还可以补充"利索"的常用搭配,如"说话很利索、动作利索",让学生说出完整的句子,以进一步明确"利索"的意思和用法。

如果要猜测的目标词有好几个,教师还可以将目标词在课文中的语境整理成句子,并将目标词空出来,让学生填空。如针对"禁烟、理亏、棘手、烟瘾发作"这四个目标词,教师根据课文设计了以下 4 个相对简单的句子:

这些国家实施_____以后,烟民就不能在餐馆、酒吧等公共场所吸烟了。

烟民不能在公共场合吸烟,一旦_____,确实不太好受。

这么多的烟民如果都要讲权力和自由,禁烟可能会有些_____。

烟民这种抽烟的权力和自由,既伤害自己,又伤害别人,确实有些_____。

教师引导学生根据这些上下文信息巩固目标词的语义和用法。这种练习将语言形式的操练和阅读理解活动有机结合起来,既有利于学生巩固、深化对语言材料的理解,又能帮助学生学习生词,提高他们正确使用词语的能力。

此外,还有其他一些常见的词语练习方式。如:

完形填空。根据课文内容设计一个语段,抽取其中要复习的重点词语,让学生使用这些词语,做填空练习。

篇章整体或片段复述。要求学生运用所学词汇口头复述课文或其中某一段落。有时还可以在口头复述之后,要求学生写下来。

展示关键词语,要求学生尽可能说出与这些词语组合搭配的词语。

二、听力课上的词汇教学

(一)听力课上要不要讲解生词?

听力课是一门独立的言语技能训练课,其教学目的是通过大量的听力语料输入,培养和提高学生在言语交际中听音理解的能力。听力课的一个重要特点就是以语音输入为主,而且是可懂输入。这种输入与阅读课的视觉输入有所不同。阅读时,学习者通过视觉感知文字符号,遇到困难可以停下来慢慢琢磨、理解,还可以反复阅读。而"听"是对语音的感知,听的语言转瞬即逝,学习者无法停下来去慢慢捕捉并领会一个音、一个词语或一个句子。因此,听力课上一般不会出现新的语言点和过多的生词,听力课上的教学内容基本上是学习者已经学过的内容。但在教学实践和教学研究中我们发现,许多学生的实际听力水平并不高,在听的过程中,学习者依然会遇到许多困难。

研究表明,生词是学生听力理解的障碍,造成听力困难的因素,排在第一的就是生词。而且生词障碍不会随学习者汉语水平的提高而消失,中高级阶段的学生反而会面临更大的词汇压力。我们在教学中也发现,学生在

第八节 阅读课和听力课的词汇教学

听语音材料时如果听不懂某个生词,也猜不出其意思的话,他们或多或少会产生焦虑感,严重的甚至会一直纠缠于这个听不懂也猜不出的生词,从而影响到听力学习的效果。可见,听力课的教学是不可能避开词汇的,如何减少学生听力理解过程中的生词障碍,是听力课教学的重要任务之一。

但是对于听力课的词汇教学,学界的看法并不一致,主要存在三种观点:

第一种是"技能"说,即听力教学应该突出技能训练,重点是提高听力微技能,包括辨别分析能力、记忆存储能力、联想猜测能力、概括总结能力等。因此,有学者认为听力课不必在听之前讲解生词,生词障碍应该在"听"的过程中结合语境进行猜测,加以克服,从而达到听懂、领悟的目的。这种观点还认为,听之前的预习、讲解虽然能让学生掌握一些生词,但学生不是通过"听"掌握的,这样就失去听力课的课型特点了。

第二种是"知识"说,即词汇和语法的教学,特别是词汇教学,是对外汉语教学中最重要、最基本的任务,不同的课型应从不同的方面来分担这项任务,学界需要研究如何通过听来学习词汇、语法,而不是把这些教学从听力课中"踢出去"。

第三种是"兼顾"说,即听力教学最好能兼顾训练听力技能和传授语言知识两个方面,二者应该合理、科学地结合。根据此观点,听力课需安排专门的教学环节来学习生词和相关语言点,以保证可懂输入。只有这样,才能使输入被理解和吸收,成为有效的输入。但生词的讲解要适度,不宜拉得过开。

目前普遍的观点是听力课上完全不讲生词或者生词讲解不到位,会直接影响学生的听力水平和听力课质量。特别是在中高级阶段,由于听力课与精读课的关系不像在初级阶段那么紧密,学习者在听力课中遇到的生词增多;而且目前许多听力教材的生词中超纲词的比重大,听力教材对生词的编排与学习者的实际习得情况脱节,如果不对生词进行处理,就会影响学习者对听力材料的理解。因此,许多听力课教师都会在课堂上专门讲解生词,学习者也大都希望教师先讲解生词,再听语音材料做习题。

但是,生词教学不是听力课的重点,听力课词汇教学的基本原则是:

(1) 侧重让学生以"听"的方式学习生词。在听力课上,生词一般以听觉输入的方式导入,教师要通过各种听力训练扩大学生的听力词汇量。

(2) 生词的讲解要适量和适度。可以从两个方面把握:其一,不是所有的生词需要教师讲解,教师只讲解那些影响学生理解听力材料的生词;其二,教师对生词的讲解要简明易懂,学生明白生词在听力语料中的意思,不影响其对句子的理解就行。

(二) 听力课上的词汇教学内容是什么?如何进行教学?

目前,许多研究者和教师都认为听力课上要讲解生词,词汇是听力课上无法回避的教学内容。那么听力课上应该教什么生词呢?听力课上的词汇教学内容是什么?这方面,汉语教学界讨论并不多。根据已有的研究成果,我们认为听力课的词汇教学重点就是要扩大学习者的听力词汇量,其教学内容主要包括三个方面:首先,通过听觉输入讲练生词,在听力训练中巩固生词;其次,通过听力训练指导学生利用语境猜测词义,跳跃生词障碍;最后是通过"听"的训练,促使学生将阅读词汇转化为听力词汇。

1. 听力课上教师该如何讲授生词呢?

如前所述,学习者在"听"的过程中会遇到各种生词障碍。这些生词有的是学生听不懂但能看懂的,有的是既听不懂也看不懂的。据调查,在学生听不懂的生词中,43%的词即使写出来他们也看不懂。这些生词有的直接影响学生对听力语料的理解,有的在日常生活中常用,教师有必要对其进行讲解。听力课实际上也承担着一部分生词教学的任务。

听力课的生词教学有其自身的特点。在听力课上,教师主要通过听觉输入讲练生词,在听力训练中巩固生词。具体来说:

——专门的生词教学环节

听力课生词的教学,一般安排在听课文语料之前进行。具体的教学步骤包括:

第八节　阅读课和听力课的词汇教学

(1) 生词的展示

根据听力课的课型特点,生词的导入宜采取听觉输入的方式。一些研究也发现通过听觉输入更容易学习生词。因此在听力课上,教师可以先让学生听生词,然后写出生词的音;也可以是教师朗读含有生词的句子,学生记下听不懂的语音。最后,教师再展示生词的音和形,组织学生朗读。

(2) 生词的讲解

听觉输入生词以后,教师就要采取适当的方法讲解生词。跟阅读课一样,听力课是输入型课程,因此听力课的生词教学也是"重理解,不重运用",教师一般只需解释生词在语料中的意义,引用语料中的例句,或适当补充例句帮助学生理解生词。具体的教学方法要根据生词的数量和特点来决定。

(3) 生词的巩固

解释完词义后,教师可通过"听"的方式对生词进行操练。

听后跟读或模仿:让学生听带有生词的句子,然后模仿、跟读,以增强记忆。

听后快速回答问题:教师快速说出一个带有生词的句子,要求学生快速、简单地回答问题。如:

  教师:他躺在沙滩上,觉得舒服极了。他躺在哪儿?

  学生:沙滩上。

  教师:玛丽身体不好,只好放弃了这次考试。关于这次考试,玛丽
    怎么了?

  学生:放弃了。

听后指出句中出现的生词:教师把一组生词写在黑板上,教师念一个句子,让学生指出句子中出现的生词。如:

  薄　讲究　似乎　原来　排队　保留

  教师:这件衣服很薄。

  学生:薄。

教师：给病人送水果是有讲究的。

学生：讲究。

听句子，说词语：教师给出一组生词，然后说一个句子，让学生说出与句子意思相关的词语。如：

糟糕　暂时　疲劳　讨厌　周到　解决　超过

教师：天天下雨，洗的衣服都干不了。

学生：讨厌。

教师：我的手机突然不见了。

学生：糟糕。

教师：我开了四个多小时的车，没休息。

学生：疲劳。

或用一个句子说明或解释一个生词的意思，让学生说出教师解释的是哪个词。如：

教师：你从后面跑到了最前面。

学生：超过。

教师：遇到问题，你要找出办法。

学生：解决。

有的听力教材，针对生词专门设计了"听句子，填空"练习，如：

遇到紧急情况，首先要镇静。

她动不动就生气，大家拿她没办法。

教师可利用这个练习来展示生词，让学生听句子，写出生词或生词的拼音，然后再利用上下文进行讲解。

专门的生词教学环节时间不宜过长，大致来说，一次两节总共90分钟的听力课，专门讲解生词的时间最好控制在5～15分钟，不宜超过20分钟。当然，听力课生词的教学并不是说在这一二十分钟就算完成了，除此之外，教师还应在听力课文的学习即听力训练环节，结合听力练习帮助学生复习

第八节 阅读课和听力课的词汇教学

和巩固所学生词。

——在听力训练环节巩固生词

听力课的听力训练由听语料、相关练习两部分组成,听力语料一般包括句子、对话和短文,相关练习有听句子选择正确答案、听对话判断正误、边听句子边填空、听课文回答问题等。这些练习有的相对简单,有的难度较大,不是听一两遍就能顺利完成的。有经验的教师一般会结合这些听力练习由易到难提出不同的问题或教学要求,启发引导学生通过两遍、三遍甚至更多次数的"听",逐步理解所听语料,不断提高听力技能。"听"的步骤一般包括:

听第一遍,教师针对语料所涉及的主题或主要内容提出概括性的问题,如对话中涉及的人物、时间、地点和内容等。其中的难点不要急于给出答案,要让学生带着问题听第二遍;

听第二遍,解决前面的疑难问题,能基本完成课本中的听力练习;

听第三遍,着重听重点和难点部分,解决做错的练习或不太确定的内容,同时能回答教师根据课文所提出的其他问题;

听第四遍,反复刺激,加深理解和记忆,能复述所听语料的主要内容。

可以看出,为帮助学生正确理解听力语料,听力课上的"听"与"练"常常是交叉进行的,练习题的顺序也可以根据需要灵活安排,从大到小、从粗到细地进行。这就为听力训练中巩固生词创造了机会。在听与练的过程中,教师可以有意识地引导学生使用生词,加深对所学生词的印象。

简单的听力训练,如:

除夕夜,许多人都在外边放鞭炮,一直要放到第二天早上,怎么可能睡得好呢?

问:关于除夕夜,我们可以知道什么?

A. 人们都不睡觉

B. 外边很不安静

C. 可能会放鞭炮

这句话涉及该课生词"除夕、鞭炮、安静"。在听语料前,教师要求学生先看所给的三个选项,然后提问:"什么时候放很多鞭炮?什么时候需要安静?"通过师生间的问答,引出"除夕"等内容,帮助学生更好地理解听力材料,并加深对生词的理解和记忆。在听完语料,确定答案为选项 B 后,教师可快速追问:"为什么不安静?"再次巩固生词"鞭炮、安静"。

复杂的听力训练,如:

我早就知道,中国最重要的传统节日要算是春节了。所以,我一直想去看看中国家庭是怎样过年的。今年的除夕夜,李阳请我去他家吃年夜饭,我才终于有机会实现自己的愿望。

吃年夜饭的时候,李阳告诉我,最近几年,许多家庭都选择去饭店吃年夜饭,但在他们家,至今仍然保留着在家里吃年夜饭的习惯。他还告诉我,为了这顿年夜饭,妈妈提前好几天就开始在厨房里准备了。

李阳的妈妈很会做菜,不仅味道非常好,而且还很讲究菜的颜色。吃饭时,大家一边享受着美味的饭菜,一边谈论着各种有意思的事情。他们一家人还不断地让我吃这吃那,一直吃到九点多,让我真正感受到了中国人的热情。到了十二点的时候,许多人都放起了鞭炮,我也跟李阳去外边放了鞭炮。那时候,真是热闹极了。

练习

(一)听两遍,判别对错

1. 我在中国家庭吃过几次年夜饭。   ( )
2. 李阳家一直是在家里吃年夜饭的。   ( )
3. 李阳的妈妈在除夕夜才准备年夜饭。 ( )
4. 李阳妈妈做的菜又好吃又好看。   ( )
5. 吃饭时我跟李阳去外边放了鞭炮。   ( )

(二)再听一遍,回答问题

1. 李阳家仍然保留着怎样的习惯?
2. 李阳妈妈做的菜怎么样?
3. 吃年夜饭时,他们一边享受着什么,一边谈论着什么?

第八节 阅读课和听力课的词汇教学

4. 在吃饭的过程中,我感受到了什么?
5. 到了十二点的时候,我跟李阳做了什么?

这段语料是《风光汉语:初级听力Ⅱ》(张新明主编,北京大学出版社,2009年)第五课的内容,包含该课生词"春节、除夕、节日、年夜饭、选择、鞭炮",以及学生在前一两课刚刚接触到的词语"保留、传统、实现、愿望、讲究、感受"等。另外,由听力语料的主题还可以引出该课其他一些生词,如"团聚、外地、迎接、生意"。

教师可通过这段听力语料的"听"与"练"指导学生在一定的语境中使用所学生词。

听第一遍,教师提出问题:"这篇文章出现了几个人?他们是什么关系?课文告诉我们什么事情?发生在什么时候?"启发学生把握课文主题"'我'在中国家庭吃年夜饭",由此引出跟"吃年夜饭"有关的生词及句子,如"年夜饭、除夕、春节、放鞭炮、在外地工作的人一定要回家跟家人一起团聚"等。

听第二遍,做练习一。在互动过程中,教师可利用练习题提问,给学生操练生词创造机会。如利用练习中的句子"李阳家一直是在家里吃年夜饭的"引出问题:"在家里吃年夜饭,去饭店吃年夜饭,你选择在哪儿吃?"学生自然会使用"选择"回答问题。教师再通过问题"很多人选择去饭店吃饭,那饭店的生意一定——"引导学生说出"饭店的生意一定很好"。

听第三遍,学生回答练习二中的5个问题。在这一过程中,学生自然会使用到该课的一些生词以及前面刚学的词语,如"放鞭炮、年夜饭、保留、讲究、感受"等。教师也可充分利用这5个问题进行扩展,引导学生使用更多的生词。如由问题3"吃年夜饭时,他们一边享受着什么,一边谈论着什么"引出问题"他们是谁",让学生回答,再启发学生说出"除夕夜,我跟李阳一家人团聚在一起,吃年夜饭"。再如由问题5的回答"放鞭炮",引出问题"为什么放鞭炮",让学生说出"迎接新年、过春节"。

在解决了听力语料理解性问题后,教师可展示一些跟课文主题密切联系的词语,让学生介绍课文的主要内容:

春节　传统　除夕　年夜饭　团聚　味道　讲究　鞭炮

在成段表达中,所学生词再次得到复习巩固。

总之,听力训练环节,主要是为了训练学生听懂课文语料,在理解句子、话语意义的基础上进一步理解语段、语篇,使学生掌握听力技能。这种训练离不开对词汇的理解和使用。也正是因为有了这些词汇学习的内容,不仅增加了师生互动的机会,使听力练习不再单调死板,同时也能帮助学生更好地理解所听语料。

以上是听力课生词教学的主要环节和步骤。当然,为了增强教学的趣味性,教师可以根据具体的教学安排,取消专门的生词讲解环节,选择在听力训练和练习中进行词汇教学。无论教师选择哪种步骤和哪种讲解方法,其目的都是为了提高听力课的教学效果。

2. 如何通过听力训练指导学生利用语境猜测词义?

听力课词汇教学的主要目的是为听力理解服务,以保证可懂输入。但有的听力内容不需要逐词逐句都听懂才能理解。在听的过程中,一部分词汇对听力理解影响不大,或者是学习者可以根据各种线索去猜测和理解,这些生词教师就不需要专门进行讲解,而是要在听力训练中指导学生根据上下文等语境进行猜测,帮助他们跳跃生词障碍。

研究表明,有经验的二语学习者在听目的语时能"根据上下文猜测生词的大概意思,猜不出来也不着急,继续往下听,有时听到后面对前面的词语自然而然地就理解了。本族人在听母语时也会遇到生词或不熟悉的内容,有时受到环境噪音的影响,个别词或句子也可能没听清,但一般不妨碍理解"。[①] 但也有很多学习者在听的过程中一遇到生词就很急躁,一着急就什么都听不进了。在教学中,我们发现,学生通过猜测而获得词义的成就感远远大于听懂老师的解释获得的成就感。有经验的教师十分重视训练学生的猜词能力,他们认为猜词是学生必备的听力技能。听力课词汇教学的一大重要任务就是在课堂上训练学生根据语境猜测词义,抓关键,跳跃

---

① 参见杨惠元(1988:18)。

第八节 阅读课和听力课的词汇教学

生词障碍的能力。这种训练实际上也属于听力微技能的训练,包括跳跃障碍、抓关键词语、掌握关键信息的能力以及联想猜测能力等。

研究发现,有利于学习者猜测生词,跳跃生词障碍的条件主要有以下三种:(1)语境对该词句有比较明确的限制和暗示,如有语法关系限定、定义或相近语义的重复;(2)语境场景对学生比较熟悉,经常在日常生活中遇到;(3)语义连带关系比较清楚,如介绍家庭成员时,对话中前一句为"这是我哥哥",后一句"那位一定是你嫂子了"的"嫂子"就比较容易猜测出意思。

而干扰学生猜测生词、跳跃听力障碍的因素有以下四种:(1)语音干扰;(2)词语字面意义的干扰,如有些词语的意思不是其字面意义的简单相加,像学生很容易将"千万"猜测为"很多"的意思;(3)语境不明的干扰,如"咱们互相帮助,谁也别泄气",这里的"泄气"就很难猜测;(4)文化观念的干扰,像欧美学生就很容易将"你吃饭了吗"理解为"问话人想请我吃饭"[①]。

在教学中,教师要注意根据语料内容和生词的特点,选择适合进行猜词训练的生词,并尽可能创造猜词的有利条件,减少干扰。如:

男:听说你去了沿海地区的一个风景区,那儿漂亮吗?
女:我觉得没有什么特色,跟别的风景区没什么不一样。
问:女的觉得那个风景区怎么样?
   A. 很一般   B. 有特色   C. 很漂亮

在这里,学生即使不懂生词"特色",根据"跟别的风景区没什么不一样"这句话也能选出正确答案。因此教师不必在听前讲解"特色"一词,而是引导学生跳跃障碍,抓住主要信息,自然就能猜测出"特色"的意思。

再如下面一段对话:

男:你赶快准备一下,马上要轮到你表演了。
女:别着急,我早就准备好了。可前边还有几个节目呢,可能要再等5分钟才到我吧。

[①] 参见马燕华(1999:128~129)。

问：女的是什么意思？
A. 她表演的节目是5分钟
B. 她已经准备了几个节目
C. 现在还没轮到她表演

听前，教师要求学生先朗读三个选项，并提醒学生注意"轮到"一词。听一遍，让学生大致了解所听内容。听完第二遍，教师提问："女的表演了吗？"学生回答："还没有。"教师追问："你怎么知道？"学生可能回答："要再等5分钟。""还没轮到女的表演。"这时不是所有的学生都知道"轮到"的意思，教师可让反应快的学生说出他所猜测的"轮到"的意思；表演节目时要一个一个地表演，第一个节目结束，就要轮到第二个节目。

需要注意的是，听力语料不像书面材料，可以反复阅读，前后查看。教师应尽量在篇幅较短的语料中训练学生的猜词能力。

3. 如何通过"听"的训练，促使学生将阅读词汇转化为听力词汇？

外语教学与研究者发现，学习者存在着听、说、读、写四项技能发展不均衡的现象，一个人的词汇量大小从听说读写等不同方面来看，其结果也是不一样的。比如，能听懂的词语，在说和写的时候不一定会用；阅读时能看懂的词语，在听的时候也不一定能听懂。调查显示，在学生听不懂的词汇中，有超过一半的词语写出来以后学生看得懂；能全部听懂阅读课学过的生词的学生不到一成[①]。因此，有学者提出应区分听力词汇量和阅读词汇量，听力词汇量比阅读词汇量要小得多，因为阅读课可以利用字形、语素，并且文字材料是可以反复阅读的，而听力依靠的是字音，声音转瞬即逝。想要提高听力词汇量，就应尽力缩小听、读词汇量之间的差距，注意训练学生多听那些能看懂但还听不懂的词汇，促使他们将阅读词汇转化为听力词汇。要实现这种转化，大量的听力训练是必需的，这种训练包括：

（1）听写练习或听读练习。听力课本中的生词有很多是学生在读写课或其他课型中接触过的，教师可以在听课文语料前先朗读这些词语或带有

---

① 参见苏丹洁(2010：11)。

第八节 阅读课和听力课的词汇教学

这些词语的短语、句子,让学生听后写出汉字或拼音,或跟读所听到的内容。教师也可以利用学习者已经学过的词汇或看得懂的词汇编写简易有趣的故事或小文章在课堂上朗读,或制作成录音在课堂上播放,让学生边听边记音。教师再适当引导,帮助学生复习巩固所学生词。

有时为了活跃课堂气氛,教师还可以在课前挑选好适合学生水平的中文歌曲,并编写好填写歌词的练习材料,然后在课堂上播放歌曲,要求学生边听边填空,将歌词补充完整。当然,学生所填写的内容一定是学习者已经理解的词汇,这些练习也不能占用听力课太多的教学时间。

(2)听后复述或听后回答问题。教师适当挑选一些贴近学生生活或有趣的听力材料作为补充内容,其中的词语基本上是学习者已经掌握的阅读词汇。教师可以通过播放录音或自己叙述,让学生通过听来复习生词并理解语料。为检查学生是否听懂,教师可以让学生听后复述或回答教师针对语料内容所设计的问题。

(3)听辨训练。当学习者掌握了一定量的词汇后,教师可以将那些学习者在听的过程中容易混淆的词语,也就是语音相同或相近的词语,集中在一起让学习者辨音辨调,或将这些词语放在短语或句子中,让学习者听音辨词。如:

棒—胖　很饱—快跑　坏人—怪人

$\begin{cases} 他跑了,不见了。\\ 他饱了,不吃了。 \end{cases}$

$\begin{cases} 我的眼睛很疼。\\ 我的眼镜很脏。 \end{cases}$

总之,词汇教学是听力课课堂教学中不可缺少的一个教学环节。其教学目标是使学生能弄懂生词在听力语料中的意义,帮助学生正确理解或者猜测句子、段落或者短文的意义,并逐步提高学生的听力水平,扩大听力词汇量。

思考与练习

1. 阅读课的词汇教学跟综合课的有什么不同?
2. 如何扩大阅读所需要的词汇量?
3. 如何扩大学生的听力词汇量?
4. 在阅读过程中遇到生词该如何处理?
5. 你认为在听力课上要不要讲解生词?请试着在听力课上采取"先讲生词后听语料"和"不讲生词,直接听语料"这两种处理生词的方式,看看效果有什么不同。
6. 在听力课和阅读课上如何训练学生猜词的能力?它们在具体的训练方式上有什么不同?

深度阅读/参考文献

方绪军(2008)《对外汉语词汇教与学》,北京师范大学出版社。

刘颂浩(1999)阅读课上的词汇训练,《世界汉语教学》第4期。

刘颂浩(2001)对外汉语教学听力研究述评,《世界汉语教学》第1期。

马燕华(1999)中级汉语水平留学生听力跳跃障碍的实现条件,《北京大学学报(哲学社会科学版)》第5期。

苏丹洁(2010)中级汉语听力课词汇教学的调查研究,《云南师范大学学报(对外汉语教学与研究版)》第4期。

杨惠元(1988)《听力训练81法》,现代出版社。

杨惠元(1989)谈谈听力教学的四种能力训练,《世界汉语教学》第1期。

周小兵等(2008)汉语阅读教学理论与方法,北京大学出版社。